TRANZLATY

Sprache ist für alle da

言語はすべての人のためのもの

Der Ruf der Wildnis

野生の呼び声

Jack London
ジャック・ロンドン

Deutsch / 日本語

Ins Primitive
原始の世界へ

Buck las keine Zeitungen
バックは新聞を読まなかった。
Hätte er die Zeitung gelesen, hätte er gewusst, dass Ärger im Anzug war.
もし彼が新聞を読んでいたら、問題が起こりつつあることを知っていただろう。
Nicht nur er selbst, sondern jeder einzelne Tidewater-Hund bekam Ärger.
問題は彼自身だけではなく、すべての海水犬に起こった
Jeder Hund mit starken Muskeln und warmem, langem Fell würde in Schwierigkeiten geraten.
筋肉が強く、暖かくて長い毛を持つ犬は皆、困ったことになるだろう。
Von Puget Bay bis San Diego konnte kein Hund dem entkommen, was auf ihn zukam.
ピュージェット湾からサンディエゴまで、どんな犬もこれから起こることを逃れることはできない。
Männer, die in der arktischen Dunkelheit herumtasteten, hatten ein gelbes Metall gefunden.
男たちは北極の暗闇の中を手探りで探し、黄色い金属を発見した。
Dampfschiff- und Transportunternehmen waren auf der Jagd nach der Entdeckung.
蒸気船会社と運送会社がこの発見を追いかけていた。
Tausende von Männern strömten ins Nordland.
何千人もの男たちが北の地へ押し寄せていた。
Diese Männer wollten Hunde, und die Hunde, die sie wollten, waren schwere Hunde.
この男たちは犬を欲しがっていたが、彼らが欲しかった犬は大型犬だった。
Hunde mit starken Muskeln, die sie zum Arbeiten brauchen.
労働に耐えられる強い筋肉を持つ犬。
Hunde mit Pelzmantel, der sie vor Frost schützt.

霜から身を守るために毛皮で覆われた犬。

Buck lebte in einem großen Haus im sonnenverwöhnten
Santa Clara Valley.
バックは太陽が降り注ぐサンタクララバレーの大きな家
に住んでいました。
Der Ort, an dem Richter Miller wohnte, wurde sein Haus
genannt.
ミラー判事の所、彼の家と呼ばれていました。
Sein Haus stand etwas abseits der Straße, halb zwischen den
Bäumen versteckt.
彼の家は道路から少し離れたところに建っていて、木々
の間に半分隠れていた。
Man konnte einen Blick auf die breite Veranda erhaschen,
die rund um das Haus verläuft.
家の周囲を巡る広いベランダを垣間見ることができまし
た。
Die Zufahrt zum Haus erfolgte über geschotterte Zufahrten.
家へは砂利敷きの私道を通って行くことができました。
Die Wege schlängelten sich durch weitläufige Rasenflächen.
小道は広々とした芝生の間を曲がりくねって通っていた
。
Über ihnen waren die ineinander verschlungenen Zweige
hoher Pappeln.
頭上には背の高いポプラの枝が絡み合っていた。
Auf der Rückseite des Hauses ging es noch geräumiger zu.
家の裏側はさらに広々としていました。
Es gab große Ställe, in denen ein Dutzend Stallknechte
plauderten
大きな厩舎があり、そこでは12人の厩務員が雑談してい
た
Es gab Reihen von weinbewachsenen Dienstbotenhäusern
ブドウの木に覆われた使用人の小屋が並んでいた
Und es gab eine endlose und ordentliche Reihe von
Toilettenhäuschen

そして、そこには整然と並んだ屋外トイレが無数にあり
ました

Lange Weinlauben, grüne Weiden, Obstgärten und
Beerenfelder.

長いブドウ棚、緑の牧草地、果樹園、ベリー畑。

Dann gab es noch die Pumpanlage für den artesischen
Brunnen.

それから自噴井戸用のポンプ場もありました。

Und da war der große Zementtank, der mit Wasser gefüllt
war.

そしてそこには水が満たされた大きなセメントタンクが
ありました。

Hier nahmen die Jungs von Richter Miller ihr
morgendliches Bad.

ここでミラー判事の息子たちが朝のひとときを過ごしま
した。

Und auch dort kühlten sie sich am heißen Nachmittag ab.

そして暑い午後もそこで涼しく過ごしました。

Und über dieses große Gebiet herrschte Buck über alles.

そして、この広大な領土のすべてを支配していたのはバ
ックでした。

Buck wurde auf diesem Land geboren und lebte hier sein
ganzes vierjähriges Leben.

バックはこの土地で生まれ、4年間をここで暮らしまし
た。

Es gab zwar noch andere Hunde, aber die spielten keine
wirkliche Rolle.

確かに他の犬もいたが、それらは本当に問題ではなかっ
た。

An einem so riesigen Ort wie diesem wurden andere Hunde
erwartet.

これほど広大な場所には、他の犬もいるはずだ。

Diese Hunde kamen und gingen oder lebten in den
geschäftigen Zwingern.

これらの犬たちは出入りしたり、忙しい犬舎の中で暮ら
したりしていました。

Manche Hunde lebten versteckt im Haus, wie Toots und Ysabel.

トゥーツやイザベルのように、家の中に隠れて暮らす犬もいました。

Toots war ein japanischer Mops, Ysabel ein mexikanischer Nackthund.

トゥーツは日本のパグで、イザベルはメキシコの無毛犬でした。

Diese seltsamen Kreaturen verließen das Haus kaum.

これらの奇妙な生き物たちはめったに家の外に出ませんでした。

Sie berührten weder den Boden noch schnüffelten sie draußen an der frischen Luft.

彼らは地面に触れることも、外の空気を嗅ぐこともしませんでした。

Außerdem gab es Foxterrier, mindestens zwanzig an der Zahl.

フォックステリアも少なくとも20匹はいました。

Diese Terrier bellten Toots und Ysabel im Haus wild an.

このテリア犬たちは家の中でトゥーツとイザベルに向かって激しく吠えました。

Toots und Ysabel blieben hinter Fenstern, in Sicherheit.

トゥーツとイザベルは窓の後ろに留まり、危害を受けないようにしました。

Sie wurden von Hausmädchen mit Besen und Wischmopps bewacht.

彼らはほうきとモップを持ったメイドたちによって守られていました。

Aber Buck war kein Haushund und auch kein Zwingerhund.

しかし、バックは家犬ではなかったし、犬小屋犬でもなかった。

Das gesamte Anwesen gehörte Buck als seinem rechtmäßigen Reich.

その全財産はバックの正当な領土であった。

Buck schwamm im Becken oder ging mit den Söhnen des Richters auf die Jagd.

バックは水槽で泳いだり、判事の息子たちと一緒に狩りに出かけたりしました。

Er ging in den frühen oder späten Morgenstunden mit Mollie und Alice spazieren.

彼は早朝や深夜にモリーとアリスと一緒に散歩した。

In kalten Nächten lag er mit dem Richter vor dem Kaminfeuer der Bibliothek.

寒い夜には、彼は判事とともに図書館の暖炉の前に横たわった。

Buck ließ die Enkel des Richters auf seinem starken Rücken herumreiten.

バックは力強い背中に乗って判事の孫たちを乗せて行きました。

Er wälzte sich mit den Jungen im Gras und bewachte sie genau.

彼は少年たちと一緒に草むらで転がり、彼らをしっかりと見守った。

Sie wagten sich bis zum Brunnen und sogar an den Beerenfeldern vorbei.

彼らは噴水まで足を延ばし、ベリー畑を通り過ぎました

Unter den Foxterriern lief Buck immer mit königlichem Stolz.

フォックステリアたちの間で、バックは常に王者の誇りを持って歩き回っていました。

Er ignorierte Toots und Ysabel und behandelte sie, als wären sie Luft.

彼はトゥーツとイザベルを無視し、彼らを空気のように扱いました。

Buck herrschte über alle Lebewesen auf Richter Millers Land.

バックはミラー判事の土地のすべての生き物を支配した。

Er herrschte über Tiere, Insekten, Vögel und sogar Menschen

彼は動物、昆虫、鳥、そして人間さえも支配しました。

Bucks Vater Elmo war ein großer und treuer Bernhardiner gewesen.

バックの父親エルモは、大きくて忠実なセントバーナード犬でした。

Elmo wich dem Richter nie von der Seite und diente ihm treu.

エルモは裁判官の側を決して離れず、忠実に裁判官に仕えました。

Buck schien bereit, dem edlen Beispiel seines Vaters zu folgen.

バックは父親の高潔な例に従うつもりのようだった。

Buck war nicht ganz so groß und wog hundertvierzig Pfund.

バックはそれほど大きくなく、体重は140ポンドでした。

Seine Mutter Shep war eine schöne schottische Schäferhündin gewesen.

彼の母親のシェップは立派なスコッチ・シェパード・ドッグだった。

Aber selbst mit diesem Gewicht hatte Buck eine königliche Ausstrahlung.

しかし、その体重であっても、バックは堂々とした存在感をもって歩いていた。

Dies kam vom guten Essen und dem Respekt, der ihm immer entgegengebracht wurde.

これはおいしい食事と彼がいつも受けてきた尊敬から生まれたものでした。

Vier Jahre lang hatte Buck wie ein verwöhnter Adliger gelebt.

バックは4年間、甘やかされた貴族のような暮らしをしていた。

Er war stolz auf sich und sogar ein wenig egoistisch.

彼は自分に誇りを持っており、少々自己中心的でさえあった。

Diese Art von Stolz war bei den Herren abgelegener Landstriche weit verbreitet.

そのような誇りは、辺鄙な田舎の領主の間では一般的でした。

Doch Buck hat es vermieden, ein verwöhnter Haushund zu werden.

しかし、バックは甘やかされた飼い犬になることを免れた。

Durch die Jagd und das Training blieb er schlank und stark.

彼は狩猟と運動を通じて引き締まった体型と強靭な体型を保っていた。

Er liebte Wasser zutiefst, wie Menschen, die in kalten Seen baden.

彼は、冷たい湖で水浴びをする人々のように、水を深く愛していました。

Diese Liebe zum Wasser hielt Buck stark und sehr gesund.

水に対するこの愛情のおかげで、バックは強く、非常に健康でした。

Dies war der Hund, zu dem Buck im Herbst 1897 geworden war.

これは、1897 年の秋にバックが変身した犬です。

Als der Klondike-Angriff die Menschen in den eisigen Norden trieb.

クロンダイクの襲撃により、人々は凍てつく北の地へと引き寄せられた。

Menschen aus aller Welt strömten in das kalte Land.

人々は世界中から寒い土地へと押し寄せました。

Buck las jedoch weder die Zeitungen noch verstand er Nachrichten.

しかし、バックは新聞を読まなかったし、ニュースも理解していなかった。

Er wusste nicht, dass es nicht gut war, Zeit mit Manuel zu verbringen.

彼はマヌエルが一緒にいて悪い男だとは知らなかった。

Manuel, der im Garten half, hatte ein großes Problem.

庭仕事を手伝っていたマヌエルは深刻な問題を抱えていた。

Manuel war spielsüchtig nach der chinesischen Lotterie.

マヌエルは中国の宝くじギャンブルに夢中だった。

Er glaubte auch fest an ein festes System zum Gewinnen.

彼はまた、勝利のための固定されたシステムを強く信じ
ていた。

Dieser Glaube machte sein Scheitern sicher und
unvermeidlich.

その信念により、彼の失敗は確実かつ避けられないもの
となった。

Um ein System zu spielen, braucht man Geld, und das fehlte
Manuel.

システムをプレイするにはお金が必要ですが、マヌエル
にはそれがありませんでした。

Sein Gehalt reichte kaum zum Überleben seiner Frau und
seiner vielen Kinder.

彼の給料は妻と多くの子供たちを養うのにやっとのこと
でした。

In der Nacht, in der Manuel Buck verriet, war alles normal.

マヌエルがバックを裏切った夜、物事は普通だった。

Der Richter war bei einem Treffen der
Rosinenanbauervereinigung.

裁判官はレーズン栽培者協会の会合に出席していた。

Die Söhne des Richters waren damals damit beschäftigt,
einen Sportverein zu gründen.

当時、判事の息子たちは運動クラブの設立に忙しかった
。

Niemand sah, wie Manuel und Buck durch den Obstgarten
gingen.

マヌエルとバックが果樹園を通って去っていくのを見た
人は誰もいなかった。

Buck dachte, dieser Spaziergang sei nur ein einfacher
nächtlicher Spaziergang.

バックはこの散歩は単なる夜間の散歩だと思っていた。

Sie trafen nur einen Mann an der Flaggenstation im College
Park.

彼らはカレッジパークのフラッグステーションでたった
一人の男に出会った。

Dieser Mann sprach mit Manuel und sie tauschten Geld aus.

その男はマヌエルに話しかけ、二人はお金を交換した。

„Verpacken Sie die Waren, bevor Sie sie ausliefern", schlug er vor

「商品を配達する前に包んでください」と彼は提案した。

Die Stimme des Mannes war rau und ungeduldig, als er sprach.

その男は話すとき、荒々しく、いらだたしい声だった。

Manuel band Buck vorsichtig ein dickes Seil um den Hals.

マヌエルはバックの首に太いロープを慎重に巻き付けた。

„Verdreh das Seil, und du wirst ihn gründlich erwürgen"

「ロープをねじれば、十分に絞められる」

Der Fremde gab ein Grunzen von sich und zeigte damit, dass er gut verstanden hatte.

その見知らぬ男はうなり声をあげ、よく理解したことを示した。

Buck nahm das Seil an diesem Tag mit ruhiger und stiller Würde an.

その日、バックは落ち着いて静かに威厳をもってロープを受け取った。

Es war eine ungewöhnliche Tat, aber Buck vertraute den Männern, die er kannte.

それは珍しい行為だったが、バックは自分が知っている男たちを信頼していた。

Er glaubte, dass ihre Weisheit weit über sein eigenes Denken hinausging.

彼らの知恵は彼自身の考えをはるかに超えていると彼は信じていた。

Doch dann wurde das Seil in die Hände des Fremden gegeben

しかし、その後、ロープは見知らぬ人の手に渡されました。

Buck stieß ein leises, warnendes und zugleich bedrohliches Knurren aus.

バックは静かな威嚇で警告する低い唸り声を上げた。

Er war stolz und gebieterisch und wollte seinen Unmut zum Ausdruck bringen.

彼は傲慢で命令口調で、不快感を示したかったのだ。

Buck glaubte, seine Warnung würde als Befehl verstanden werden.

バックは彼の警告が命令として理解されるだろうと信じていた。

Zu seinem Entsetzen zog sich das Seil schnell um seinen dicken Hals zusammen.

驚いたことに、ロープが彼の太い首に急にきつく締まりました。

Ihm blieb die Luft weg und er begann in plötzlicher Wut zu kämpfen.

彼の呼吸は止められ、突然の激怒で彼は戦い始めた。

Er sprang auf den Mann zu, der Buck schnell mitten in der Luft traf.

バックは男に向かって飛びかかったが、男はすぐに空中でバックと出会った。

Der Mann packte Buck am Hals und drehte ihn geschickt in der Luft.

男はバックの喉を掴み、巧みに空中でひねり上げた。

Buck wurde hart zu Boden geworfen und landete flach auf dem Rücken.

バックは激しく投げ出され、背中から地面に倒れた。

Das Seil würgte ihn nun grausam, während er wild um sich trat.

彼が激しく足を蹴る間、ロープは残酷に彼の首を締め付けた。

Seine Zunge fiel heraus, seine Brust hob und senkte sich, doch er bekam keine Luft.

舌は出てきて、胸は上下に動いたが、呼吸はできなかった。

Noch nie in seinem Leben war er mit solcher Gewalt behandelt worden.

彼は生涯でこれほどの暴力を受けたことはなかった。

Auch war er noch nie zuvor von solch tiefer Wut erfüllt gewesen.

彼はこれまでこれほど激しい怒りに駆られたことはなかった。

Doch Bucks Kraft schwand und seine Augen wurden glasig.

しかし、バックの力は弱まり、彼の目は生気を失った。

Er wurde ohnmächtig, als in der Nähe ein Zug angehalten wurde.

ちょうど近くで列車が止まったとき、彼は気を失った。

Dann warfen ihn die beiden Männer schnell in den Gepäckwagen.

それから二人の男は彼を手早く荷物車に放り込んだ。

Das nächste, was Buck spürte, war ein Schmerz in seiner geschwollenen Zunge.

次にバックが感じたのは腫れた舌の痛みだった。

Er bewegte sich in einem wackelnden Wagen und war nur schwach bei Bewusstsein.

彼はぼんやりとした意識で、揺れるカートに乗って移動していた。

Das schrille Pfeifen eines Zuges verriet Buck seinen Standort.

鋭い汽笛の音がバックに自分の居場所を知らせた。

Er war oft mit dem Richter mitgefahren und kannte das Gefühl.

彼は判事と一緒に何度も乗馬したことがあり、その気持ちはよく分かっていた。

Es war der einzigartige Schock, wieder in einem Gepäckwagen zu reisen.

それは再び荷物車で旅行するという独特の衝撃でした。

Buck öffnete die Augen und sein Blick brannte vor Wut.

バックは目を開けた。そして、その視線は怒りで燃えていた。

Dies war der Zorn eines stolzen Königs, der vom Thron gejagt wurde.

これは王位を奪われた傲慢な王の怒りだった。

Ein Mann wollte ihn packen, doch stattdessen schlug Buck zuerst zu.

男は彼をつかもうとしたが、代わりにバックが先に攻撃した。

Er versenkte seine Zähne in der Hand des Mannes und hielt sie fest.

彼は男の手に歯を食い込ませ、しっかりと握りしめた。

Er ließ nicht los, bis er ein zweites Mal ohnmächtig wurde.

彼は二度目に気を失うまで手を離さなかった。

„Ja, hat Anfälle", murmelte der Mann dem Gepäckträger zu.

「ああ、発作を起こすんだ」男は荷物係にぶつぶつ言った。

Der Gepäckträger hatte den Kampf gehört und war näher gekommen.

荷物係は争っているのを聞きつけて近づいてきた。

„Ich bringe ihn für den Chef nach Frisco", erklärte der Mann.

「ボスのために彼をフリスコに連れて行くんだ」と男は説明した。

„Dort gibt es einen tollen Hundearzt, der sagt, er könne sie heilen."

「そこには、彼らを治せると言っている優秀な犬の医者がいます。」

Später in der Nacht gab der Mann seinen eigenen ausführlichen Bericht ab.

その夜遅く、その男は自ら詳しく話した。

Er sprach aus einem Schuppen hinter einem Saloon am Hafen.

彼は港の酒場の裏の小屋から話した。

„Ich habe nur fünfzig Dollar bekommen", beschwerte er sich beim Wirt.

「私に渡されたのはたった50ドルだけだった」と彼は酒場の主人に不満を漏らした。

„Ich würde es nicht noch einmal tun, nicht einmal für tausend Dollar in bar."

「たとえ1000ドルの現金をもらっても、二度とそんなことはしません。」

Seine rechte Hand war fest in ein blutiges Tuch gewickelt.

彼の右手は血まみれの布でしっかりと巻かれていた。

Sein Hosenbein war vom Knie bis zum Fuß weit aufgerissen.

彼のズボンの脚は膝から足まで大きく引き裂かれていた。

„Wie viel hat der andere Trottel verdient?", fragte der Wirt.

「もう一人の馬鹿はいくらもらったんだ？」酒場の主人が尋ねた。

„Hundert", antwortete der Mann, „einen Cent weniger würde er nicht nehmen."

「100ドルです」と男は答えた。「それ以下では一銭も受け取りません」

„Das macht hundertfünfzig", sagte der Kneipenmann.

「合計150になります」と酒場の主人は言った。

„Und er ist das alles wert, sonst bin ich nicht besser als ein Dummkopf."

「そして彼はその全てに値する。そうでなければ私はただの愚か者だ。」

Der Mann öffnete die Verpackung, um seine Hand zu untersuchen.

男は自分の手を調べるために包みを開けた。

Die Hand war stark zerrissen und mit getrocknetem Blut verkrustet.

その手はひどく裂けており、乾いた血で固まっていた。

„Wenn ich keine Tollwut bekomme …", begann er zu sagen.

「恐水症にならなければ…」と彼は言い始めた。

„Das liegt wohl daran, dass du zum Hängen geboren wurdest", ertönte ein Lachen.

「それはあなたがぶら下がるために生まれてきたからでしょう」と笑い声が聞こえた。

„Komm und hilf mir, bevor du gehst", wurde er gebeten.

「出発する前に手伝ってくれないか」と彼は頼まれた。

Buck war von den Schmerzen in seiner Zunge und seinem Hals benommen.

バックは舌と喉の痛みでぼうっとしていた。

Er war halb erwürgt und konnte kaum noch aufrecht stehen.

彼は半分絞め殺され、ほとんどまっすぐに立つこともできなかった。

Dennoch versuchte Buck, den Männern gegenüberzutreten, die ihm so viel Leid zugefügt hatten.

それでも、バックは自分をここまで傷つけた男たちと向き合おうとした。

Aber sie warfen ihn nieder und würgten ihn erneut.

しかし彼らは再び彼を投げ倒し、首を絞めました。

Erst dann konnten sie sein schweres Messinghalsband absägen.

そうして初めて、彼らは彼の重い真鍮の首輪を切り落とすことができた。

Sie entfernten das Seil und stießen ihn in eine Kiste.

彼らはロープを外して彼を木箱に押し込んだ。

Die Kiste war klein und hatte die Form eines groben Eisenkäfigs.

その木箱は小さくて、粗雑な鉄の檻のような形をしていた。

Buck lag die ganze Nacht dort, voller Zorn und verletztem Stolz.

バックは怒りと傷ついたプライドに満たされ、一晩中そこに横たわっていた。

Er konnte nicht einmal ansatzweise verstehen, was mit ihm geschah.

彼は自分に何が起こっているのか全く理解できなかった

Warum hielten ihn diese fremden Männer in dieser kleinen Kiste fest?

なぜこの見知らぬ男たちは彼をこの小さな木箱の中に閉じ込めていたのでしょうか?

Was wollten sie von ihm und warum diese grausame Gefangenschaft?

彼らは彼に何を望んでいたのか、そしてなぜこのような
残酷な監禁をしていたのか?

Er spürte einen dunklen Druck, das Gefühl, dass das
Unglück näher rückte.

彼は暗いプレッシャーを感じ、災難が近づいていると感
じた。

Es war eine vage Angst, die ihn jedoch schwer belastete.

それは漠然とした恐怖だったが、彼の心に重くのしかか
った。

Mehrmals sprang er auf, als die Schuppentür klapperte.

小屋のドアがガタガタと音を立てると、彼は何度か飛び
上がった。

Er erwartete, dass der Richter oder die Jungen erscheinen
und ihn retten würden.

彼は裁判官か少年たちが現れて彼を救ってくれることを
期待していた。

Doch jedes Mal lugte nur das dicke Gesicht des Wirts
hinein.

しかし、そのたびに中を覗くのは酒場主人の太った顔だ
けだった。

Das Gesicht des Mannes wurde vom schwachen Schein
einer Talgkerze erhellt.

男の顔は獣脂ろうそくのぼんやりとした光で照らされて
いた。

Jedes Mal verwandelte sich Bucks freudiges Bellen in ein
leises, wütendes Knurren.

そのたびに、バックの喜びに満ちた吠え声は、低く怒っ
た唸り声に変わった。

Der Wirt ließ ihn für die Nacht allein in der Kiste zurück
酒場の主人は彼を一晩中箱の中に残していった
Aber als er am Morgen aufwachte, kamen noch mehr
Männer.
しかし、朝目覚めると、さらに多くの男たちがやって来
ていた。

Vier Männer kamen und hoben die Kiste vorsichtig und wortlos auf.

4人の男がやって来て、何も言わずにそっと木箱を持ち上げました。

Buck wusste sofort, in welcher Situation er sich befand.

バックはすぐに自分が置かれた状況を悟った。

Sie waren weitere Peiniger, die er bekämpfen und fürchten musste.

彼らは彼が戦って恐れなければならなかったさらなる拷問者でした。

Diese Männer sahen böse, zerlumpt und sehr ungepflegt aus.

これらの男たちは邪悪で、ぼろぼろの服を着ており、身だしなみもひどく悪そうに見えました。

Buck knurrte und stürzte sich wild durch die Gitterstäbe auf sie.

バックは唸り声をあげ、格子越しに激しく彼らに突進した。

Sie lachten nur und stießen mit langen Holzstöcken nach ihm.

彼らはただ笑って、長い木の棒で彼を突いた。

Buck biss in die Stöcke, dann wurde ihm klar, dass es das war, was ihnen gefiel.

バックは棒を噛み、それが彼らが好きなものだと気づきました。

Also legte er sich ruhig hin, mürrisch und vor stiller Wut brennend.

そこで彼は静かに横たわり、不機嫌になり、静かな怒りに燃えていた。

Sie hoben die Kiste auf einen Wagen und fuhren mit ihm weg.

彼らは木箱を荷馬車に積み込み、彼を連れて走り去った

Die Kiste mit Buck darin wechselte oft den Besitzer.

バックが中に閉じ込められていた木箱は、頻繁に所有者が変わった。

Express-Büroangestellte übernahmen die Leitung und kümmerten sich kurz um ihn.

急行便の事務員が担当し、簡単に対応してくれました。

Dann transportierte ein anderer Wagen Buck durch die laute Stadt.

それから別の荷馬車がバックを騒がしい町の向こうへ運んだ。

Ein Lastwagen brachte ihn mit Kisten und Paketen auf eine Fähre.

トラックが彼を箱や小包とともにフェリー船に乗せた。

Nach der Überquerung lud ihn der Lastwagen an einem Bahndepot ab.

国境を越えた後、トラックは彼を鉄道駅で降ろした。

Schließlich wurde Buck in einen wartenden Expresswagen gesetzt.

ついに、バックは待機していた急行車両に乗せられました。

Zwei Tage und Nächte lang zogen Züge den Schnellzug ab.

二日二晩にわたって、列車が急行車両を牽引しました。

Buck hat während der gesamten schmerzhaften Reise weder gegessen noch getrunken.

バックは苦しい旅の間中、食べることも飲むこともしなかった。

Als die Expressboten versuchten, sich ihm zu nähern, knurrte er.

急使たちが彼に近づこうとしたとき、彼はうなり声をあげた。

Sie reagierten, indem sie ihn verspotteten und grausam hänselten.

彼らは彼を嘲笑し、残酷にからかって応じた。

Buck warf sich schäumend und zitternd gegen die Gitterstäbe

バックは泡を吹きながら震えながら鉄格子に飛びついた。

Sie lachten laut und verspotteten ihn wie Schulhofschläger.

彼らは大声で笑い、まるで学校のいじめっ子のように彼をからかった。

Sie bellten wie falsche Hunde und wedelten mit den Armen.

彼らは偽の犬のように吠え、腕をバタバタさせました。

Sie krähten sogar wie Hähne, nur um ihn noch mehr aufzuregen.

彼らは彼をさらに怒らせるために、雄鶏のように鳴きさえしました。

Es war dummes Verhalten und Buck wusste, dass es lächerlich war.

それは愚かな行為であり、バックはそれが馬鹿げていることを知っていた。

Doch das verstärkte seine Empörung und Scham nur noch.

しかし、それによって彼の怒りと恥の意識は深まるばかりだった。

Der Hunger plagte ihn während der Reise kaum.

彼は旅行中、空腹にあまり悩まされることはなかった。

Doch der Durst brachte starke Schmerzen und unerträgliches Leiden mit sich.

しかし、渇きは激しい痛みと耐え難い苦しみをもたらしました。

Sein trockener, entzündeter Hals und seine Zunge brannten vor Hitze.

彼の乾燥して炎症を起こした喉と舌は熱く燃えるように痛んだ。

Dieser Schmerz schürte das Fieber, das in seinem stolzen Körper aufstieg.

この痛みは彼の誇り高き体の中で高まる熱を増大させた。

Buck war während dieses Prozesses für eine einzige Sache dankbar.

バックはこの裁判中、ただ一つのことに感謝していた。

Das Seil um seinen dicken Hals war entfernt worden.

彼の太い首に巻かれていたロープは外されていた。

Das Seil hatte diesen Männern einen unfairen und grausamen Vorteil verschafft.

ロープは彼らに不公平かつ残酷な優位性を与えていた。

Jetzt war das Seil weg und Buck schwor, dass es nie wieder zurückkommen würde.

今やロープは消え去っており、バックはそれが二度と戻らないと誓った。

Er beschloss, sich nie wieder ein Seil um den Hals legen zu lassen.

彼は二度と自分の首にロープを巻かないことを決意した。

Zwei lange Tage und Nächte litt er ohne Essen.

彼は二日間と二晩、食べ物もなく苦しみ続けた。

Und in diesen Stunden baute sich in ihm eine enorme Wut auf.

そして、その数時間の間に、彼は心の中に大きな怒りを蓄積していった。

Seine Augen wurden vor ständiger Wut blutunterlaufen und wild.

彼の目は絶え間ない怒りのせいで充血し狂ったようになっていた。

Er war nicht mehr Buck, sondern ein Dämon mit schnappenden Kiefern.

彼はもうバックではなく、パクパクと顎を鳴らす悪魔だった。

Nicht einmal der Richter hätte dieses verrückte Wesen erkannt.

裁判官でさえこの狂った生き物を知らなかっただろう。

Die Expressboten atmeten erleichtert auf, als sie Seattle erreichten

速達の使者たちはシアトルに到着すると安堵のため息をついた。

Vier Männer hoben die Kiste hoch und brachten sie in einen Hinterhof.

4人の男が木箱を持ち上げて裏庭に運んだ。

Der Hof war klein und von hohen, massiven Mauern umgeben.

庭は狭く、高くて頑丈な壁に囲まれていました。

Ein großer Mann in einem ausgeleierten roten Pullover kam heraus.

だぶだぶの赤いセーターシャツを着た大男が出てきた。

Mit dicker, kühner Handschrift unterschrieb er das Lieferbuch.

彼は配達記録簿に太くて力強い手書きで署名した。

Buck spürte sofort, dass dieser Mann sein nächster Peiniger war.

バックはすぐにこの男が自分を苦しめる次の相手だと察した。

Er stürzte sich heftig auf die Gitterstäbe, die Augen rot vor Wut.

彼は怒りで目を真っ赤にして、鉄格子に向かって激しく突進した。

Der Mann lächelte nur finster und holte ein Beil.

男は暗い笑みを浮かべると、斧を取りに行きました。

Er brachte auch eine Keule in seiner dicken und starken rechten Hand mit.

彼はまた、分厚く力強い右手に棍棒を持っていた。

„Wollen Sie ihn jetzt rausholen?", fragte der Fahrer besorgt.

「今から彼を連れ出すつもりですか?」運転手は心配そうに尋ねた。

„Sicher", sagte der Mann und rammte das Beil als Hebel in die Kiste.

「もちろんだ」男は梃子代わりに斧を木箱に押し込みながら言った。

Die vier Männer stoben sofort auseinander und sprangen auf die Hofmauer.

4人の男たちはすぐに散り散りになり、庭の壁の上に飛び上がった。

Von ihren sicheren Plätzen oben warteten sie, um das Spektakel zu beobachten.

彼らは上の安全な場所から、その光景を眺めるのを待っていた。

Buck stürzte sich auf das zersplitterte Holz, biss und zitterte heftig.

バックは砕けた木に突進し、激しく嚙みつきながら震えていた。

Jedes Mal, wenn die Axt den Käfig traf, war Buck da, um ihn anzugreifen.

斧が檻に当たるたびに、バックがそこにいて攻撃した。

Er knurrte und schnappte vor wilder Wut und wollte unbedingt freigelassen werden.

彼は解放されることを切望し、激しい怒りで唸り声をあげ、嚙みついた。

Der Mann draußen war ruhig und gelassen und konzentrierte sich auf seine Aufgabe.

外の男は落ち着いていて落ち着いており、自分の仕事に集中していた。

„Also gut, du rotäugiger Teufel", sagte er, als das Loch groß war.

「そうだな、この赤い目の悪魔」穴が大きくなったとき、彼はそう言った。

Er ließ das Beil fallen und nahm die Keule in die rechte Hand.

彼は斧を落とし、右手に棍棒を取った。

Buck sah wirklich aus wie ein Teufel; seine Augen blutunterlaufen und lodernd.

バックは本当に悪魔のように見えました。目は充血して燃えていました。

Sein Fell sträubte sich, Schaum stand ihm vor dem Mund, seine Augen funkelten.

彼のコートは逆立ち、口からは泡が吹き、目はきらきらと輝いていた。

Er spannte seine Muskeln an und sprang direkt auf den roten Pullover zu.

彼は筋肉を収縮させ、真っ直ぐに赤いセーターに向かって飛びかかった。

Hundertvierzig Pfund Wut prasselten auf den ruhigen Mann zu.

140ポンドの怒りが冷静な男に向かって飛び散った。

Kurz bevor er die Zähne zusammenbiss, traf ihn ein schrecklicher Schlag.

顎が閉じる直前、恐ろしい一撃が彼を襲った。

Seine Zähne schnappten zusammen, nur Luft war im Spiel.

彼の歯は空気だけでカチカチと音を立てた

ein Schmerz durchfuhr seinen Körper

激しい痛みが彼の体中に響き渡った

Er machte einen Überschlag in der Luft und stürzte auf dem Rücken und der Seite zu Boden.

彼は空中で回転し、背中と横から地面に倒れ込んだ。

Er hatte noch nie zuvor einen Knüppelschlag gespürt und konnte ihn nicht begreifen.

彼はこれまで棍棒の打撃を感じたことがなく、それを理解することができなかった。

Mit einem kreischenden Knurren, das teils Bellen, teils Schreien war, sprang er erneut.

叫び声のような、吠え声のようなうなり声とともに、彼は再び飛び上がった。

Ein weiterer brutaler Schlag traf ihn und schleuderte ihn zu Boden.

もう一度の残忍な一撃が彼を襲い、地面に叩きつけられた。

Diesmal verstand Buck – es war die schwere Keule des Mannes.

今度はバックは理解した――それは男の重い棍棒だったのだ。

Doch die Wut machte ihn blind, und an einen Rückzug dachte er nicht.

しかし、怒りのあまり彼は目が見えなくなり、撤退する考えもなかった。

Zwölfmal stürzte er sich in die Luft, und zwölfmal fiel er.

彼は12回飛び上がり、12回落ちた。

Der Holzknüppel traf ihn jedes Mal mit unbarmherziger, vernichtender Kraft.

そのたびに、木の棍棒は容赦なく、圧倒的な力で彼を打ち砕いた。

Nach einem heftigen Schlag kam er benommen und langsam wieder auf die Beine.

激しい一撃を受けた後、彼は茫然としてよろめきながらゆっくりと立ち上がった。

Blut lief aus seinem Mund, seiner Nase und sogar seinen Ohren.

彼の口、鼻、さらには耳からも血が流れ出た。

Sein einst so schönes Fell war mit blutigem Schaum verschmiert.

かつて美しかった彼の毛皮は血の泡で汚れていた。

Dann trat der Mann vor und versetzte ihm einen heftigen Schlag auf die Nase.

すると男が近づき、鼻にひどい一撃を加えた。

Die Qualen waren schlimmer als alles, was Buck je gespürt hatte.

その苦痛はバックがこれまで感じたことのなかったものよりも激しいものだった。

Mit einem Brüllen, das eher an ein Tier als an einen Hund erinnerte, sprang er erneut zum Angriff.

彼は犬というより獣のような咆哮をあげ、再び飛びかかって攻撃した。

Doch der Mann packte seinen Unterkiefer und drehte ihn nach hinten.

しかし、男は彼の下顎を掴み、後ろにひねった。

Buck überschlug sich kopfüber und stürzte erneut hart auf den Boden.

バックはひっくり返って、再び激しく地面に落ちた。

Ein letztes Mal stürmte Buck auf ihn zu, jetzt konnte er kaum noch stehen.

バックは最後にもう一度、かろうじて立つことができた状態で彼に突進した。

Der Mann schlug mit perfektem Timing zu und versetzte den letzten Schlag.

男は熟練したタイミングで攻撃し、とどめを刺した。

Buck brach bewusstlos und regungslos zusammen.

バックは意識を失い、動かずに倒れてしまいました。

„Er ist kein Stümper im Hundezähmen, das sage ich", rief ein Mann.

「彼は犬の調教が下手なわけではない、それが私の意見だ」と男は叫んだ。

„Druther kann den Willen eines Hundes an jedem Tag der Woche brechen."

「ドゥルーザーはいつでも猟犬の意志を折ることができる。」

„Und zweimal an einem Sonntag!", fügte der Fahrer hinzu.

「しかも日曜日には２回も！」と運転手は付け加えた。

Er stieg in den Wagen und ließ die Zügel knacken, um loszufahren.

彼は荷馬車に乗り込み、手綱を鳴らして出発した。

Buck erlangte langsam die Kontrolle über sein Bewusstsein zurück

バックはゆっくりと意識を取り戻した

aber sein Körper war noch zu schwach und gebrochen, um sich zu bewegen.

しかし、彼の体はまだ動くには弱りきっていて壊れていました。

Er blieb liegen, wo er hingefallen war, und beobachtete den Mann im roten Pullover.

彼は倒れた場所に横たわり、赤いセーターを着た男を見つめていた。

„Er hört auf den Namen Buck", sagte der Mann und las laut vor.

「彼はバックという名で呼ばれています」男は声を出して読みながら言った。

Er zitierte aus der Notiz und den Einzelheiten, die mit Bucks Kiste geschickt wurden.

彼はバックの木箱と一緒に送られたメモから詳細を引用した。

„Also, Buck, mein Junge", fuhr der Mann freundlich fort,

「そうだな、バック、坊や」男は友好的な口調で続けた

„Wir hatten unseren kleinen Streit, und jetzt ist es zwischen uns vorbei."

「ちょっとした喧嘩をしたけど、もう私たちの関係は終わった。」

„Sie haben Ihren Platz kennengelernt und ich habe meinen kennengelernt", fügte er hinzu.

「君は自分の立場を学んだし、私も自分の立場を学んだ」と彼は付け加えた。

„Sei brav, dann wird alles gut und das Leben wird angenehm sein."

「善良であれ。そうすればすべてはうまくいき、人生は楽しいものとなる。」

„Aber wenn du böse bist, schlage ich dir die Seele aus dem Leib, verstanden?"

「でも、悪いことをしたら、ぶん殴ってやるからな、分かったか？」

Während er sprach, streckte er die Hand aus und tätschelte Bucks schmerzenden Kopf.

そう言いながら、彼は手を伸ばしてバックの痛む頭を軽くたたいた。

Bucks Haare stellten sich bei der Berührung des Mannes auf, aber er wehrte sich nicht.

男に触れられてバックの髪は逆立ったが、彼は抵抗しなかった。

Der Mann brachte ihm Wasser, das Buck in großen Schlucken trank.

男は彼に水を持って来たので、バックはそれを一気に飲んだ。

Dann kam rohes Fleisch, das Buck Stück für Stück verschlang.

それから生の肉が運ばれてきて、バックはそれを一口ずつ食べ尽くした。

Er wusste, dass er geschlagen war, aber er wusste auch, dass er nicht gebrochen war.

彼は自分が負けたことを知っていたが、まだ壊れていないことも知っていた。

Gegen einen mit einer Keule bewaffneten Mann hatte er keine Chance.

棍棒で武装した男に彼に勝ち目はなかった。

Er hatte die Wahrheit erfahren und diese Lektion nie vergessen.

彼は真実を学び、その教訓を決して忘れなかった。

Diese Waffe war der Beginn des Gesetzes in Bucks neuer Welt.

その武器はバックの新しい世界における法の始まりでした。

Es war der Beginn einer harten, primitiven Ordnung, die er nicht leugnen konnte.

それは彼が否定することのできない、過酷で原始的な秩序の始まりだった。

Er akzeptierte die Wahrheit; seine wilden Instinkte waren nun erwacht.

彼は真実を受け入れた。彼の野生の本能が目覚めたのだ。

Die Welt war härter geworden, aber Buck stellte sich ihr tapfer.

世界はより厳しくなっていたが、バックは勇敢にそれに立ち向かった。

Er begegnete dem Leben mit neuer Vorsicht, List und stiller Stärke.

彼は新たな注意深さ、狡猾さ、そして静かな強さで人生に立ち向かった。

Weitere Hunde kamen an, an Seilen oder in Kisten festgebunden, so wie Buck.

バックと同じように、ロープや箱に縛られた犬がさらにたくさんやって来ました。

Einige Hunde kamen ruhig, andere tobten und kämpften wie wilde Tiere.

落ち着いてやってくる犬もいれば、野獣のように激怒して戦う犬もいました。

Sie alle wurden der Herrschaft des Mannes im roten Pullover unterworfen.

彼ら全員は赤いセーターを着た男の支配下に置かれました。

Jedes Mal sah Buck zu und sah, wie sich ihm die gleiche Lektion erschloss.

そのたびに、バックは同じ教訓が展開されるのを観察しました。

Der Mann mit der Keule war das Gesetz, ein Herr, dem man gehorchen musste.

棍棒を持った男は法律であり、従うべき主人だった。

Er musste nicht gemocht werden, aber man musste ihm gehorchen.

彼は好かれる必要はなかったが、従われる必要はあった。

Buck schmeichelte oder wedelte nie mit dem Schwanz, wie es die schwächeren Hunde taten.

バックは、弱い犬たちのように媚びへつらったり尻尾を振ったりすることは決してなかった。

Er sah Hunde, die geschlagen wurden und trotzdem die Hand des Mannes leckten.

彼は、殴られてもなお男の手を舐め続ける犬たちを見た。

Er sah einen Hund, der überhaupt nicht gehorchte oder sich unterwarf.

彼は、まったく従わない、服従しない犬を一匹見かけました。

Dieser Hund kämpfte, bis er im Kampf um die Kontrolle getötet wurde.

その犬は支配権をめぐる戦いで殺されるまで戦い続けた

Manchmal kamen Fremde, um den Mann im roten Pullover zu sehen.

時々、見知らぬ人が赤いセーターを着た男に会いに来ることもあった。

Sie sprachen in seltsamem Ton, flehten, feilschten und lachten.

彼らは奇妙な口調で話し、懇願したり、交渉したり、笑ったりした。

Als das Geld ausgetauscht wurde, gingen sie mit einem oder mehreren Hunden.

お金を交換すると、彼らは一匹以上の犬を連れて帰りました。

Buck fragte sich, wohin diese Hunde gingen, denn keiner kam jemals zurück.

バックはこれらの犬たちがどこへ行ったのか不思議に思った。一匹も戻ってこなかったからだ。

Angst vor dem Unbekannten erfüllte Buck jedes Mal, wenn ein fremder Mann kam

見知らぬ男が来るたびに、バックは未知への恐怖に襲われた。

Er war jedes Mal froh, wenn ein anderer Hund mitgenommen wurde und nicht er selbst.

彼は、自分ではなく他の犬が連れて行かれるたびに嬉しかった。

Doch schließlich kam Buck an die Reihe, als ein fremder Mann eintraf.

しかし、ついに、奇妙な男の出現により、バックの番が来た。

Er war klein, drahtig und sprach gebrochenes Englisch und fluchte.

彼は小柄で、筋肉質で、片言の英語と汚い言葉で話した

„Heilig!", schrie er, als er Bucks Gestalt erblickte.

「神聖だ！」彼はバックの体格を見て叫んだ。

„Das ist aber ein verdammter Rüpel! Wie viel?", fragte er laut.

「あれは本当にいじめっ子だ！え？いくらだ？」と彼は大声で尋ねた。

„Dreihundert, und für diesen Preis ist er ein Geschenk."

「300ドルで彼はプレゼントだ」

„Da es sich um staatliche Gelder handelt, sollten Sie sich nicht beschweren, Perrault."

「政府のお金なんだから文句を言うべきじゃないよ、ペロー」

Perrault grinste über den Deal, den er gerade mit dem Mann gemacht hatte.

ペローはその男と交わしたばかりの取引にニヤリと笑った。

Aufgrund der plötzlichen Nachfrage waren die Preise für Hunde in die Höhe geschossen.

突然の需要により犬の値段が高騰した。

Dreihundert Dollar waren für so ein tolles Tier nicht unfair.

こんなに素晴らしい獣に対して、300ドルは不当ではない。

Die kanadische Regierung würde bei dem Abkommen nichts verlieren

カナダ政府はこの取引で何も失うことはない

Auch ihre offiziellen Depeschen würden während des Transports nicht verzögert.

また、公式の派遣が輸送中に遅れることもありません。

Perrault kannte sich gut mit Hunden aus und erkannte, dass Buck etwas Seltenes war.

ペローは犬をよく知っていたので、バックが珍しい犬だと分かっていた。

„Einer von zehntausend", dachte er, als er Bucks Körperbau betrachtete.

「一万分の一だ」と彼はバックの体格を研究しながら思った。

Buck sah, wie das Geld den Besitzer wechselte, zeigte sich jedoch nicht überrascht.

バックはお金が手渡されるのを見たが、驚いた様子はなかった。

Bald wurden er und Curly, ein sanfter Neufundländer, weggeführt.

すぐに彼と温厚なニューファンドランド犬の縮れたは連れて行かれました。

Sie folgten dem kleinen Mann aus dem Hof des roten Pullovers.

彼らは赤いセーターを着た人の庭からその小男の後を追った。

Das war das letzte Mal, dass Buck den Mann mit der Holzkeule sah.

それがバックが木の棍棒を持った男を見た最後の時だった。

Vom Deck der Narwhal aus beobachtete er, wie Seattle in der Ferne verschwand.

彼はイッカク号のデッキからシアトルが遠くに消えていくのを眺めた。

Es war auch das letzte Mal, dass er das warme Südland sah.

それは彼が暖かい南国を見た最後の機会でもありました

Perrault brachte sie unter Deck und ließ sie bei François zurück.

ペローは彼らを船底に連れて行き、フランソワに預けた

François war ein Riese mit schwarzem Gesicht und rauen, schwieligen Händen.

フランソワは、顔が黒く、手が荒れてタコだらけの巨漢だった。

Er war dunkelhäutig und hatte eine dunkle Hautfarbe, ein französisch-kanadischer Mischling.

彼は肌が浅黒く、フランス系カナダ人の混血だった。

Für Buck waren diese Männer von einer Art, die er noch nie zuvor gesehen hatte.

バックにとって、これらの男たちは今まで見たことのない種類の男たちだった。

Er würde in den kommenden Tagen viele solcher Männer kennenlernen.

彼はその後、そのような男性を数多く知ることになるだろう。

Er konnte sie zwar nicht lieb gewinnen, aber er begann, sie zu respektieren.

彼は彼らを好きになったわけではないが、尊敬するようになった。

Sie waren fair und weise und ließen sich von keinem Hund so leicht täuschen.

彼らは公平で賢く、どんな犬にも簡単に騙されることはありませんでした。

Sie beurteilten Hunde ruhig und bestraften sie nur, wenn es angebracht war.

彼らは犬を冷静に判断し、罰に値する場合にのみ罰を与えた。

Im Unterdeck der Narwhal trafen Buck und Curly zwei Hunde.

イッカク号の下甲板で、バックと縮れたは二匹の犬に出会った。

Einer war ein großer weißer Hund aus dem fernen, eisigen Spitzbergen.

一匹は遠く離れた氷に覆われたスピッツベルゲン島から来た大きな白い犬でした。

Er war einmal mit einem Walfänger gesegelt und hatte sich einer Erkundungsgruppe angeschlossen.

彼はかつて捕鯨船に乗って調査団に加わったことがある

Er war auf eine schlaue, hinterhältige und listige Art freundlich.

彼はずる賢く、陰険で、ずる賢いやり方で友好的だった

Bei ihrer ersten Mahlzeit stahl er ein Stück Fleisch aus Bucks Pfanne.

最初の食事のとき、彼はバックのフライパンから肉を一切れ盗みました。

Buck sprang, um ihn zu bestrafen, aber François' Peitsche schlug zuerst zu.

バックは彼を罰するために飛びかかったが、フランソワの鞭が先に当たった。

Der weiße Dieb schrie auf und Buck holte sich den gestohlenen Knochen zurück.

白人の泥棒は悲鳴をあげ、バックは盗まれた骨を取り戻した。

Diese Fairness beeindruckte Buck und François verdiente sich seinen Respekt.

その公平さはバックに感銘を与え、フランソワは彼の尊敬を得た。

Der andere Hund grüßte nicht und wollte auch nichts zurück.

もう一匹の犬は挨拶もせず、挨拶の返事も求めませんでした。

Er stahl weder Essen noch beschnüffelte er die Neuankömmlinge interessiert.

彼は食べ物を盗んだり、新しく来たものを興味深く嗅いだりしませんでした。

Dieser Hund war grimmig und ruhig, düster und bewegte sich langsam.

この犬は陰気で静かで、陰気で動きが遅かった。

Er warnte Curly, sich fernzuhalten, indem er sie einfach anstarrte.

彼はただ睨みつけるだけで縮れたに近寄らないように警告した。

Seine Botschaft war klar: Lass mich in Ruhe, sonst gibt es Ärger.

彼のメッセージは明確でした。私を放っておいてくれ、さもないと問題が起きるぞ、というものでした。

Er hieß Dave und nahm seine Umgebung kaum wahr.

彼はデイブと呼ばれ、周囲の状況をほとんど気にしていませんでした。

Er schlief oft, aß ruhig und gähnte ab und zu.

彼はよく眠り、静かに食事をし、時々あくびをしていた

Das Schiff summte ständig, während unten der Propeller schlug.

船は下でプロペラが鼓動する音とともに絶えずブンブンと音を立てていた。

Die Tage vergingen, ohne dass sich viel änderte, aber das Wetter wurde kälter.

あまり変化のない日々が過ぎていきましたが、天気は寒くなってきました。

Buck spürte es in seinen Knochen und bemerkte, dass es den anderen genauso ging.

バックはそれを骨の髄まで感じ、他の人たちもそう感じていることに気づいた。

Dann blieb eines Morgens der Propeller stehen und alles war still.

そしてある朝、プロペラが止まり、すべてが静かになりました。

Eine Energie durchströmte das Schiff; etwas hatte sich verändert.

エネルギーが船中に広がり、何かが変わった。

François kam herunter, legte ihnen die Leinen an und brachte sie hoch.

フランソワは降りてきて、犬たちにリードをつけ、連れて帰りました。

Buck stieg aus und fand den Boden weich, weiß und kalt.

バックは外に出て、地面が柔らかく、白く、冷たいことに気づいた。

Er sprang erschrocken zurück und schnaubte völlig verwirrt.

彼は驚いて飛び退き、完全に混乱した様子で鼻を鳴らした。

Seltsames weißes Zeug fiel vom grauen Himmel.

灰色の空から奇妙な白いものが落ちてきました。

Er schüttelte sich, aber die weißen Flocken landeten immer wieder auf ihm.

彼は体を震わせたが、白い雪片は彼の上に降り注ぎ続けた。

Er roch vorsichtig an dem weißen Zeug und leckte an ein paar eisigen Stückchen.

彼はその白いものを注意深く嗅ぎ、氷のようなものをいくつか舐めた。

Das Pulver brannte wie Feuer und verschwand dann einfach von seiner Zunge.

粉は火のように燃え、舌の上から消えていった。

Buck versuchte es noch einmal und war verwirrt über die seltsame, verschwindende Kälte.

バックは、奇妙に消えていく冷たさに困惑しながら、もう一度試してみた。

Die Männer um ihn herum lachten und Buck war verlegen.

周りの男たちは笑い、バックは恥ずかしくなった。

Er wusste nicht warum, aber er schämte sich für seine Reaktion.

彼は理由は知らなかったが、自分の反応を恥じた。
Es war seine erste Erfahrung mit Schnee und es verwirrte ihn.
それは彼にとって初めての雪の経験であり、彼は混乱した。

Das Gesetz von Keule und Fang
棍棒と牙の法則

Bucks erster Tag am Strand von Dyea fühlte sich wie ein schrecklicher Albtraum an.

バックにとってダイアビーチでの初日はひどい悪夢のようだった。

Jede Stunde brachte neue Schocks und unerwartete Veränderungen für Buck.

毎時間ごとに、バックは新たな衝撃と予期せぬ変化に見舞われた。

Er war aus der Zivilisation gerissen und ins wilde Chaos gestürzt worden.

彼は文明から引き離され、激しい混乱の中に放り込まれた。

Dies war kein sonniges, faules Leben mit Langeweile und Ruhe.

これは退屈と休息を伴う、陽気で怠惰な生活ではありませんでした。

Es gab keinen Frieden, keine Ruhe und keinen Moment ohne Gefahr.

平和も休息もなく、危険のない瞬間もなかった。

Überall herrschte Verwirrung und die Gefahr war immer in der Nähe.

混乱がすべてを支配し、危険は常に身近に迫っていました。

Buck musste wachsam bleiben, denn diese Männer und Hunde waren anders.

バックは、これらの男たちと犬たちが異なっていたので、警戒を怠ってはならなかった。

Sie kamen nicht aus der Stadt, sie waren wild und gnadenlos.

彼らは町から来たわけではなく、野蛮で慈悲のない者たちでした。

Diese Männer und Hunde kannten nur das Gesetz der Keule und der Reißzähne.

これらの男と犬は棍棒と牙の法則しか知らなかった。

Buck hatte noch nie Hunde so kämpfen sehen wie diese wilden Huskys.

バックは、これらの獰猛なハスキー犬のように戦う犬を見たことがなかった。

Seine erste Erfahrung lehrte ihn eine Lektion, die er nie vergessen würde.

その最初の経験は彼に決して忘れることのない教訓を与えた。

Er hatte Glück, dass er es nicht war, sonst wäre auch er gestorben.

それが彼でなかったのは幸運だった、そうでなければ彼も死んでいただろう。

Curly war derjenige, der litt, während Buck zusah und lernte.

バックが見守りながら学んでいる間、苦しんだのは縮れただった。

Sie hatten ihr Lager in der Nähe eines aus Baumstämmen gebauten Ladens aufgeschlagen.

彼らは丸太で建てられた店の近くにキャンプを張っていた。

Curly versuchte, einem großen, wolfsähnlichen Husky gegenüber freundlich zu sein.

縮れたは、狼のような大きなハスキー犬に優しくしようとしました。

Der Husky war kleiner als Curly, sah aber wild und böse aus.

ハスキーは縮れたより小さかったが、野性的で凶暴な様子だった。

Ohne Vorwarnung sprang er auf und schlug ihr ins Gesicht.

彼は何の前触れもなく飛び上がり、彼女の顔を切り裂いた。

Seine Zähne schnitten in einer Bewegung von ihrem Auge bis zu ihrem Kiefer.

彼の歯は彼女の目から顎まで一気に切り裂いた。

So kämpften Wölfe: Sie schlugen schnell zu und sprangen weg.

これがオオカミの戦い方です。素早く攻撃して、飛び去るのです。

Aber es gab mehr zu lernen als nur diesen einen Angriff.

しかし、その攻撃から学ぶべきことはもっとたくさんありました。

Dutzende Huskys stürmten herein und bildeten einen stillen Kreis.

数十匹のハスキー犬が駆け寄ってきて、静かに輪を作った。

Sie schauten aufmerksam zu und leckten sich hungrig die Lippen.

彼らはじっと見つめ、空腹で唇をなめました。

Buck verstand weder ihr Schweigen noch ihre begierigen Blicke.

バックは彼らの沈黙や熱心な視線の意味を理解していなかった。

Curly stürzte sich ein zweites Mal auf den Husky, um ihn anzugreifen.

縮れたは再びハスキー犬を攻撃しようと突進した。

Mit einer kräftigen Bewegung seiner Brust warf er sie um.

彼は胸を使って強い動きで彼女を倒した。

Sie fiel auf die Seite und konnte nicht wieder aufstehen.

彼女は横に倒れてしまい、起き上がることができませんでした。

Darauf hatten die anderen die ganze Zeit gewartet.

それは他の人たちもずっと待っていたものだった。

Die Huskies sprangen sie an und jaulten und knurrten wie wild.

ハスキー犬たちは狂ったように吠えながら彼女に飛びかかった。

Sie schrie, als sie unter einem Haufen Hunde begruben.

彼女は犬の山の下に埋められたとき、叫び声をあげた。

Der Angriff erfolgte so schnell, dass Buck vor Schreck erstarrte.

攻撃があまりにも速かったので、バックはショックでその場に凍りついた。

Er sah, wie Spitz die Zunge herausstreckte, als würde er lachen.

彼はスピッツが笑っているように見える形で舌を突き出しているのを見た。

François schnappte sich eine Axt und rannte direkt in die Hundegruppe hinein.

フランソワは斧を掴み、まっすぐ犬の群れの中に突進した。

Drei weitere Männer halfen mit Knüppeln, die Huskies zu vertreiben.

他の3人の男は棍棒を使ってハスキー犬を追い払った。

In nur zwei Minuten war der Kampf vorbei und die Hunde waren verschwunden.

わずか2分で戦いは終わり、犬たちはいなくなっていました。

Curly lag tot im roten, zertrampelten Schnee, ihr Körper war zerfetzt.

縮れたは、体を引き裂かれ、踏みつけられた赤い雪の上に死んで横たわっていた。

Ein dunkelhäutiger Mann stand über ihr und verfluchte die brutale Szene.

黒い肌の男が彼女の前に立ち、残酷な光景を罵った。

Die Erinnerung blieb bei Buck und verfolgte ihn nachts in seinen Träumen.

その記憶はバックの心の中に残り、毎晩夢に現れた。

So war es hier: keine Fairness, keine zweite Chance.

ここではそれが普通だった。公平さもなければ二度目のチャンスもない。

Sobald ein Hund fiel, töteten die anderen ihn gnadenlos.

一匹の犬が倒れると、他の犬は容赦なく殺します。

Buck beschloss damals, dass er niemals zulassen würde, dass er fällt.

バックはそのとき、自分は決して落ちないと決心した。

Spitz streckte erneut die Zunge heraus und lachte über das Blut.

スピッツはまた舌を出して血を見て笑った。

Von diesem Moment an hasste Buck Spitz aus vollem Herzen.

その瞬間から、バックは心底スピッツを憎むようになった。

Bevor Buck sich von Curlys Tod erholen konnte, passierte etwas Neues.

バックが縮れたの死から立ち直る前に、新たな出来事が起こった。

François kam herüber und schnallte etwas um Bucks Körper.

フランソワがやって来て、バックの体に何かを巻き付けました。

Es war ein Geschirr wie das, das auf der Ranch für Pferde verwendet wurde.

それは牧場で馬に使われるような馬具でした。

Buck hatte gesehen, wie Pferde arbeiteten, und nun musste auch er arbeiten.

バックは馬が働くのを見てきたので、今度は自分も働かされることになった。

Er musste François auf einem Schlitten in den nahegelegenen Wald ziehen.

彼はフランソワをそりに乗せて近くの森まで引っ張って行かなければなりませんでした。

Anschließend musste er eine Ladung schweres Brennholz zurückziehen.

それから、彼は重い薪を積んで引き戻さなければなりませんでした。

Buck war stolz und deshalb tat es ihm weh, wie ein Arbeitstier behandelt zu werden.

バックはプライドの高い人だったので、労働動物のように扱われるのは辛かった。

Aber er war klug und versuchte nicht, gegen die neue Situation anzukämpfen.

しかし彼は賢明だったので、新たな状況に逆らおうとは
しなかった。

Er akzeptierte sein neues Leben und gab bei jeder Aufgabe
sein Bestes.

彼は新しい人生を受け入れ、あらゆる仕事に最善を尽く
しました。

Alles an der Arbeit war ihm fremd und ungewohnt.

彼にとって、その仕事に関するすべてが奇妙で未知のも
のだった。

François war streng und verlangte unverzüglichen
Gehorsam.

フランソワは厳格で、遅滞なく従うことを要求した。

Seine Peitsche sorgte dafür, dass jeder Befehl sofort befolgt
wurde.

彼の鞭はすべての命令がすぐに従うことを確実にした。

Dave war der Schlittenführer, der Hund, der dem Schlitten
hinter Buck am nächsten war.

デイブは車輪の引き手で、バックの後ろでそりに一番近
い犬でした。

Dave biss Buck in die Hinterbeine, wenn er einen Fehler
machte.

デイブは、バックがミスをすると後ろ足を噛みました。

Spitz war der Leithund und in dieser Rolle geschickt und
erfahren.

スピッツはリーダー犬であり、その役割に熟練しており
、経験豊富でした。

Spitz konnte Buck nicht leicht erreichen, korrigierte ihn
aber trotzdem.

スピッツはバックに簡単には辿り着けなかったが、それ
でも彼を訂正した。

Er knurrte barsch oder zog den Schlitten auf eine Art, die
Buck etwas beibrachte.

彼は荒々しく唸ったり、バックに教えるようなやり方で
そりを引いたりした。

Durch dieses Training lernte Buck schneller, als alle
erwartet hatten.

この訓練により、バックは誰もが予想していたよりも早く学習しました。

Er hat hart gearbeitet und sowohl von François als auch von den anderen Hunden gelernt.

彼は一生懸命働き、フランソワと他の犬たちから学びました。

Als sie zurückkamen, kannte Buck die wichtigsten Befehle bereits.

彼らが戻ったとき、バックはすでに重要なコマンドを覚えていました。

Von François hat er gelernt, beim Laut „ho" anzuhalten.

彼はフランソワから「ホ」という音で止まることを教わりました。

Er lernte, wann er den Schlitten ziehen und rennen musste.

彼はそりを引いて走らなければならない時を学びました

Er lernte, in den Kurven des Weges ohne Probleme weit abzubiegen.

彼は道の曲がり角で問題なく大きく曲がることを学んだ。

Er lernte auch, Dave auszuweichen, wenn der Schlitten schnell bergab fuhr.

彼はまた、そりが急に坂を下りてきたときにデイブを避けることも学びました。

„Das sind sehr gute Hunde", sagte François stolz zu Perrault.

「彼らはとても良い犬だ」フランソワは誇らしげにペローに言った。

„Dieser Buck zieht wie der Teufel – ich bringe ihm das so schnell bei, wie ich nur kann."

「あの雄鹿はものすごく引っ張るから、とにかく速く引っ張るように教えてやったんだ。」

Später am Tag kam Perrault mit zwei weiteren Huskys zurück.

その日遅く、ペローはさらに2匹のハスキー犬を連れて戻ってきた。

Ihre Namen waren Billee und Joe und sie waren Brüder.

彼らの名前はビリーとジョーで、兄弟でした。

Sie stammten von derselben Mutter, waren sich aber überhaupt nicht ähnlich.

彼らは同じ母親から生まれましたが、まったく似ていませんでした。

Billee war gutmütig und zu allen sehr freundlich.

ビリーは優しい性格で、誰に対してもとてもフレンドリーでした。

Joe war das Gegenteil – ruhig, wütend und immer am Knurren.

ジョーは正反対で、静かで、怒っていて、いつも怒鳴っていました。

Buck begrüßte sie freundlich und blieb beiden gegenüber ruhig.

バックは二人に友好的に挨拶し、二人に対して穏やかに接した。

Dave schenkte ihnen keine Beachtung und blieb wie üblich still.

デイブは彼らに注意を払わず、いつものように黙っていた。

Um seine Dominanz zu demonstrieren, griff Spitz zuerst Billee und dann Joe an.

スピッツは自分の優位性を示すために、まずビリーを攻撃し、次にジョーを攻撃した。

Billee wedelte mit dem Schwanz und versuchte, freundlich zu Spitz zu sein.

ビリーは尻尾を振ってスピッツに優しくしようとしました。

Als das nicht funktionierte, versuchte er stattdessen wegzulaufen.

それがうまくいかなかったとき、彼は代わりに逃げようとしました。

Er weinte traurig, als Spitz ihn fest in die Seite biss.

スピッツが彼の脇腹を強く噛んだとき、彼は悲しそうに泣きました。

Aber Joe war ganz anders und ließ sich nicht einschüchtern.

しかし、ジョーは他の子とは全く違っていて、いじめられることを拒否しました。

Jedes Mal, wenn Spitz näher kam, drehte sich Joe schnell um, um ihm in die Augen zu sehen.

スピッツが近づくたびに、ジョーは素早く回転してスピッツのほうを向いた。

Sein Fell sträubte sich, seine Lippen kräuselten sich und seine Zähne schnappten wild.

彼の毛は逆立ち、唇は歪んで、歯は激しくカチカチと音を立てた。

Joes Augen glänzten vor Angst und Wut und forderten Spitz heraus, zuzuschlagen.

ジョーの目は恐怖と怒りで輝き、スピッツに攻撃を挑発した。

Spitz gab den Kampf auf und wandte sich gedemütigt und wütend ab.

スピッツは屈辱と怒りを感じながら戦いを諦め、立ち去った。

Er ließ seine Frustration an dem armen Billee aus und jagte ihn davon.

彼はかわいそうなビリーに不満をぶつけ、彼を追い払った。

An diesem Abend fügte Perrault dem Team einen weiteren Hund hinzu.

その夜、ペローはチームにもう一匹の犬を加えました。

Dieser Hund war alt, mager und mit Kampfnarben übersät.

この犬は年老いて、痩せていて、戦いの傷跡で覆われていました。

Eines seiner Augen fehlte, doch das andere blitzte kraftvoll auf.

彼の目は片方は欠けていたが、もう片方は力強く輝いていた。

Der neue Hund hieß Solleks, was „der Wütende" bedeutet.

新しい犬の名前はソレックス、つまり「怒った犬」という意味でした。

Wie Dave verlangte Solleks nichts von anderen und gab
nichts zurück.

デイブと同様に、ソレックスは他人に何も求めず、何も
返さなかった。

Als Solleks langsam ins Lager ging, blieb sogar Spitz fern.

ソレックスがゆっくりとキャンプに歩いて入っていくと
、スピッツさえも近寄らなかった。

Er hatte eine seltsame Angewohnheit, die Buck
unglücklicherweise entdeckte.

彼には奇妙な習慣があったが、バックはそれを不運にも
発見してしまった。

Solleks hasste es, von der Seite angesprochen zu werden,
auf der er blind war.

ソレックスさんは、自分の目が見えていない側から近づ
かれるのが大嫌いだった。

Buck wusste das nicht und machte diesen Fehler
versehentlich.

バックはこれを知らず、偶然にその間違いを犯しました
。

Solleks wirbelte herum und versetzte Buck einen schnellen,
tiefen Schlag auf die Schulter.

ソレックスはくるりと回転し、バックの肩を深く素早く
切りつけた。

Von diesem Moment an kam Buck nie wieder in die Nähe
von Solleks' blinder Seite.

その瞬間から、バックはソレックスの死角に近づくこと
はなかった。

Für den Rest ihrer gemeinsamen Zeit gab es nie wieder
Probleme.

彼らが一緒に過ごした残りの期間、再び問題が起こるこ
とはなかった。

Solleks wollte nur in Ruhe gelassen werden, wie der ruhige
Dave.

ソレックスは、静かなデイブのように、ただ一人になる
ことを望んでいた。

Doch Buck erfuhr später, dass jeder von ihnen ein anderes geheimes Ziel hatte.

しかし、バックは後に、彼らがそれぞれ別の秘密の目的を持っていたことを知ることになる。

In dieser Nacht stand Buck vor einer neuen und beunruhigenden Herausforderung: Wie sollte er schlafen?

その夜、バックは新たな困難な課題、つまりどうやって眠るかという問題に直面した。

Das Zelt leuchtete warm im Kerzenlicht auf dem schneebedeckten Feld.

雪原の中のテントはろうそくの明かりで暖かく輝いていた。

Buck ging hinein und dachte, er könnte sich dort wie zuvor ausruhen.

バックは、以前のようにそこで休めるだろうと思って中に入った。

Aber Perrault und François schrien ihn an und warfen Pfannen.

しかしペローとフランソワは彼に怒鳴りつけ、鍋を投げつけた。

Schockiert und verwirrt rannte Buck in die eisige Kälte hinaus.

ショックを受けて混乱したバックは、凍えるような寒さの中へ飛び出しました。

Ein bitterkalter Wind stach ihm in die verletzte Schulter und ließ seine Pfoten erfrieren.

ひどい風が彼の傷ついた肩を刺し、彼の足を凍らせた。

Er legte sich in den Schnee und versuchte, im Freien zu schlafen.

彼は雪の上に横たわり、戸外で眠ろうとした。

Doch die Kälte zwang ihn bald, heftig zitternd wieder aufzustehen.

しかし、寒さのせいで、彼はすぐにひどく震えながら起き上がらざるを得ませんでした。

Er wanderte durch das Lager und versuchte, ein wärmeres Plätzchen zu finden.

彼は暖かい場所を探してキャンプ場を歩き回った。

Aber jede Ecke war genauso kalt wie die vorherige.

しかし、どの角も前と同じように寒かった。

Manchmal sprangen ihn wilde Hunde aus der Dunkelheit an.

時々、暗闇の中から凶暴な犬が彼に飛びかかってくることもありました。

Buck sträubte sein Fell, fletschte die Zähne und knurrte warnend.

バックは毛を逆立て、歯をむき出しにして、警告するように唸った。

Er lernte schnell und die anderen Hunde zogen sich schnell zurück.

彼は学習が早く、他の犬たちはすぐに後退しました。

Trotzdem hatte er keinen Platz zum Schlafen und keine Ahnung, was er tun sollte.

それでも、彼には寝る場所もなく、何をすればいいのかもわからなかった。

Endlich kam ihm ein Gedanke: Er sollte nach seinen Teamkollegen sehen.

ついに、彼はチームメイトの様子を確認するという考えを思いつきました。

Er kehrte in ihre Gegend zurück und war überrascht, dass sie verschwunden waren.

彼は彼らの地域に戻り、彼らがいなくなっていることに驚きました。

Erneut durchsuchte er das Lager, konnte sie jedoch immer noch nicht finden.

彼は再びキャンプ内を捜索したが、やはり彼らを見つけることはできなかった。

Er wusste, dass sie nicht im Zelt sein durften, sonst wäre er auch dort gewesen.

彼らがテントの中にいるはずがない、そうでなければ自分もテントの中にいることになる、と彼は知っていた。

Wo also waren all die Hunde in diesem eisigen Lager geblieben?

それで、この凍ったキャンプで犬たちはどこへ行ってしまったのでしょうか?

Buck, kalt und elend, umrundete langsam das Zelt.

寒さと惨めさを感じたバックはゆっくりとテントの周りを回った。

Plötzlich sanken seine Vorderbeine in den weichen Schnee und er erschrak.

突然、前足が柔らかい雪の中に沈み、彼は驚きました。

Etwas zappelte unter seinen Füßen und er sprang ängstlich zurück.

足元で何かがうごめいたため、彼は恐怖で後ずさりした

Er knurrte und fauchte, ohne zu wissen, was sich unter dem Schnee verbarg.

彼は雪の下に何があるのかも知らずに、うなり声をあげた。

Dann hörte er ein freundliches kleines Bellen, das seine Angst linderte.

すると、友好的な小さな吠え声が聞こえてきて、彼の恐怖は和らぎました。

Er schnüffelte in der Luft und kam näher, um zu sehen, was verborgen war.

彼は空気を嗅いで、何が隠されているかを見るために近づいてきました。

Unter dem Schnee lag, zu einer warmen Kugel zusammengerollt, der kleine Billee.

雪の下で、暖かいボールのように丸まっているのは、小さなビリーでした。

Billee wedelte mit dem Schwanz und leckte Bucks Gesicht zur Begrüßung.

ビリーは尻尾を振ってバックの顔を舐めて挨拶しました。

Buck sah, wie Billee im Schnee einen Schlafplatz gebaut hatte.

バックはビリーが雪の中に寝場所を作っているのを見た

Er hatte sich eingegraben und nutzte seine eigene Wärme, um sich warm zu halten.

彼は地面を掘り、自分の体温を利用して暖をとっていた

Buck hatte eine weitere Lektion gelernt – so schliefen die Hunde.

バックはまた別の教訓を学んだ。犬たちはこうやって眠るのだ。

Er suchte sich eine Stelle aus und begann, sein eigenes Loch in den Schnee zu graben.

彼は場所を選び、雪の中に自分の穴を掘り始めました。

Anfangs bewegte er sich zu viel und verschwendete Energie.

最初は動き回りすぎてエネルギーを無駄にしていました。

Doch bald erwärmte sein Körper den Raum und er fühlte sich sicher.

しかし、すぐに彼の体はその空間を温め、彼は安心した

Er rollte sich fest zusammen und schlief bald fest.

彼は体をしっかりと丸めて、すぐにぐっすりと眠ってしまいました。

Der Tag war lang und hart gewesen und Buck war erschöpft.

その日は長くてつらい一日だったので、バックは疲れ果てていた。

Er schlief tief und fest, obwohl seine Träume wild waren.

彼は荒々しい夢を見ていたにもかかわらず、深く心地よく眠った。

Er knurrte und bellte im Schlaf und wand sich im Traum.

彼は夢を見ながら体をよじりながら、寝言を言ったり吠えたりした。

Buck wachte erst auf, als im Lager bereits Leben erwachte.

バックはキャンプが活気づき始めるまで目を覚まさなかった。

Zuerst wusste er nicht, wo er war oder was passiert war.

最初、彼は自分がどこにいるのか、何が起こったのか分かりませんでした。

Über Nacht war Schnee gefallen und hatte seinen Körper vollständig begraben.

一晩中に雪が降り、彼の遺体が完全に埋もれてしまった

Der Schnee umgab ihn von allen Seiten dicht.

雪は彼の周囲にぎっしりと押し付けられていた。

Plötzlich durchfuhr eine Welle der Angst Bucks ganzen Körper.

突然、恐怖の波がバックの全身を駆け巡った。

Es war die Angst, gefangen zu sein, eine Angst aus tiefen Instinkten.

それは閉じ込められることへの恐怖であり、深い本能からくる恐怖でした。

Obwohl er noch nie eine Falle gesehen hatte, lebte die Angst in ihm.

彼は罠を見たことがなかったが、心の中では恐怖が残っていた。

Er war ein zahmer Hund, aber jetzt erwachten seine alten wilden Instinkte.

彼は飼いならされた犬だったが、今では昔の野生の本能が目覚めていた。

Bucks Muskeln spannten sich an und sein Fell stellte sich auf seinem ganzen Rücken auf.

バックの筋肉は緊張し、背中の毛が逆立った。

Er knurrte wild und sprang senkrecht durch den Schnee nach oben.

彼は激しく唸り声をあげ、雪の中をまっすぐに飛び上がった。

Als er ins Tageslicht trat, flog Schnee in alle Richtungen.

彼が日光の中に飛び出すと、雪が四方八方に舞い上がった。

Schon vor der Landung sah Buck das Lager vor sich ausgebreitet.

着陸する前から、バックは目の前に広がるキャンプを見た。

Er erinnerte sich auf einmal an alles vom Vortag.

彼は前日の出来事をすべて一気に思い出した。

Er erinnerte sich daran, wie er mit Manuel spazieren gegangen war und an diesem Ort gelandet war.

彼はマヌエルと一緒に散歩してこの場所にたどり着いた
ことを思い出した。

Er erinnerte sich daran, wie er das Loch gegraben hatte und
in der Kälte eingeschlafen war.

彼は穴を掘って寒さの中で眠りに落ちたことを思い出し
た。

Jetzt war er wach und die wilde Welt um ihn herum war
klar.

今、彼は目を覚まし、周囲の荒々しい世界がはっきりと
見えていた。

Ein Ruf von François begrüßte Bucks plötzliches
Auftauchen.

フランソワはバックの突然の出現を歓迎する叫び声をあ
げた。

„Was habe ich gesagt?", rief der Hundeführer Perrault laut
zu.

「私が何て言ったの？」犬の御者はペローに向かって大
声で叫んだ。

„Dieser Buck lernt wirklich sehr schnell", fügte François
hinzu.

「あの雄鹿は間違いなく、ものすごく早く学習するね」
とフランソワは付け加えた。

Perrault nickte ernst und war offensichtlich mit dem
Ergebnis zufrieden.

ペローは結果に明らかに満足し、重々しくうなずいた。

Als Kurier für die kanadische Regierung beförderte er
Depeschen.

彼はカナダ政府の伝令として、伝言を運んだ。

Er war bestrebt, die besten Hunde für seine wichtige
Mission zu finden.

彼は重要な任務に最適な犬を見つけることに熱心だった

Er war besonders erfreut, dass Buck nun Teil des Teams war.

彼はバックがチームの一員になったことを特に嬉しく思
った。

Innerhalb einer Stunde kamen drei weitere Huskies zum
Team hinzu.

1 時間以内にさらに 3
匹のハスキー犬がチームに加わりました。

Damit betrug die Gesamtzahl der Hunde im Team neun.

これにより、チームの犬の数は合計 9
匹になりました。

Innerhalb von fünfzehn Minuten lagen alle Hunde im
Geschirr.

15分以内に、すべての犬がハーネスを着けました。

Das Schlittenteam schwang sich den Weg hinauf in
Richtung Dyea Cañon.

そりチームはダイア渓谷に向かって道を登っていた。

Buck war froh, gehen zu können, auch wenn die Arbeit, die
vor ihm lag, hart war.

バックは、たとえ今後の仕事が大変であっても、去るこ
とができて嬉しかった。

Er stellte fest, dass er weder die Arbeit noch die Kälte
besonders verabscheute.

彼は労働や寒さを特に嫌っているわけではないことに気
づいた。

Er war überrascht von der Begeisterung, die das gesamte
Team erfüllte.

彼はチーム全体に満ち溢れた熱意に驚いた。

Noch überraschender war die Veränderung, die bei Dave
und Solleks vor sich ging.

さらに驚いたのは、デイブとソレックスに起こった変化
だった。

Diese beiden Hunde waren völlig unterschiedlich, als sie
ein Geschirr trugen.

この二匹の犬は、ハーネスをつけたときはまったく違っ
ていました。

Ihre Passivität und Sorglosigkeit waren völlig
verschwunden.

彼らの消極的な態度や無関心は完全に消え去っていまし
た。

Sie waren aufmerksam und aktiv und bestrebt, ihre Arbeit
gut zu machen.

彼らは機敏で活動的であり、仕事をうまくやり遂げることに熱心でした。

Sie reagierten äußerst verärgert über alles, was zu Verzögerungen oder Verwirrung führte.

彼らは、遅延や混乱を引き起こすものに対して激しくイライラするようになった。

Die harte Arbeit an den Zügeln stand im Mittelpunkt ihres gesamten Wesens.

手綱を握る懸命な仕事が彼らの全存在の中心でした。

Das Schlittenziehen schien das Einzige zu sein, was ihnen wirklich Spaß machte.

そりを引くことが彼らが本当に楽しんでいる唯一のことのようでした。

Dave war am Ende der Gruppe und dem Schlitten am nächsten.

デイブはグループの最後尾、そりに一番近かった。

Buck landete vor Dave und Solleks zog an Buck vorbei.

バックはデイブの前に配置され、ソレックスはバックの前に進みました。

Die übrigen Hunde liefen in einer Reihe vorn.

残りの犬たちは一列になって前に並んでいた。

Die Führungsposition an der Spitze besetzte Spitz.

先頭の座はスピッツが占めた。

Buck war zur Einweisung zwischen Dave und Solleks platziert worden.

バックは指導のためにデイブとソレックスの間に置かれていた。

Er lernte schnell und sie waren strenge und fähige Lehrer.

彼は学習が早く、教師たちは厳格で有能でした。

Sie ließen nie zu, dass Buck lange im Irrtum blieb.

彼らはバックが長期間にわたって誤ったままでいることを決して許さなかった。

Sie erteilten ihre Lektionen, wenn nötig, mit scharfen Zähnen.

彼らは必要に応じて鋭い歯で教訓を教えました。

Dave war fair und zeigte eine ruhige, ernste Art von Weisheit.
デイブは公平で、静かで真剣な知恵を示しました。
Er hat Buck nie ohne guten Grund gebissen.
彼は、正当な理由がない限り、決してバックを噛むことはなかった。
Aber er hat es nie versäumt, zuzubeißen, wenn Buck eine Korrektur brauchte.
しかし、バックが矯正を必要としているときは、彼は決して噛み付かなかった。
François' Peitsche war immer bereit und untermauerte ihre Autorität.
フランソワの鞭は常に準備されており、彼らの権威を支えていた。
Buck merkte bald, dass es besser war zu gehorchen, als sich zu wehren.
バックはすぐに、反撃するよりも従うほうがよいことに気づいた。
Einmal verhedderte sich Buck während einer kurzen Pause in den Zügeln.
一度、短い休憩中に、バックは手綱に絡まってしまいました。
Er verzögerte den Start und brachte die Bewegungen des Teams durcheinander.
彼はスタートを遅らせ、チームの動きを混乱させた。
Dave und Solleks stürzten sich auf ihn und verprügelten ihn brutal.
デイブとソレックスは彼に飛びかかり、激しく殴りつけた。
Das Gewirr wurde nur noch schlimmer, aber Buck lernte seine Lektion.
もつれは悪化するばかりだったが、バックは教訓をよく学んだ。
Von da an hielt er die Zügel straff und arbeitete vorsichtig.
それ以来、彼は手綱をしっかりと締め、慎重に作業を続けた。

Bevor der Tag zu Ende war, hatte Buck einen Großteil seiner Aufgabe gemeistert.

その日が終わる前に、バックは自分の任務の大半をマスターした。

Seine Teamkollegen hörten fast auf, ihn zu korrigieren oder zu beißen.

チームメイトは彼を叱ったり噛んだりすることをほとんどやめました。

François' Peitsche knallte immer seltener durch die Luft.

フランソワの鞭が空気を切る音はだんだん小さくなっていった。

Perrault hob sogar Bucks Füße an und untersuchte sorgfältig jede Pfote.

ペローはバックの足を持ち上げて、それぞれの足を注意深く調べました。

Es war ein harter Tageslauf gewesen, lang und anstrengend für alle.

彼ら全員にとって、それは長くて疲れる、厳しい一日のランニングだった。

Sie reisten den Cañon hinauf, durch Sheep Camp und an den Scales vorbei.

彼らはキャニオンを登り、シープキャンプを通り、スケールズを過ぎました。

Sie überquerten die Baumgrenze, dann Gletscher und meterhohe Schneeverwehungen.

彼らは森林限界を越え、さらに何フィートも深い氷河と雪の吹きだまりを越えた。

Sie erklommen die große, kalte und unwirtliche Chilkoot-Wasserscheide.

彼らは、とても寒くて恐ろしいチルクート分水嶺を登りました。

Dieser hohe Bergrücken lag zwischen Salzwasser und dem gefrorenen Landesinneren.

その高い尾根は塩水と凍った内陸部の間に位置していた。

Die Berge bewachten den traurigen und einsamen Norden mit Eis und steilen Anstiegen.

山々は氷と険しい坂道で、悲しく孤独な北を守っていた。

Sie kamen gut voran und erreichten eine lange Kette von Seen unterhalb der Wasserscheide.

彼らは分水嶺の下の長い湖群を順調に下っていった。

Diese Seen füllten die alten Krater erloschener Vulkane.

これらの湖は死火山の古代の火口を埋め尽くしたものでした。

Spät in der Nacht erreichten sie ein großes Lager am Lake Bennett.

その夜遅く、彼らはベネット湖の大きなキャンプ地に到着した。

Tausende Goldsucher waren dort und bauten Boote für den Frühling.

何千人もの金採掘者がそこに集まり、春に向けて船を建造していた。

Das Eis würde bald aufbrechen und sie mussten bereit sein.

氷はすぐに解けそうだったので、彼らは準備をする必要がありました。

Buck grub sein Loch in den Schnee und fiel in einen tiefen Schlaf.

バックは雪の中に穴を掘り、深い眠りに落ちた。

Er schlief wie ein Arbeiter, erschöpft von einem harten Arbeitstag.

彼は、厳しい一日の労働で疲れ果てた労働者のように眠った。

Doch zu früh wurde er in der Dunkelheit aus dem Schlaf gerissen.

しかし、暗闇の中で、彼は眠りから引きずり起こされた

Er wurde wieder mit seinen Kumpels angeschirrt und vor den Schlitten gespannt.

彼は再び仲間たちと馬具を着けられ、そりに繋がれた。

An diesem Tag legten sie sechzig Kilometer zurück, weil der Schnee festgetreten war.

その日、雪はよく踏み固められていたので、彼らは40マイル進んだ。

Am nächsten Tag und noch viele Tage danach war der Schnee weich.

翌日、そしてその後何日も、雪は柔らかくなっていました。

Sie mussten den Weg selbst bahnen, härter arbeiten und langsamer vorankommen.

彼らは自分たちで道を切り開かなければならず、より懸命に働き、よりゆっくりと進みました。

Normalerweise ging Perrault mit Schwimmhäuten an den Schneeschuhen vor dem Team her.

通常、ペローは水かきのあるスノーシューを履いてチームの先頭を歩いていた。

Seine Schritte verdichteten den Schnee und erleichterten so die Fortbewegung des Schlittens.

彼の足取りで雪が踏み固められ、そりが動きやすくなった。

François, der vom Steuerstand aus steuerte, übernahm manchmal die Kontrolle.

ジーポールから舵を取っていたフランソワが時々操縦を引き継いだ。

Aber es kam selten vor, dass François die Führung übernahm

しかしフランソワがリードするのは稀だった

weil Perrault es eilig hatte, die Briefe und Pakete auszuliefern.

ペローは手紙や小包を配達するのに急いでいたからです。

Perrault war stolz auf sein Wissen über Schnee und insbesondere Eis.

ペローは雪、特に氷に関する知識に誇りを持っていました。

Dieses Wissen war von entscheidender Bedeutung, da das Eis im Herbst gefährlich dünn war.

秋の氷は危険なほど薄かったため、その知識は不可欠でした。

Wo das Wasser unter der Oberfläche schnell floss, gab es überhaupt kein Eis.

地表の下で水が速く流れる場所には、氷はまったくありませんでした。

Tag für Tag wiederholte sich endlos die gleiche Routine.

来る日も来る日も、同じ繰り返しが終わりなく続いた。

Buck arbeitete unermüdlich von morgens bis abends in den Zügeln.

バックは夜明けから夜まで手綱を握りしめ、休みなく働き続けた。

Sie verließen das Lager im Dunkeln, lange bevor die Sonne aufgegangen war.

彼らは太陽が昇るずっと前に、暗闇の中キャンプを出発した。

Als es Tag wurde, hatten sie bereits viele Kilometer zurückgelegt.

夜が明ける頃には、彼らはすでに何マイルも離れたところまで来ていた。

Sie schlugen ihr Lager nach Einbruch der Dunkelheit auf, aßen Fisch und gruben sich in den Schnee ein.

彼らは暗くなってからキャンプを張り、魚を食べたり雪の中に穴を掘ったりした。

Buck war immer hungrig und mit seiner Ration nie wirklich zufrieden.

バックはいつも空腹で、配給された食料に決して満足することはありませんでした。

Er erhielt jeden Tag anderthalb Pfund getrockneten Lachs.

彼は毎日1ポンド半の干し鮭を受け取った。

Doch das Essen schien in ihm zu verschwinden und ließ den Hunger zurück.

しかし、食べ物は彼の体内から消え去り、空腹だけが残ったようだった。

Er litt unter ständigem Hunger und träumte von mehr Essen.

彼は絶え間ない空腹感に苦しみ、もっと食べ物が欲しいと夢見ていた。

Die anderen Hunde haben nur ein Pfund abgenommen, sind aber stark geblieben.

他の犬たちはたった1ポンドの食べ物しか与えられなかったが、それでも元気に生き延びた。

Sie waren kleiner und in das Leben im Norden hineingeboren.

彼らは小柄で、北の暮らしの中で生まれてきた。

Er verlor rasch die Sorgfalt, die sein früheres Leben geprägt hatte.

彼は昔の生活を特徴づけていた几帳面さをすぐに失った

Er war ein gieriger Esser gewesen, aber jetzt war das nicht mehr möglich.

彼は以前は美味しいものを食べる人だったが、今はもうそれができなくなっていた。

Seine Kameraden waren zuerst fertig und raubten ihm seine noch nicht aufgegessene Ration.

仲間が先に食べ終えて、残っていた食料を奪い取った。

Als sie einmal damit anfingen, gab es keine Möglichkeit mehr, sein Essen vor ihnen zu verteidigen.

一度彼らが攻撃を始めると、彼らから食べ物を守る方法はなくなりました。

Während er zwei oder drei Hunde abwehrte, stahlen die anderen den Rest.

彼が二、三匹の犬と戦っている間に、他の犬たちが残りの犬を盗んでいった。

Um dies zu beheben, begann er, so schnell zu essen wie die anderen.

これを直すために、彼は他の人と同じ速さで食べ始めました。

Der Hunger trieb ihn so sehr an, dass er sogar Essen zu sich nahm, das ihm nicht gehörte.

空腹に押しつぶされそうになった彼は、自分のものではない食べ物さえも口にした。

Er beobachtete die anderen und lernte schnell aus ihren Handlungen.

彼は他の人達を観察し、彼らの行動からすぐに学びました。

Er sah, wie Pike, ein neuer Hund, Perrault eine Scheibe Speck stahl.

彼は、新しい犬のパイクがペローからベーコンのスライスを盗むのを目撃しました。

Pike hatte gewartet, bis Perrault sich umdrehte, um den Speck zu stehlen.

パイクはペローが背を向けるまで待ってベーコンを盗んだ。

Am nächsten Tag machte Buck es Pike nach und stahl das ganze Stück.

翌日、バックはパイクの真似をして、その塊を全部盗みました。

Es folgte ein großer Aufruhr, doch Buck wurde nicht verdächtigt.

大きな騒動が起こったが、バックは疑われなかった。

Stattdessen wurde Dub bestraft, ein tollpatschiger Hund, der immer erwischt wurde.

いつも捕まってしまう不器用な犬のダブが代わりに罰せられました。

Dieser erste Diebstahl machte Buck zu einem Hund, der in der Lage war, im Norden zu überleben.

その最初の窃盗により、バックは北部で生き残れる犬として名声を得た。

Er zeigte, dass er sich an neue Bedingungen anpassen und schnell lernen konnte.

彼は新しい状況に適応し、素早く学習できることを示した。

Ohne diese Anpassungsfähigkeit wäre er schnell und auf schlimme Weise gestorben.

そのような適応力がなければ、彼はすぐにひどい死を遂げていたでしょう。

Es markierte auch den Zusammenbruch seiner moralischen Natur und seiner früheren Werte.

それはまた、彼の道徳心と過去の価値観の崩壊を意味した。

Im Südland hatte er nach dem Gesetz der Liebe und Güte gelebt.

サウスランドでは、彼は愛と優しさの法則の下で暮らしていた。

Dort war es sinnvoll, Eigentum und die Gefühle anderer Hunde zu respektieren.

そこでは、財産や他の犬の感情を尊重することが理にかなっています。

Aber das Nordland befolgte das Gesetz der Keule und das Gesetz der Reißzähne.

しかし、ノースランドは棍棒の法則と牙の法則に従っていた。

Wer hier alte Werte respektierte, war dumm und würde scheitern.

ここで古い価値観を尊重する者は愚かであり、失敗するだろう。

Buck hat das alles nicht durchdacht.

バックはこれらすべてを頭の中で推論したわけではなかった。

Er war fit und passte sich daher an, ohne darüber nachdenken zu müssen.

彼は健康だったので、考える必要もなく適応しました。

Sein ganzes Leben lang war er noch nie vor einem Kampf davongelaufen.

彼は生涯を通じて一度も戦いから逃げたことがなかった。

Doch die Holzkeule des Mannes im roten Pullover änderte diese Regel.

しかし、赤いセーターを着た男の棍棒がそのルールを変えた。

Jetzt folgte er einem tieferen, älteren Code, der in sein Wesen eingeschrieben war.

今、彼は自分の中に刻み込まれた、より深く、より古い規範に従っていた。

Er stahl nicht aus Vergnügen, sondern aus Hunger.

彼は快楽のために盗んだのではなく、飢えの苦しみから盗んだのです。

Er raubte nie offen, sondern stahl mit List und Sorgfalt.

彼は決して公然と盗みを働いたことはなく、狡猾かつ慎重に盗みを働いた。

Er handelte aus Respekt vor der Holzkeule und aus Angst vor dem Fangzahn.

彼は木の棍棒への敬意と牙への恐怖から行動した。

Kurz gesagt, er hat das getan, was einfacher und sicherer war, als es nicht zu tun.

つまり、彼は何もしないより簡単で安全なことをしたのです。

Seine Entwicklung – oder vielleicht seine Rückkehr zu alten Instinkten – verlief schnell.

彼の成長、あるいは昔の本能への回帰は速かった。

Seine Muskeln verhärteten sich, bis sie sich stark wie Eisen anfühlten.

彼の筋肉は鉄のように硬くなったように感じた。

Schmerzen machten ihm nichts mehr aus, es sei denn, sie waren ernst.

彼は、深刻な場合を除いて、痛みを気にしなくなった。

Er wurde durch und durch effizient und verschwendete überhaupt nichts.

彼は、まったく無駄をすることなく、内外ともに効率的になりました。

Er konnte Dinge essen, die scheußlich, verdorben oder schwer verdaulich waren.

彼は、不味いもの、腐ったもの、消化しにくいものを食べることができました。

Was auch immer er aß, sein Magen verbrauchte das letzte bisschen davon.

何を食べても、胃がその価値をすべて使い果たした。

Sein Blut transportierte die Nährstoffe weit durch seinen kräftigen Körper.

彼の血液は、その強力な体を通して栄養分を遠くまで運んだ。

Dadurch baute er starkes Gewebe auf, das ihm eine unglaubliche Ausdauer verlieh.

これにより、強固な組織が構築され、信じられないほどの持久力が彼に与えられました。

Sein Seh- und Geruchssinn wurden viel feiner als zuvor.

彼の視覚と嗅覚は以前よりもずっと敏感になりました。

Sein Gehör wurde so scharf, dass er im Schlaf leise Geräusche wahrnehmen konnte.

彼の聴力は非常に鋭くなり、眠っている間にもかすかな音を聞き取れるようになった。

In seinen Träumen wusste er, ob die Geräusche Sicherheit oder Gefahr bedeuteten.

彼は夢の中で、その音が安全を意味するのか危険を意味するのかを知っていた。

Er lernte, mit den Zähnen auf das Eis zwischen seinen Zehen zu beißen.

彼は足の指の間の氷を歯で噛むことを覚えた。

Wenn ein Wasserloch zufror, brach er das Eis mit seinen Beinen.

もし水たまりが凍ってしまったら、彼は足で氷を砕いたでしょう。

Er bäumte sich auf und schlug mit seinen steifen Vorderbeinen hart auf das Eis.

彼は立ち上がって、硬くなった前肢で氷を強く打ち付けた。

Seine bemerkenswerteste Fähigkeit war die Vorhersage von Windänderungen über Nacht.

彼の最も目覚ましい能力は、一晩で風の変化を予測することだった。

Selbst bei Windstille suchte er sich windgeschützte Stellen aus.

空気が静止しているときでも、彼は風が当たらない場所を選んだ。

Wo auch immer er sein Nest grub, der Wind des nächsten Tages strich an ihm vorbei.

彼がどこに巣を掘っても、翌日の風は彼のそばを通り過ぎました。

Er landete immer gemütlich und geschützt, in Lee der Brise.

彼はいつも風下側の心地よい場所にいて、守られていた。

Buck hat nicht nur durch Erfahrung gelernt – auch seine Instinkte sind zurückgekehrt.

バックは経験から学んだだけでなく、本能も戻りました

Die Gewohnheiten der domestizierten Generationen begannen zu verschwinden.

家畜化された世代の習慣が消え去り始めました。

Er erinnerte sich vage an die alten Zeiten seiner Rasse.

彼は漠然と、自分の種族の太古の時代を思い出した。

Er dachte an die Zeit zurück, als wilde Hunde in Rudeln durch die Wälder rannten.

彼は野生の犬が群れをなして森の中を走り回っていた時代を思い出した。

Sie hatten ihre Beute gejagt und getötet, während sie sie verfolgten.

彼らは追いかけながら獲物を殺したのです。

Buck lernte leicht, mit Biss und Schnelligkeit zu kämpfen.

バックにとって、歯とスピードを使って戦う方法を学ぶのは簡単でした。

Er verwendete Schnitte, Hiebe und schnelle Schnappschüsse, genau wie seine Vorfahren.

彼は先祖と同じように、カット、スラッシュ、素早いスナップを使用しました。

Diese Vorfahren regten sich in ihm und erweckten seine wilde Natur.

それらの祖先は彼の中で揺さぶられ、彼の野性的な性質を目覚めさせた。

Ihre alten Fähigkeiten waren ihm durch die Blutlinie vererbt worden.

彼らの古い技術は血統を通じて彼に受け継がれていた。

Ihre Tricks gehörten ihm nun, ohne dass er üben oder sich anstrengen musste.

練習も努力も必要なく、彼らの技は今や彼のものとなった。

In stillen, kalten Nächten hob Buck die Nase und heulte.

静かで寒い夜には、バックは鼻を上げて遠吠えしました

Er heulte lang und tief, so wie es die Wölfe vor langer Zeit getan hatten.

彼は、昔の狼がしていたように、長く深い遠吠えをした

Durch ihn streckten seine toten Vorfahren ihre Nasen und heulten.

彼を通して、死んだ先祖たちが鼻先を突き出して吠えた

Sie heulten durch die Jahrhunderte mit seiner Stimme und Gestalt.

彼らは彼の声と姿で何世紀にもわたって吠え続けた。

Seine Kadenzen waren ihre, alte Schreie, die von Kummer und Kälte erzählten.

彼の声は彼女たちの声と同じで、悲しみと寒さを物語る古い叫び声だった。

Sie sangen von Dunkelheit, Hunger und der Bedeutung des Winters.

彼らは暗闇、飢え、そして冬の意味について歌いました

Buck bewies, wie das Leben von Kräften jenseits des eigenen Ichs geprägt wird.

バックは、人生が自分を超えた力によって形作られることを証明した。

Das uralte Lied stieg durch Buck auf und ergriff seine Seele.

古代の歌がバックの体内に響き渡り、彼の魂を捕らえた。

Er fand sich selbst, weil Menschen im Norden Gold gefunden hatten.

北で人々が金を発見したおかげで、彼は自分自身を見つけたのです。
Und er fand sich selbst, weil Manuel, der Gärtnergehilfe, Geld brauchte.
そして、庭師の助手であるマヌエルがお金を必要としていたため、彼は自分自身を見つけました。

Das dominante Urtier
支配的な原始の獣

In Buck war das dominante Urtier so stark wie eh und je.
支配的な原始の獣はバックの中で相変わらず強かった。

Doch das dominante Urtier hatte in ihm geschlummert.
しかし、支配的な原始の獣は彼の中に眠っていた。

Das Leben auf dem Trail war hart, aber es stärkte das Tier in Buck.
トレイルでの生活は過酷だったが、それがバックの内なる野獣を強くした。

Insgeheim wurde das Biest von Tag zu Tag stärker.
秘密裏に、獣は日に日に強くなっていった。

Doch dieses innere Wachstum blieb der Außenwelt verborgen.
しかし、その内面的な成長は外の世界には隠されたままでした。

In Buck baute sich eine stille und ruhige Urkraft auf.
静かで穏やかな原始的な力がバックの体内に形成されつつあった。

Neue Gerissenheit verlieh Buck Gleichgewicht, Ruhe und Selbstbeherrschung.
新たな狡猾さにより、バックはバランス、冷静な制御、そして落ち着きを取り戻した。

Buck konzentrierte sich sehr auf die Anpassung und fühlte sich nie völlig entspannt.
バックは完全にリラックスすることなく、適応することに全力を尽くしました。

Er ging Konflikten aus dem Weg, fing nie Streit an und suchte auch nie Ärger.
彼は争いを避け、決して喧嘩を始めたり、トラブルを起こそうとしたりしなかった。

Jede Bewegung von Buck war von langsamer, stetiger Nachdenklichkeit geprägt.
ゆっくりとした着実な思慮深さがバックのあらゆる行動を形作った。

Er vermied überstürzte Entscheidungen und plötzliche,
rücksichtslose Entschlüsse.

彼は軽率な選択や突然の無謀な決断を避けた。

Obwohl Buck Spitz zutiefst hasste, zeigte er ihm gegenüber
keine Aggression.

バックはスピッツをひどく憎んでいたが、スピッツに対
して攻撃的な態度は見せなかった。

Buck hat Spitz nie provoziert und sein Verhalten
zurückhaltend gehalten.

バックはスピッツを決して刺激せず、行動を抑制した。

Spitz hingegen spürte die wachsende Gefahr, die von Buck
ausging.

一方、スピッツはバックの危険が増大していることを感
じ取った。

Er sah in Buck eine Bedrohung und eine ernsthafte
Herausforderung seiner Macht.

彼はバックを脅威であり、自分の権力に対する重大な挑
戦者だとみなした。

Er nutzte jede Gelegenheit, um zu knurren und seine
scharfen Zähne zu zeigen.

彼はあらゆる機会を利用して唸り声をあげ、鋭い歯を見
せた。

Er versuchte, den tödlichen Kampf zu beginnen, der
bevorstand.

彼は、これから起こるであろう致命的な戦いを始めよう
としていた。

Schon zu Beginn der Reise wäre es beinahe zu einem Streit
zwischen ihnen gekommen.

旅行の初めに、彼らの間に喧嘩が起こりそうになった。

Doch ein unerwarteter Unfall verhinderte den Kampf.

しかし予期せぬ事故により、戦いは中止となった。

An diesem Abend schlugen sie ihr Lager am bitterkalten
Lake Le Barge auf.

その夜、彼らは極寒のル・バージ湖にキャンプを設営し
た。

Es schneite heftig und der Wind war schneidend wie ein Messer.

雪は激しく降り、風はナイフのように切れた。

Die Nacht war zu schnell hereingebrochen und Dunkelheit umgab sie.

夜はあっという間に来て、暗闇が彼らを包みました。

Sie hätten sich kaum einen schlechteren Ort zum Ausruhen aussuchen können.

彼らが休息のために選んだ場所は、これより悪い場所ではなかったでしょう。

Die Hunde suchten verzweifelt nach einem Platz zum Hinlegen.

犬たちは横になれる場所を必死に探しました。

Hinter der kleinen Gruppe erhob sich steil eine hohe Felswand.

小さな集団の後ろには、高い岩壁がそびえ立っていました。

Das Zelt wurde in Dyea zurückgelassen, um die Last zu erleichtern.

荷物を軽くするためにテントはダイアに残しておいた。

Ihnen blieb nichts anderes übrig, als das Feuer auf dem Eis selbst zu machen.

彼らには氷の上で火を起こすしか選択肢がなかった。

Sie breiten ihre Schlafmäntel direkt auf dem zugefrorenen See aus.

彼らは凍った湖の上に直接寝間着を広げました。

Ein paar Stücke Treibholz gaben ihnen ein wenig Feuer.

流木を数本入れると、少し火がつきました。

Doch das Feuer wurde auf dem Eis entfacht und taute hindurch.

しかし、火は氷の上で起こり、氷を通して溶けていきました。

Schließlich aßen sie ihr Abendessen im Dunkeln.

結局、彼らは暗闇の中で夕食を食べていた。

Buck rollte sich neben dem Felsen zusammen, geschützt vor dem kalten Wind.

雄鹿は冷たい風から身を守るために岩の横で丸くなっていた。

Der Platz war so warm und sicher, dass Buck es hasste, wegzugehen.

その場所はとても暖かくて安全だったので、バックはそこから離れることを嫌がりました。

Aber François hatte den Fisch aufgewärmt und verteilte die Rationen.

しかしフランソワは魚を温めて食料を配っていた。

Buck aß schnell fertig und ging zurück in sein Bett.

バックは急いで食事を終え、ベッドに戻りました。

Aber Spitz lag jetzt dort, wo Buck sein Bett gemacht hatte.

しかしスピッツは今、バックが寝床を作った場所に横たわっていた。

Ein leises Knurren warnte Buck, dass Spitz sich weigerte, sich zu bewegen.

低い唸り声でバックはスピッツが動くことを拒否していることを警告した。

Bisher hatte Buck diesen Kampf mit Spitz vermieden.

これまで、バックはスピッツとのこの戦いを避けてきた

Doch tief in Bucks Innerem brach das Biest schließlich aus.

しかし、バックの心の奥底では、ついに獣が暴走した。

Der Diebstahl seines Schlafplatzes war zu viel für ihn.

寝る場所を盗まれたことは耐え難いことだった。

Buck stürzte sich voller Wut und Zorn auf Spitz.

バックは怒りと激怒に満ちてスピッツに向かって突進した。

Bis jetzt hatte Spitz gedacht, Buck sei bloß ein großer Hund.

これまでスピッツはバックがただの大きな犬だと思っていた。

Er glaubte nicht, dass Buck durch seinen Geist überlebt hatte.

彼はバックが精神を通じて生き残ったとは思わなかった

Er erwartete Angst und Feigheit, nicht Wut und Rache.

彼は怒りや復讐ではなく、恐怖と臆病を予想していた。

François starrte die beiden Hunde an, als sie aus dem zerstörten Nest stürmten.

フランソワは、2匹の犬が壊れた巣から飛び出すのを見つめた。

Er verstand sofort, was den wilden Kampf ausgelöst hatte.

彼はすぐにこの激しい争いの始まりが何であったかを理解した。

„Aa-ah!", rief François, um dem braunen Hund zuzujubeln.

「あーあ！」フランソワは茶色の犬を応援するように叫びました。

„Verprügelt ihn! Bei Gott, bestraft diesen hinterhältigen Dieb!"

「ぶちのめしてやる！神に誓って、あの卑劣な泥棒を罰せよ！」

Spitz zeigte gleichermaßen Bereitschaft und wilden Kampfeswillen.

スピッツも同様の覚悟と激しい戦闘意欲を示した。

Er schrie wütend auf, während er schnell im Kreis kreiste und nach einer Öffnung suchte.

彼は怒りに叫びながら、素早く旋回し、隙を探した。

Buck zeigte den gleichen Kampfeshunger und die gleiche Vorsicht.

バックは、同じ戦いへの渇望と、同じ警戒心を示した。

Auch er umkreiste seinen Gegner und versuchte, im Kampf die Oberhand zu gewinnen.

彼はまた、戦いで優位に立とうとして、敵の周りを回りました。

Dann geschah etwas Unerwartetes und veränderte alles.

それから予期せぬ出来事が起こり、すべてが変わりました。

Dieser Moment verzögerte den letztendlichen Kampf um die Führung.

その瞬間が、リーダーシップをめぐる最終的な戦いを遅らせた。

Bis zum Ende warteten noch viele Meilen voller Mühe und Anstrengung.

終わりまでにはまだ何マイルもの道のりと苦労が待っていた。

Perrault stieß einen Fluch aus, als eine Keule auf Knochen schlug.

棍棒が骨に打ち付けられると、ペローは罵声を浴びせた

Es folgte ein scharfer Schmerzensschrei, dann brach überall Chaos aus.

鋭い痛みの叫び声が続き、周囲に大混乱が広がりました

Dunkle Gestalten bewegten sich im Lager; wilde Huskys, ausgehungert und wild.

キャンプに暗い影が動いていた。飢えて獰猛な野生のハスキー犬だ。

Vier oder fünf Dutzend Huskys hatten das Lager von weitem erschnüffelt.

4、50匹のハスキー犬が遠くからキャンプの匂いを嗅ぎ回っていた。

Sie hatten sich leise hineingeschlichen, während die beiden Hunde in der Nähe kämpften.

二匹の犬が近くで喧嘩している間に、彼らは静かに忍び寄っていた。

François und Perrault griffen an und schwangen Knüppel auf die Eindringlinge.

フランソワとペローは侵入者に向かって棍棒を振り回しながら突撃した。

Die ausgehungerten Huskies zeigten ihre Zähne und wehrten sich rasend.

飢えたハスキー犬たちは歯をむき出しにして狂乱して反撃した。

Der Geruch von Fleisch und Brot hatte sie alle Angst vertreiben lassen.

肉とパンの匂いが彼らをすべての恐怖から駆り立てた。

Perrault schlug einen Hund, der seinen Kopf in der Fresskiste vergraben hatte.

ペローは餌箱に頭を埋めていた犬を殴った。

Der Schlag war hart, die Schachtel kippte um und das Essen quoll heraus.

衝撃は強く、箱はひっくり返り、食べ物がこぼれ落ちた

Innerhalb von Sekunden rissen sich zwanzig wilde Tiere über das Brot und das Fleisch her.

数秒のうちに、数十頭の野獣がパンと肉を食い破りました。

Die Keulen der Männer landeten Schlag auf Schlag, doch kein Hund ließ nach.

男たちは棍棒で次々と打撃を与えたが、犬は一匹も逃げなかった。

Sie schrien vor Schmerz, kämpften aber, bis kein Futter mehr übrig war.

彼らは痛みに叫びましたが、食べ物がなくなるまで戦いました。

Inzwischen waren die Schlittenhunde aus ihren verschneiten Betten gesprungen.

その間に、そり犬たちは雪のベッドから飛び降りた。

Sie wurden sofort von den bösartigen, hungrigen Huskys angegriffen.

彼らはすぐに凶暴な空腹のハスキー犬に襲われました。

Buck hatte noch nie zuvor so wilde und ausgehungerte Tiere gesehen.

バックはこれまで、このような荒々しく飢えた生き物を見たことがなかった。

Ihre Haut hing lose und verbarg kaum ihr Skelett.

彼らの皮膚は垂れ下がり、かろうじて骨格を隠しているだけだった。

In ihren Augen brannte ein Feuer aus Hunger und Wahnsinn

飢えと狂気から彼らの目には炎が燃えていた

Sie waren nicht aufzuhalten, ihrem wilden Ansturm war kein Widerstand zu leisten.

彼らを止めることはできず、彼らの猛烈な突進に抵抗することもできなかった。

Die Schlittenhunde wurden zurückgedrängt und gegen die Felswand gedrückt.

そり犬たちは押し戻され、崖の壁に押しつけられた。

Drei Huskies griffen Buck gleichzeitig an und rissen ihm das Fleisch auf.

3匹のハスキー犬が一度にバックを襲い、彼の肉を引き裂いた。

Aus den Schnittwunden an seinem Kopf und seinen Schultern strömte Blut.

頭と肩の切り傷からは血が流れ出た。

Der Lärm erfüllte das Lager: Knurren, Jaulen und Schmerzensschreie.

うなり声、悲鳴、苦痛の叫びなど、騒音がキャンプに響き渡った。

Billee weinte wie immer laut, gefangen im Kampf und in der Panik.

ビリーは騒動とパニックに巻き込まれ、いつものように大声で泣きました。

Dave und Solleks standen Seite an Seite, blutend, aber trotzig.

デイブとソレックスは血を流しながらも反抗的に並んで立っていた。

Joe kämpfte wie ein Dämon und biss alles, was ihm zu nahe kam.

ジョーは近づくものすべてに噛みつき、悪魔のように戦いました。

Mit einem brutalen Schnappen seines Kiefers zerquetschte er das Bein eines Huskys.

彼は、一噛みの残忍な行為でハスキー犬の足を押し潰した。

Pike sprang auf den verletzten Husky und brach ihm sofort das Genick.

パイクは負傷したハスキー犬に飛びかかり、一瞬でその首を折った。

Buck packte einen Husky an der Kehle und riss ihm die Ader auf.

バックはハスキー犬の喉を掴み、静脈を引き裂いた。

Blut spritzte und der warme Geschmack trieb Buck in Raserei.

血が飛び散り、その温かい味がバックを狂乱させた。

Ohne zu zögern stürzte er sich auf einen anderen Angreifer.

彼はためらうことなく別の襲撃者に突進した。

Im selben Moment gruben sich scharfe Zähne in Bucks Kehle.

同時に、鋭い歯がバック自身の喉に食い込んだ。

Spitz hatte von der Seite zugeschlagen und ohne Vorwarnung angegriffen.

スピッツは警告なしに側面から攻撃した。

Perrault und François hatten die Hunde besiegt, die das Futter stahlen.

ペローとフランソワは食べ物を盗んでいた犬を倒した。

Nun eilten sie ihren Hunden zu Hilfe, um die Angreifer abzuwehren.

今、彼らは犬たちが攻撃者と戦うのを手伝うために急いで駆けつけました。

Die ausgehungerten Hunde zogen sich zurück, als die Männer ihre Keulen schwangen.

男たちが棍棒を振り回すと、飢えた犬たちは退散した。

Buck konnte sich dem Angriff befreien, doch die Flucht war nur von kurzer Dauer.

バックは攻撃から逃れたが、逃走は短時間だった。

Die Männer rannten los, um ihre Hunde zu retten, und die Huskies kamen erneut zum Vorschein.

男たちは犬を救おうと走り、ハスキー犬たちは再び群がってきた。

Billee, der aus Angst Mut fasste, sprang in die Hundemeute.

ビリーは恐怖を感じながらも勇気を出して、犬の群れの中に飛び込んだ。

Doch dann floh er in blanker Angst und Panik über das Eis.

しかし、彼は激しい恐怖とパニックに陥り、氷の上を逃げ去った。

Pike und Dub folgten dicht dahinter und rannten um ihr Leben.

パイクとダブもすぐ後ろを追って、命からがら逃げた。

Der Rest des Teams löste sich auf, zerstreute sich und folgte ihnen.

チームの残りも散り散りになり、彼らの後を追った。

Buck nahm all seine Kräfte zusammen, um loszurennen, doch dann sah er einen Blitz.

バックは逃げようと力を振り絞ったが、その時閃光を見た。

Spitz stürzte sich auf Buck und versuchte, ihn zu Boden zu schlagen.

スピッツはバックの横に突進し、彼を地面に倒そうとした。

Unter dieser Meute von Huskys hätte Buck nicht entkommen können.

あのハスキー犬の群れの下では、バックは逃げることができなかっただろう。

Aber Buck blieb standhaft und wappnete sich für den Schlag von Spitz.

しかしバックは毅然とした態度でスピッツの攻撃に備えた。

Dann drehte er sich um und rannte mit dem fliehenden Team auf das Eis hinaus.

それから彼は向きを変え、逃げるチームとともに氷の上に走り出した。

Später versammelten sich die neun Schlittenhunde im Schutz des Waldes.

その後、9頭のそり犬たちは森の避難所に集まりました

Niemand verfolgte sie mehr, aber sie waren geschlagen und verwundet.

もう誰も彼らを追いかけなかったが、彼らは打ちのめされ、傷ついた。

Jeder Hund hatte Wunden; vier oder fünf tiefe Schnitte an jedem Körper.

どの犬にも傷があり、体には4、5箇所の深い切り傷がありました。

Dub hatte ein verletztes Hinterbein und konnte kaum noch laufen.

ダブは後ろ足を負傷し、歩くのに苦労していました。

Dolly, der neueste Hund aus Dyea, hatte eine aufgeschlitzte Kehle.

ダイアから来たばかりの犬、ドリーの喉は切り裂かれていた。

Joe hatte ein Auge verloren und Billees Ohr war in Stücke geschnitten

ジョーは片目を失い、ビリーの耳は切り裂かれていた

Alle Hunde schrien die ganze Nacht vor Schmerz und Niederlage.

犬たちは皆、痛みと敗北感に一晩中泣き叫んでいた。

Im Morgengrauen krochen sie wund und gebrochen zurück ins Lager.

夜明けになると、彼らは痛みと疲労を抱えながらキャンプ地へと忍び戻った。

Die Huskies waren verschwunden, aber der Schaden war angerichtet.

ハスキー犬は姿を消したが、被害はすでにあった。

Perrault und François standen schlecht gelaunt vor der Ruine.

ペローとフランソワは、不機嫌な気持ちで廃墟の上に立っていた。

Die Hälfte der Lebensmittel war verschwunden und von den hungrigen Dieben geschnappt worden.

食べ物の半分は空腹の泥棒に奪われてしまいました。

Die Huskies hatten Schlittenbindungen und Planen zerrissen.

ハスキー犬はそりのつなぎ目と帆布を引き裂いてしまった。

Alles, was nach Essen roch, wurde vollständig verschlungen.

食べ物の匂いのするものは、すべて食べ尽くされていました。

Sie aßen ein Paar von Perraults Reisestiefeln aus Elchleder.
彼らはペローのヘラジカ皮の旅行用ブーツを一足食べました。

Sie zerkauten Lederreis und ruinierten Riemen, sodass sie nicht mehr verwendet werden konnten.
彼らは革のレイスを噛み砕き、ストラップを使えないほどダメにしてしまった。

François hörte auf, auf die zerrissene Peitsche zu starren, um nach den Hunden zu sehen.
フランソワは引き裂かれたまつげを見つめるのをやめて、犬たちの様子を確認した。

„Ah, meine Freunde", sagte er mit leiser, besorgter Stimme.
「ああ、友人たちよ」と彼は低い声で、心配そうに言った。

„Vielleicht verwandeln euch all diese Bisse in tollwütige Tiere."
「この噛み傷であなたは狂った獣に変身してしまうかもしれないよ。」

„Vielleicht alles tollwütige Hunde, heiliger Scheiß! Was meinst du, Perrault?"
「もしかしたら、みんな狂犬かもしれないよ、聖なる者よ！どう思う、ペロー？」

Perrault schüttelte den Kopf, seine Augen waren dunkel vor Sorge und Angst.
ペローは心配と恐怖で暗い目で首を振った。

Zwischen ihnen und Dawson lagen noch sechshundertvierzig Kilometer.
彼らとドーソンの間にはまだ400マイルの距離があった。

Der Hundewahnsinn könnte nun jede Überlebenschance zerstören.
今や犬の狂気は生存の可能性をすべて破壊する恐れがある。

Sie verbrachten zwei Stunden damit, zu fluchen und zu versuchen, die Ausrüstung zu reparieren.

彼らは2時間も罵りながらギアを修理しようとした。

Das verwundete Team verließ schließlich gebrochen und besiegt das Lager.

負傷したチームはついに打ちのめされ、敗北した状態でキャンプを去った。

Dies war der bisher schwierigste Weg und jeder Schritt war schmerzhaft.

これはこれまでで最も困難な道であり、一歩一歩が苦痛でした。

Der Thirty Mile River war nicht zugefroren und rauschte wild.

サーティーマイル川はまだ凍っておらず、激しく流れていた。

Nur an ruhigen Stellen und in wirbelnden Wirbeln konnte das Eis halten.

氷は、静かな場所と渦巻く場所でのみ保持されました。

Sechs Tage harter Arbeit vergingen, bis die dreißig Meilen geschafft waren.

30マイルを終えるまでに6日間の重労働が続いた。

Jeder Kilometer des Weges barg Gefahren und Todesgefahr.

道の1マイルごとに危険と死の脅威が伴いました。

Die Männer und Hunde riskierten mit jedem schmerzhaften Schritt ihr Leben.

男たちと犬たちは、痛みを伴う一歩ごとに命を危険にさらした。

Perrault durchbrach ein Dutzend Mal dünne Eisbrücken.

ペローは薄い氷の橋を12回も突破した。

Er trug eine Stange und ließ sie über das Loch fallen, das sein Körper hinterlassen hatte.

彼は棒を持って、自分の体が作った穴の上にそれを落としました。

Mehr als einmal rettete diese Stange Perrault vor dem Ertrinken.

その棒はペローを何度も溺死から救った。

Die Kältewelle hielt an, die Lufttemperatur lag bei minus fünfzig Grad.

寒波は依然として続き、気温は零下50度だった。

Jedes Mal, wenn er hineinfiel, musste Perrault ein Feuer anzünden, um zu überleben.

落ちるたびに、ペローは生き残るために火を起こさなければならなかった。

Nasse Kleidung gefror schnell, also trocknete er sie in der Nähe der sengenden Hitze.

濡れた衣類はすぐに凍ってしまうので、炎天下で乾かしました。

Perrault hatte nie Angst und das machte ihn zu einem Kurier.

ペローには決して恐怖心はなかった、それが彼を伝令にしたのだ。

Er wurde für die Gefahr auserwählt und begegnete ihr mit stiller Entschlossenheit.

彼は危険に選ばれ、静かな決意でそれに立ち向かった。

Er drängte sich gegen den Wind vorwärts, sein runzliges Gesicht war erfroren.

彼はしわくちゃの顔を凍傷にしながら、風に向かって突き進んだ。

Von der Morgendämmerung bis zum Einbruch der Nacht führte Perrault sie weiter.

かすかな夜明けから夜まで、ペローは彼らを先導した。

Er ging auf einer schmalen Eiskante, die bei jedem Schritt knackte.

彼は、一歩ごとにひび割れる狭い氷の上を歩いた。

Sie wagten nicht, anzuhalten – jede Pause hätte das Risiko eines tödlichen Zusammenbruchs bedeutet.

彼らは立ち止まることを敢えてしなかった。一時停止するたびに致命的な崩壊の危険があった。

Einmal brach der Schlitten durch und zog Dave und Buck hinein.

ある時、そりが突っ込んできて、デイブとバックを引きずり込んだ。

Als sie freigezogen wurden, waren beide fast erfroren.

引きずり出されても、二人とも凍り付いている状態だった。

Die Männer machten schnell ein Feuer, um Buck und Dave am Leben zu halten.

男たちはバックとデイブの命を救うために急いで火を起こした。

Die Hunde waren von der Nase bis zum Schwanz mit Eis bedeckt und steif wie geschnitztes Holz.

犬たちは鼻から尾まで氷で覆われ、彫刻された木のように硬くなっていた。

Die Männer ließen sie in der Nähe des Feuers im Kreis laufen, um ihre Körper aufzutauen.

男たちは彼らの体を解凍するために火のそばで彼らを円を描くように走らせた。

Sie kamen den Flammen so nahe, dass ihr Fell versengt wurde.

彼らは炎に非常に近づいたため、毛皮が焦げてしまいました。

Als nächster durchbrach Spitz das Eis und zog das Team hinter sich her.

次にスピッツが氷を突き破り、後ろのチームを引きずり込んだ。

Der Bruch reichte bis zu der Stelle, an der Buck zog.

ブレーキはバックが引っ張っていたところまで届きました。

Buck lehnte sich weit zurück, seine Pfoten rutschten und zitterten auf der Kante.

バックは力強く後ろに傾き、端で足が滑り震えた。

Dave streckte sich ebenfalls nach hinten, direkt hinter Buck auf der Leine.

デイブもまた、ライン上のバックのすぐ後ろで後ろに力を入れました。

François zog den Schlitten, seine Muskeln knackten vor Anstrengung.

フランソワはそりを引っ張ったが、その努力で筋肉がポキポキと音を立てた。

Ein anderes Mal brach das Randeis vor und hinter dem Schlitten.

また別の時には、そりの前と後ろの縁の氷が割れました。

Sie hatten keinen anderen Ausweg, als eine gefrorene Felswand zu erklimmen.

彼らには凍った崖を登る以外に逃げ道がなかった。

Perrault schaffte es irgendwie, die Mauer zu erklimmen; wie durch ein Wunder blieb er am Leben.

ペローはなんとか壁を登り、奇跡的に生き延びた。

François blieb unten und betete um dasselbe Glück.

フランソワは下に留まり、同じ幸運を祈った。

Sie banden jeden Riemen, jede Zurrschnur und jede Leine zu einem langen Seil zusammen.

彼らは、すべてのストラップ、縛り紐、ひもを 1 本の長いロープに結びました。

Die Männer zogen jeden Hund einzeln nach oben.

男たちは犬を一匹ずつ、頂上まで引き上げた。

François kletterte als Letzter, nach dem Schlitten und der gesamten Ladung.

フランソワはそりと荷物全体を引いて最後に登りました。

Dann begann eine lange Suche nach einem Weg von den Klippen hinunter.

それから崖から下る道を探す長い旅が始まりました。

Schließlich stiegen sie mit demselben Seil ab, das sie selbst hergestellt hatten.

彼らは最終的に自分たちが作ったのと同じロープを使って下山しました。

Es wurde Nacht, als sie erschöpft und wund zum Flussbett zurückkehrten.

彼らが疲れて痛みを抱えながら川床に戻ると、夜が明けた。

Der ganze Tag hatte ihnen nur eine Viertelmeile Gewinn eingebracht.

わずか4分の1マイル進むのに丸一日かかってしまった。

Als sie das Hootalinqua erreichten, war Buck erschöpft.

フータリンクアに到着する頃には、バックは疲れ果てていた。

Die anderen Hunde litten ebenso sehr unter den Bedingungen auf dem Trail.

他の犬たちもトレイルの状況によって同じようにひどい苦しみを味わいました。

Aber Perrault musste Zeit gutmachen und trieb sie jeden Tag weiter an.

しかし、ペローは時間を回復する必要があり、毎日彼らを奮い立たせました。

Am ersten Tag reisten sie dreißig Meilen nach Big Salmon.

最初の日、彼らはビッグサーモンまで30マイル旅しました。

Am nächsten Tag reisten sie fünfunddreißig Meilen nach Little Salmon.

翌日、彼らはリトルサーモンまで35マイル旅した。

Am dritten Tag kämpften sie sich durch sechzig Kilometer lange, eisige Strecken.

3日目に彼らは40マイルの長い凍った道を進んだ。

Zu diesem Zeitpunkt näherten sie sich der Siedlung Five Fingers.

そのころには、彼らはファイブ・フィンガーズの集落に近づいていた。

Bucks Füße waren weicher als die harten Füße der einheimischen Huskys.

バックの足は、在来種のハスキー犬の硬い足よりも柔らかかった。

Seine Pfoten waren im Laufe vieler zivilisierter Generationen zart geworden.

彼の足は、文明化されてから何世代にもわたって柔らかくなっていました。

Vor langer Zeit wurden seine Vorfahren von Flussmännern oder Jägern gezähmt.

昔、彼の先祖は川の民や狩人によって飼いならされていました。

Jeden Tag humpelte Buck unter Schmerzen und ging auf wunden, schmerzenden Pfoten.

バックは毎日、痛みに苦しみながら、傷ついた足を引きずりながら歩いていた。

Im Lager fiel Buck wie eine leblose Gestalt in den Schnee.

キャンプ地では、バックは雪の上に死んだように倒れていた。

Obwohl Buck am Verhungern war, stand er nicht auf, um sein Abendessen einzunehmen.

空腹であったにもかかわらず、バックは夕食を食べるために起き上がりませんでした。

François brachte Buck seine Ration und legte ihm Fisch neben die Schnauze.

フランソワはバックの鼻先に魚を置きながら、食料を運んできた。

Jeden Abend massierte der Fahrer Bucks Füße eine halbe Stunde lang.

毎晩、運転手はバックの足を30分間マッサージした。

François hat sogar seine eigenen Mokassins zerschnitten, um daraus Hundeschuhe zu machen.

フランソワは犬用の履物を作るために自分のモカシンを切り刻むことさえしました。

Vier warme Schuhe waren für Buck eine große und willkommene Erleichterung.

4

足の暖かい靴はバックにとって大きな、ありがたい安らぎをもたらしました。

Eines Morgens vergaß François die Schuhe und Buck weigerte sich aufzustehen.

ある朝、フランソワは靴を忘れてしまい、バックは起きようとしませんでした。

Buck lag auf dem Rücken, die Füße in der Luft, und wedelte mitleiderregend damit herum.

バックは仰向けに横たわり、足を空中に上げて哀れそうに振り回していた。

Sogar Perrault grinste beim Anblick von Bucks dramatischer Bitte.

ペローでさえ、バックの劇的な嘆願を見て笑みを浮かべた。

Bald wurden Bucks Füße hart und die Schuhe konnten weggeworfen werden.

すぐにバックの足は硬くなり、靴は捨てられるようになりました。

In Pelly stieß Dolly beim Angeschirrtwerden ein schreckliches Heulen aus.

ペリーでは、ハーネスを着けている間、ドリーは恐ろしい遠吠えを上げました。

Der Schrei war lang und voller Wahnsinn und erschütterte jeden Hund.

その叫び声は長く、狂気に満ちており、すべての犬を震え上がらせた。

Jeder Hund zuckte vor Angst zusammen, ohne den Grund zu kennen.

どの犬も理由もわからず恐怖に震えていた。

Dolly war verrückt geworden und stürzte sich direkt auf Buck.

ドリーは気が狂って、まっすぐにバックに向かって突進した。

Buck hatte noch nie Wahnsinn gesehen, aber sein Herz war von Entsetzen erfüllt.

バックは狂気を見たことがなかったが、恐怖が彼の心を満たした。

Ohne nachzudenken, drehte er sich um und floh in absoluter Panik.

彼は何も考えずに、パニックに陥り、振り返って逃げ出した。

Dolly jagte ihm hinterher, ihre Augen waren wild, Speichel spritzte aus ihrem Maul.

ドリーは目を輝かせ、口からよだれを飛ばしながら彼を追いかけました。

Sie blieb direkt hinter Buck, holte nie auf und fiel nie zurück.

彼女はバックのすぐ後ろを走り続け、追いつくことも後退することもなかった。

Buck rannte durch den Wald, die Insel hinunter und über zerklüftetes Eis.

バックは森を抜け、島を下り、ギザギザの氷の上を走った。

Er überquerte die Insel und erreichte eine weitere, bevor er im Kreis zurück zum Fluss ging.

彼は一つの島へ渡り、それからまた別の島へ渡り、川へ戻っていった。

Dolly jagte ihn immer noch und knurrte ihn bei jedem Schritt an.

それでもドリーはうなり声をあげながら一歩一歩彼を追いかけ続けた。

Buck konnte ihren Atem und ihre Wut hören, obwohl er es nicht wagte, zurückzublicken.

バックは彼女の息づかいや怒りの声が聞こえたが、振り返る勇気はなかった。

François rief aus der Ferne und Buck drehte sich in die Richtung der Stimme um.

フランソワが遠くから叫び、バックはその声の方へ振り返った。

Immer noch nach Luft schnappend rannte Buck vorbei und setzte seine ganze Hoffnung auf François.

まだ息を切らしながら、バックはフランソワにすべての希望を託して走り去った。

Der Hundeführer hob eine Axt und wartete, während Buck vorbeiflog.

犬の御者は斧を掲げて、雄鹿が通り過ぎるのを待った。

Die Axt kam schnell herunter und traf Dollys Kopf mit tödlicher Wucht.

斧は素早く振り下ろされ、致命的な力でドリーの頭を打ちました。

Buck brach neben dem Schlitten zusammen, keuchte und konnte sich nicht bewegen.

バックはそりの近くで倒れ、ゼーゼーと息を切らして動けなくなった。

In diesem Moment hatte Spitz die Chance, einen erschöpften Gegner zu schlagen.

その瞬間、スピッツは疲れ切った敵を攻撃するチャンスを得た。

Zweimal biss er Buck und riss das Fleisch bis auf den weißen Knochen auf.

彼はバックを二度嚙み、白い骨まで肉を引き裂いた。

François' Peitsche knallte und traf Spitz mit voller, wütender Wucht.

フランソワの鞭が鳴り響き、猛烈な勢いでスピッツを襲った。

Buck sah mit Freude zu, wie Spitz seine bisher härteste Tracht Prügel bekam.

バックはスピッツがこれまでで最もひどい殴打を受けるのを喜びながら見守った。

„Er ist ein Teufel, dieser Spitz", murmelte Perrault düster vor sich hin.

「あのスピッツは悪魔だ」ペローは暗い声で独り言を言った。

„Eines Tages wird dieser verfluchte Hund Buck töten – das schwöre ich."

「近いうちに、あの呪われた犬がバックを殺すだろう。誓って。」

„Dieser Buck hat zwei Teufel in sich", antwortete François mit einem Nicken.

「あのバックには悪魔が二ついるよ」フランソワはうなずきながら答えた。

„Wenn ich Buck beobachte, weiß ich, dass etwas Wildes in ihm lauert."

「バックを見ていると、彼の中に何か恐ろしいものが待ち受けていることが分かる。」

„Eines Tages wird er rasend vor Wut werden und Spitz in Stücke reißen."

「ある日、彼は激怒してスピッツをバラバラに引き裂くだろう。」

„Er wird den Hund zerkauen und ihn auf den gefrorenen Schnee spucken."

「彼はその犬を噛み砕いて、凍った雪の上に吐き出すでしょう。」

„Das weiß ich ganz sicher tief in meinem Innern."

「確かに、私は骨の髄までそれを知っています。」

Von diesem Moment an befanden sich die beiden Hunde im Krieg.

その瞬間から、二匹の犬は戦い始めた。

Spitz führte das Team an und hatte die Macht, aber Buck stellte das in Frage.

スピッツはチームを率いて権力を握っていたが、バックはそれに挑戦した。

Spitz sah seinen Rang durch diesen seltsamen Fremden aus dem Süden bedroht.

スピッツは、この奇妙な南国の異邦人によって自分の階級が脅かされていると感じた。

Buck war anders als alle Südstaatenhunde, die Spitz zuvor gekannt hatte.

バックはスピッツがこれまで知っていたどの南部の犬とも違っていた。

Die meisten von ihnen scheiterten – sie waren zu schwach, um Kälte und Hunger zu überleben.

彼らのほとんどは失敗しました。寒さと飢えに耐えるには弱すぎたのです。

Sie starben schnell unter der harten Arbeit, dem Frost und der langsamen Hungersnot.

彼らは労働、寒さ、そして徐々に進行する飢餓によって急速に死んでいった。

Buck stand abseits – mit jedem Tag stärker, klüger und wilder.

バックは際立っていた。日に日に強くなり、賢くなり、そして獰猛になっていった。

Er gedieh trotz aller Härte und wuchs heran, bis er den nördlichen Huskies ebenbürtig war.

彼は困難を乗り越えて、北部のハスキー犬に匹敵するほどに成長した。

Buck hatte Kraft, wilde Geschicklichkeit und einen geduldigen, tödlichen Instinkt.

バックは力強さ、優れた技術、そして忍耐強い致命的な本能を持っていました。

Der Mann mit der Keule hatte Buck die Unbesonnenheit ausgetrieben.

棍棒を持った男はバックから無謀さを叩き出した。

Die blinde Wut war verschwunden und durch stille Gerissenheit und Kontrolle ersetzt worden.

盲目的な怒りは消え、静かな狡猾さと制御が取って代わりました。

Er wartete ruhig und ursprünglich und wartete auf den richtigen Moment.

彼は落ち着いて原始的な態度で、適切な瞬間を待ちました。

Ihr Kampf um die Vorherrschaft wurde unvermeidlich und deutlich.

彼らの指揮権をめぐる争いは避けられず、明らかになった。

Buck strebte nach einer Führungsposition, weil sein Geist es verlangte.

バックは、彼の精神がリーダーシップを要求したため、リーダーシップを望んだ。

Er wurde von dem seltsamen Stolz getrieben, der aus der Jagd und dem Geschirr entstand.

彼は、道と馬具から生まれた奇妙なプライドによって突き動かされていた。

Dieser Stolz ließ die Hunde ziehen, bis sie im Schnee zusammenbrachen.

そのプライドのせいで、犬たちは雪の上に倒れるまで引っ張った。

Der Stolz verleitete sie dazu, all ihre Kraft einzusetzen.

プライドが彼らを誘惑し、持てる力のすべてを捧げさせた。

Stolz kann einen Schlittenhund sogar in den Tod treiben.

プライドは犬ぞりを死に至らしめることもある。

Der Verlust des Geschirrs ließ die Hunde gebrochen und ziellos zurück.

ハーネスを失った犬たちは、壊れて目的を失ってしまいました。

Das Herz eines Schlittenhundes kann vor Scham brechen, wenn er in den Ruhestand geht.

そり犬は引退すると、恥ずかしさで心が押しつぶされてしまうことがあります。

Dave lebte von diesem Stolz, während er den Schlitten hinter sich herzog.

デイブはそりを後ろから引っ張りながら、その誇りを胸に生きていた。

Auch Solleks gab mit grimmiger Stärke und Loyalität alles.

ソレックスもまた、厳しい強さと忠誠心ですべてを捧げました。

Jeden Morgen verwandelte der Stolz ihre Verbitterung in Entschlossenheit.

毎朝、プライドが彼らの苦々しい思いを決意に変えた。

Sie drängten den ganzen Tag und verstummten dann am Ende des Lagers.

彼らは一日中押し続け、キャンプの終わりに沈黙した。

Dieser Stolz gab Spitz die Kraft, Drückeberger zur Räson zu bringen.

その誇りがスピッツに怠け者を従わせる強さを与えた。

Spitz fürchtete Buck, weil Buck denselben tiefen Stolz in sich trug.

バックもスピッツと同じ強いプライドを持っていたので、スピッツはバックを恐れていた。

Bucks Stolz wandte sich nun gegen Spitz, und er ließ nicht locker.

バックのプライドはスピッツに対して今や燃え上がり、止まらなかった。

Buck widersetzte sich Spitz' Macht und hinderte ihn daran, Hunde zu bestrafen.

バックはスピッツの権力に逆らい、彼が犬を罰するのを阻止した。

Als andere versagten, stellte sich Buck zwischen sie und ihren Anführer.

他の人たちが失敗したとき、バックは彼らと彼らのリーダーの間に立ちました。

Er tat dies mit Absicht und brachte seine Herausforderung offen und deutlich zum Ausdruck.

彼は意図的にこれを実行し、自分の挑戦を公然と明確にしました。

In einer Nacht hüllte schwerer Schnee die Welt in tiefe Stille.

ある夜、大雪が降り、深い静寂が世界を覆いました。

Am nächsten Morgen stand Pike, faul wie immer, nicht zur Arbeit auf.

翌朝、相変わらず怠け者のパイクは仕事に起きなかった。

Er blieb in seinem Nest unter einer dicken Schneeschicht verborgen.

彼は厚い雪の層の下の巣の中に隠れていた。

François rief und suchte, konnte den Hund jedoch nicht finden.

フランソワは大声で叫びながら探しましたが、犬を見つけることはできませんでした。

Spitz wurde wütend und stürmte durch das schneebedeckte Lager.

スピッツは激怒し、雪に覆われたキャンプを突撃した。
Er knurrte und schnüffelte und grub wie verrückt mit flammenden Augen.
彼はうなり声をあげ、鼻をすすり、燃えるような目で狂ったように掘り続けた。
Seine Wut war so heftig, dass Pike vor Angst unter dem Schnee zitterte.
彼の怒りは非常に激しく、パイクは雪の下で恐怖で震え上がった。
Als Pike schließlich gefunden wurde, stürzte sich Spitz auf den versteckten Hund, um ihn zu bestrafen.
パイクがようやく見つかったとき、スピッツは隠れている犬を罰するために突進しました。
Doch Buck sprang mit einer Wut zwischen sie, die Spitz' eigener ebenbürtig war.
しかし、バックはスピッツに匹敵する激怒で彼らの間に飛び込んだ。
Der Angriff erfolgte so plötzlich und geschickt, dass Spitz umfiel.
その攻撃はあまりにも突然で巧妙だったので、スピッツは転倒してしまった。
Pike, der gezittert hatte, schöpfte aus diesem Trotz neuen Mut.
震えていたパイクはこの反抗に勇気を得た。
Er sprang auf den gefallenen Spitz und folgte Bucks mutigem Beispiel.
彼はバックの大胆な例に倣い、倒れたスピッツに飛びかかった。
Buck, der nicht länger an Fairness gebunden war, beteiligte sich am Angriff auf Spitz.
もはや公平さに縛られなくなったバックは、スピッツへの攻撃に加わった。
François, amüsiert, aber dennoch diszipliniert, schwang seine schwere Peitsche.
フランソワは面白がりながらも規律を守り、重い鞭を振り回した。

Er schlug Buck mit aller Kraft, um den Kampf zu beenden.
彼は喧嘩を止めるために全力でバックを殴った。
Buck weigerte sich, sich zu bewegen und blieb auf dem gefallenen Anführer sitzen.
バックは動くことを拒否し、倒れたリーダーの上に留まりました。
Dann benutzte François den Griff der Peitsche und schlug Buck damit heftig.
フランソワはその後、鞭の柄を使ってバックを激しく殴った。
Buck taumelte unter dem Schlag und fiel zurück.
打撃でよろめき、バックは攻撃を受けて後ろに倒れた。
François schlug immer wieder zu, während Spitz Pike bestrafte.
スピッツがパイクに罰を与えている間、フランソワは何度も攻撃を続けた。

Die Tage vergingen und Dawson City kam immer näher.
日が経ち、ドーソン・シティはどんどん近づいてきました。
Buck mischte sich immer wieder ein und schlüpfte zwischen Spitz und andere Hunde.
バックはスピッツと他の犬の間に入り込み、邪魔をし続けました。
Er wählte seine Momente gut und wartete immer darauf, dass François ging.
彼はタイミングをうまく選び、常にフランソワが去るのを待っていた。
Bucks stille Rebellion breitete sich aus und im Team breitete sich Unordnung aus.
バックの静かな反抗は広がり、チーム内に混乱が広がった。
Dave und Solleks blieben loyal, andere jedoch wurden widerspenstig.
デイブとソレックスは忠実であり続けたが、他の者は手に負えなくなった。

Die Situation im Team wurde immer schlimmer – es wurde unruhig, streitsüchtig und geriet aus der Reihe.

チームはますます悪化し、落ち着きがなく、口論が激しくなり、規律が乱れるようになりました。

Nichts lief mehr reibungslos und es kam immer wieder zu Streit.

何もかもがスムーズにいかなくなり、喧嘩が頻繁に起こるようになりました。

Buck blieb im Zentrum des Chaos und provozierte ständig Unruhe.

バックは常に騒動の中心にいて、不安を引き起こし続けた。

François blieb wachsam, aus Angst vor dem Kampf zwischen Buck und Spitz.

フランソワはバックとスピッツの戦いを恐れて警戒を続けた。

Jede Nacht wurde er durch Rangeleien geweckt, aus Angst, dass es endlich losgehen würde.

毎晩、乱闘で目が覚め、ついに始まりが来たのではないかと不安になった。

Er sprang aus seiner Robe, bereit, den Kampf zu beenden.

彼はローブから飛び降り、戦いを止める準備をした。

Aber der Moment kam nie und sie erreichten schließlich Dawson.

しかしその瞬間は来ず、彼らはついにドーソンに到着した。

Das Team betrat die Stadt an einem trüben Nachmittag, angespannt und still.

ある荒涼とした午後、チームは緊張と静寂に包まれながら町に入った。

Der große Kampf um die Führung hing noch immer in der eisigen Luft.

主導権をめぐる大戦争の余韻がまだ凍り付いていた。

Dawson war voller Männer und Schlittenhunde, die alle mit der Arbeit beschäftigt waren.

ドーソンには男たちとそり犬がいっぱいいて、皆仕事に忙しそうだった。

Buck beobachtete die Hunde von morgens bis abends beim Lastenziehen.

バックは朝から晩まで犬たちが荷物を引くのを見ていた。

Sie transportierten Baumstämme und Brennholz und lieferten Vorräte an die Minen.

彼らは丸太や薪を運び、鉱山まで物資を輸送した。

Wo früher im Süden Pferde arbeiteten, schufteten heute Hunde.

かつて南部では馬が働いていたが、今では犬が働くようになった。

Buck sah einige Hunde aus dem Süden, aber die meisten waren wolfsähnliche Huskys.

バックは南部の犬を何匹か見かけたが、ほとんどはオオカミのようなハスキー犬だった。

Nachts erhoben die Hunde pünktlich zum ersten Mal ihre Stimmen zum Singen.

夜になると、まるで時計仕掛けのように、犬たちは歌声を上げた。

Um neun, um Mitternacht und erneut um drei begann der Gesang.

9時、真夜中、そして再び3時に歌が始まりました。

Buck liebte es, in ihren unheimlichen Gesang einzustimmen, der wild und uralt klang.

バックは、荒々しく古風な響きを持つ彼らの不気味な詠唱に参加するのが大好きだった。

Das Polarlicht flammte, die Sterne tanzten und das Land war mit Schnee bedeckt.

オーロラが輝き、星が踊り、大地は雪に覆われました。

Der Gesang der Hunde erhob sich als Aufschrei gegen die Stille und die bittere Kälte.

犬の歌声は静寂と厳しい寒さに対する叫びとして響き渡った。

Doch in jedem langen Ton ihres Heulens war Trauer und nicht Trotz zu hören.

しかし、彼らの遠吠えの一つ一つの長い音には、反抗心ではなく悲しみが込められていた。

Jeder Klageschrei war voller Flehen; die Last des Lebens selbst.

それぞれの泣き叫びは嘆願に満ちており、人生そのものの重荷でした。

Dieses Lied war alt – älter als Städte und älter als Feuer

その歌は古い。町よりも古く、火事よりも古い。

Dieses Lied war sogar älter als die Stimmen der Menschen.

その歌は人間の声よりもさらに古いものだった。

Es war ein Lied aus der jungen Welt, als alle Lieder traurig waren.

それは、すべての歌が悲しいものだった若い世界の歌でした。

Das Lied trug den Kummer unzähliger Hundegenerationen in sich.

その歌には数え切れない世代の犬たちの悲しみが込められていた。

Buck spürte die Melodie tief und stöhnte vor jahrhundertealtem Schmerz.

バックはそのメロディーを深く感じ、何年にもわたる痛みにうめき声をあげた。

Er schluchzte aus einem Kummer, der so alt war wie das wilde Blut in seinen Adern.

彼は、自分の血管に流れる野生の血と同じくらい古い悲しみで泣きじゃくった。

Die Kälte, die Dunkelheit und das Geheimnisvolle berührten Bucks Seele.

寒さ、暗さ、そして謎がバックの魂に触れた。

Dieses Lied bewies, wie weit Buck zu seinen Ursprüngen zurückgekehrt war.

その歌はバックがいかに原点に戻ったかを証明した。

Durch Schnee und Heulen hatte er den Anfang seines eigenen Lebens gefunden.

雪と遠吠えを通して、彼は自分自身の人生の始まりを見つけた。

Sieben Tage nach ihrer Ankunft in Dawson brachen sie erneut auf.
ドーソンに到着してから7日後、彼らは再び出発した。

Das Team verließ die Kaserne und fuhr hinunter zum Yukon Trail.
チームは兵舎からユーコントレイルへと下りました。

Sie begannen die Rückreise nach Dyea und Salt Water.
彼らはダイアとソルトウォーターへ戻る旅を始めました。

Perrault überbrachte noch dringlichere Depeschen als zuvor.
ペローは以前よりもさらに緊急な伝言を伝えた。

Auch ihn packte der Trail-Stolz, und er wollte einen Rekord aufstellen.
彼はまた、トレイルでの誇りにとらわれ、記録樹立を目指しました。

Diesmal hatte Perrault mehrere Vorteile.
今回は、ペロー側にいくつかの有利な点がありました。

Die Hunde hatten eine ganze Woche lang geruht und ihre Kräfte wiedererlangt.
犬たちは丸一週間休んで体力を回復しました。

Die Spur, die sie gebahnt hatten, wurde nun von anderen festgestampft.
彼らが切り開いた道は、今では他の人々によって固く踏み固められていた。

An manchen Stellen hatte die Polizei Futter für Hunde und Menschen gelagert.
警察は場所によっては犬用と人間用の食料を備蓄していた。

Perrault reiste mit leichtem Gepäck und bewegte sich schnell, ohne dass ihn etwas belastete.
ペローは荷物をほとんど持たずに、軽やかに、速く旅をしました。

Sie erreichten Sixty-Mile, eine Strecke von achtzig Kilometern, noch in der ersten Nacht.

彼らは初日の夜までに、50マイルの行程である60マイル地点に到達した。

Am zweiten Tag eilten sie den Yukon hinauf nach Pelly.

2日目、彼らはユーコン川をペリーに向かって急いだ。

Doch dieser tolle Fortschritt war für François mit vielen Strapazen verbunden.

しかし、このような素晴らしい進歩はフランソワにとって大きな負担を伴いました。

Bucks stille Rebellion hatte die Disziplin des Teams zerstört.

バックの静かな反抗はチームの規律を崩壊させた。

Sie zogen nicht mehr wie ein Tier an den Zügeln.

彼らはもはや、一頭の獣のように手綱を握って協力し合うことはなかった。

Buck hatte durch sein mutiges Beispiel andere zum Trotz verleitet.

バックはその大胆な例によって他の人々を反抗へと導いた。

Spitz' Befehl stieß weder auf Furcht noch auf Respekt.

スピッツの命令はもはや恐怖や尊敬の対象ではなくなった。

Die anderen verloren ihre Ehrfurcht vor ihm und wagten es, sich seiner Herrschaft zu widersetzen.

他の人々は彼に対する畏敬の念を失い、あえて彼の支配に抵抗した。

Eines Nachts stahl Pike einen halben Fisch und aß ihn vor Bucks Augen.

ある夜、パイクは魚を半分盗み、バックの目の下でそれを食べました。

In einer anderen Nacht kämpften Dub und Joe gegen Spitz und blieben ungestraft.

別の夜、ダブとジョーはスピッツと戦ったが、罰せられなかった。

Sogar Billee jammerte weniger süß und zeigte eine neue Schärfe.

ビリーも以前ほど甘く泣き言を言わなくなり、新たな鋭さを見せた。

Buck knurrte Spitz jedes Mal an, wenn sich ihre Wege kreuzten.

バックはスピッツとすれ違うたびに、彼に向かって唸り声をあげた。

Bucks Haltung wurde dreist und bedrohlich, fast wie die eines Tyrannen.

バックの態度は、まるでいじめっ子のように、大胆かつ威圧的なものになっていった。

Mit stolzgeschwellter Brust und voller spöttischer Bedrohung schritt er vor Spitz auf und ab.

彼は、嘲笑と脅迫に満ちた威嚇で、スピッツの前を威勢よく歩き回った。

Dieser Zusammenbruch der Ordnung breitete sich auch unter den Schlittenhunden aus.

その秩序の崩壊は犬ぞりの間でも広がった。

Sie stritten und stritten mehr denn je und erfüllten das Lager mit Lärm.

彼らはこれまで以上に喧嘩や口論を繰り返し、キャンプは騒音でいっぱいになった。

Das Lagerleben verwandelte sich jede Nacht in ein wildes, heulendes Chaos.

キャンプ生活は毎晩、騒然とした大混乱に陥った。

Nur Dave und Solleks blieben ruhig und konzentriert.

デイブとソレックスだけが落ち着いて集中力を保っていました。

Doch selbst sie wurden durch die ständigen Schlägereien ungehalten.

しかし、彼らも絶え間ない喧嘩のせいで短気になっていました。

François fluchte in fremden Sprachen und stampfte frustriert auf.

フランソワは奇妙な言葉で罵り、苛立ちながら足を踏み鳴らした。

Er riss sich die Haare aus und schrie, während der Schnee unter seinen Füßen wirbelte.

足元に雪が舞う中、彼は髪をかきむしりながら叫んだ。

Seine Peitsche knallte über das Rudel, konnte es aber kaum in Schach halten.

彼の鞭は馬の群れを横切って飛んでいったが、かろうじて彼らを一列に並べることができた。

Immer wenn er sich umdrehte, brachen die Kämpfe erneut aus.

彼が背を向けると、また戦いが始まった。

François setzte die Peitsche für Spitz ein, während Buck die Rebellen anführte.

フランソワはスピッツに鞭打ち刑を行い、一方バックは反乱軍を率いた。

Jeder kannte die Rolle des anderen, aber Buck vermied jegliche Schuldzuweisungen.

両者は互いの役割を知っていたが、バックはいかなる非難も避けた。

François hat Buck nie dabei erwischt, wie er eine Schlägerei anfing oder sich vor seiner Arbeit drückte.

フランソワはバックが喧嘩を始めたり仕事をさぼったりするのを一度も見たことがなかった。

Buck arbeitete hart im Geschirr – die Mühe erfüllte ihn jetzt mit Begeisterung.

バックは馬具をつけて懸命に働いた。その労働が彼の心を躍らせた。

Doch noch mehr Freude bereitete ihm das Anzetteln von Kämpfen und Chaos im Lager.

しかし、彼はキャンプで喧嘩や混乱を引き起こすことに、さらに大きな喜びを見出しました。

Eines Abends schreckte Dub an der Mündung des Tahkeena ein Kaninchen auf.

ある晩、タキーナ川の河口で、ダブはウサギを驚かせました。

Er verpasste den Fang und das Schneeschuhkaninchen sprang davon.

彼は捕まえ損ね、カンジキウサギは飛び去ってしまいました。

Innerhalb von Sekunden nahm das gesamte Schlittenteam unter wildem Geschrei die Verfolgung auf.

数秒のうちに、そりのチーム全員が叫びながら追いかけました。

In der Nähe beherbergte ein Lager der Northwest Police fünfzig Huskys.

近くの北西警察のキャンプには50匹のハスキー犬が飼われていた。

Sie schlossen sich der Jagd an und stürmten gemeinsam den zugefrorenen Fluss hinunter.

彼らは狩りに参加し、一緒に凍った川を下りました。

Das Kaninchen verließ den Fluss und floh in ein gefrorenes Bachbett.

ウサギは川から逸れて、凍った川床を駆け上がって逃げた。

Das Kaninchen hüpfte leichtfüßig über den Schnee, während die Hunde sich durchkämpften.

犬たちが苦労しながら雪の上を歩いている間、ウサギは軽やかに雪の上をスキップしました。

Buck führte das riesige Rudel von sechzig Hunden um jede Kurve.

バックは60匹の犬の大群を率いて、曲がりくねったカーブを曲がっていった。

Er drängte tief und eifrig vorwärts, konnte jedoch keinen Boden gutmachen.

彼は腰を低くして熱心に前進したが、前進することができなかった。

Bei jedem kraftvollen Sprung blitzte sein Körper im blassen Mondlicht auf.

力強い跳躍のたびに、彼の体は青白い月の下で光り輝いた。

Vor uns bewegte sich das Kaninchen wie ein Geist, lautlos und zu schnell, um es einzufangen.

前方では、ウサギが幽霊のように静かに、そして捕まえられないほど速く動いていました。

All diese alten Instinkte – der Hunger, der Nervenkitzel – durchströmten Buck.

昔からのすべての本能、飢えや興奮がバックの体を駆け巡った。

Manchmal verspüren Menschen diesen Instinkt und werden dazu getrieben, mit Gewehr und Kugel zu jagen.

人間は時々この本能を感じ、銃や弾丸で狩りをしたい衝動に駆られます。

Aber Buck empfand dieses Gefühl auf einer tieferen und persönlicheren Ebene.

しかし、バックはこの感情をより深く、より個人的なレベルで感じたのです。

Sie konnten die Wildnis nicht in ihrem Blut spüren, so wie Buck sie spüren konnte.

彼らはバックのように血の中に野性を感じることはできなかった。

Er jagte lebendes Fleisch, bereit, mit seinen Zähnen zu töten und Blut zu schmecken.

彼は生きた肉を追いかけ、歯で殺して血を味わう覚悟をしていた。

Sein Körper spannte sich vor Freude, er wollte in warmem, rotem Leben baden.

彼の体は喜びに張り詰め、温かい赤い生命を浴びたいと願っていた。

Eine seltsame Freude markiert den höchsten Punkt, den das Leben jemals erreichen kann.

不思議な喜びは、人生が到達できる最高点を示します。

Das Gefühl eines Gipfels, bei dem die Lebenden vergessen, dass sie überhaupt am Leben sind.

生きている者が生きていることさえ忘れてしまうような
頂上の感覚。

Diese tiefe Freude berührt den Künstler, der sich in
glühender Inspiration verliert.

この深い喜びは、燃えるようなインスピレーションに浸
るアーティストの心を動かします。

Diese Freude ergreift den Soldaten, der wild kämpft und
keinen Feind verschont.

この喜びは、激しく戦い、敵を容赦しない兵士を捕らえ
ます。

Diese Freude erfasste nun Buck, der das Rudel mit seinem
Urhunger anführte.

この喜びは、原始的な飢えの中で群れを率いるバックを
支配した。

Er heulte mit dem uralten Wolfsschrei, aufgeregt durch die
lebendige Jagd.

彼は生きた追跡に興奮し、古代の狼の鳴き声で遠吠えし
た。

Buck hat den ältesten Teil seiner selbst angezapft, der in der
Wildnis verloren war.

バックは、野生の中で失われた自分自身の最も古い部分
を掘り起こしました。

Er griff tief in sein Inneres, in die Vergangenheit, in die
raue, uralte Zeit.

彼は心の奥深く、過去の記憶、生々しい太古の時間へと
到達した。

Eine Welle puren Lebens durchströmte jeden Muskel und
jede Sehne.

純粋な生命の波がすべての筋肉と腱を駆け巡りました。

Jeder Sprung schrie, dass er lebte, dass er durch den Tod
ging.

それぞれの跳躍は彼が生きていること、死を乗り越えた
ことを叫んでいた。

Sein Körper schwebte freudig über stilles, kaltes Land, das
sich nie regte.

彼の体は、決して動かない静かで冷たい大地の上を喜び
に浮かんでいた。

Spitz blieb selbst in seinen wildesten Momenten kalt und
listig.

スピッツは、最も激しい瞬間でさえ、冷静かつ狡猾なま
までした。

Er verließ den Pfad und überquerte das Land, wo der Bach
eine weite Biegung machte.

彼は道を離れ、小川が大きく曲がっている土地を横切っ
た。

Buck, der davon nichts wusste, blieb auf dem gewundenen
Pfad des Kaninchens.

バックはそれを知らず、ウサギの曲がりくねった道を進
み続けました。

Dann, als Buck um eine Kurve bog, stand das geisterhafte
Kaninchen vor ihm.

すると、バックがカーブを曲がると、幽霊のようなウサ
ギが目の前に現れた。

Er sah, wie eine zweite Gestalt vor der Beute vom Ufer
sprang.

彼は獲物より先に岸から二番目の人影が飛び出すのを見
た。

Bei der Gestalt handelte es sich um Spitz, der direkt auf dem
Weg des fliehenden Kaninchens landete.

その人物は、逃げるウサギの進路上に降り立ったスピッ
ツでした。

Das Kaninchen konnte sich nicht umdrehen und traf mitten
in der Luft auf Spitz' Kiefer.

ウサギは向きを変えることができず、空中でスピッツの
顎にぶつかりました。

Das Rückgrat des Kaninchens brach mit einem Schrei, der so
scharf war wie der Schrei eines sterbenden Menschen.

ウサギの背骨は、死にゆく人間の叫び声と同じくらい鋭
い悲鳴とともに折れた。

Bei diesem Geräusch – dem Sturz vom Leben in den Tod –
heulte das Rudel laut auf.

その音、つまり生から死への転落の音を聞いて、群れは大きな遠吠えを上げました。

Hinter Buck erhob sich ein wilder Chor voller dunkler Freude.

暗い歓喜に満ちた激しい合唱がバックの後ろから上がった。

Buck gab keinen Schrei von sich, keinen Laut, und stürmte direkt auf Spitz zu.

バックは叫び声も上げず、音も立てず、まっすぐスピッツに突進した。

Er zielte auf die Kehle, traf aber stattdessen die Schulter.

彼は喉を狙ったが、代わりに肩を打った。

Sie stürzten durch den weichen Schnee, ihre Körper waren in einen Kampf verstrickt.

彼らは柔らかい雪の上を転げ落ち、戦闘態勢に入った。

Spitz sprang schnell auf, als wäre er nie niedergeschlagen worden.

スピッツはまるで倒れたことなどなかったかのように、すぐに立ち上がった。

Er schlug auf Bucks Schulter und sprang dann aus dem Kampf.

彼はバックの肩を切りつけ、それから戦いから逃げ去った。

Zweimal schnappten seine Zähne wie Stahlfallen, seine Lippen waren grimmig gekräuselt.

彼の歯は鋼鉄の罠のように二度カチカチと音を立て、唇は歪んで凶暴になった。

Er wich langsam zurück und suchte festen Boden unter seinen Füßen.

彼はゆっくりと後ずさりし、足元のしっかりした地面を探した。

Buck verstand den Moment sofort und vollkommen.

バックはその瞬間を即座に、そして完全に理解した。

Die Zeit war gekommen; der Kampf würde ein Kampf auf Leben und Tod werden.

その時が来た。戦いは死闘となるだろう。

Die beiden Hunde umkreisten knurrend den Raum, legten die Ohren an und kniffen die Augen zusammen.

二匹の犬は耳を平らにし、目を細めてうなりながら、ぐるぐる回っていました。

Jeder Hund wartete darauf, dass der andere Schwäche zeigte oder einen Fehltritt machte.

それぞれの犬は、相手が弱みを見せたり、失敗したりするのを待っていました。

Buck hatte ein unheimliches Gefühl, die Szene zu kennen und tief in Erinnerung zu behalten.

バックにとって、その光景は不気味なほどよく知られており、深く記憶に残っていた。

Die weißen Wälder, die kalte Erde, die Schlacht im Mondlicht.

白い森、冷たい大地、月明かりの下での戦い。

Eine schwere Stille erfüllte das Land, tief und unnatürlich.

深く不自然な重苦しい沈黙が大地を満たした。

Kein Wind regte sich, kein Blatt bewegte sich, kein Geräusch unterbrach die Stille.

風も吹かず、葉も動かず、静寂を破る音もなかった。

Der Atem der Hunde stieg wie Rauch in die eiskalte, stille Luft.

凍りついた静かな空気の中で、犬たちの息が煙のように立ち上った。

Das Kaninchen war von der Meute der wilden Tiere längst vergessen.

ウサギは野生動物の群れから長い間忘れ去られていました。

Diese halb gezähmten Wölfe standen nun still in einem weiten Kreis.

半分飼い慣らされた狼たちは、広い円を描いてじっと立っていました。

Sie waren still, nur ihre leuchtenden Augen verrieten ihren Hunger.

彼らは静かで、光る目だけが彼らの飢えを明らかにしていた。

Ihr Atem stieg auf, als sie den Beginn des Endkampfes beobachteten.

最後の戦いが始まるのを見ながら、彼らは息を呑んだ。

Für Buck war dieser Kampf alt und erwartet, überhaupt nicht ungewöhnlich.

バックにとって、この戦いは古くからある予想通りのものであり、まったく奇妙なものではなかった。

Es fühlte sich an wie die Erinnerung an etwas, das schon immer passieren sollte.

それは、必ず起こるはずだった何かの思い出のように感じました。

Spitz war ein ausgebildeter Kampfhund, gestählt durch zahllose wilde Schlägereien.

スピッツは数え切れないほどの野生の喧嘩によって鍛え上げられた闘犬でした。

Von Spitzbergen bis Kanada hatte er viele Feinde besiegt.

スピッツベルゲンからカナダまで、彼は多くの敵を倒してきた。

Er war voller Wut, ließ seiner Wut jedoch nie freien Lauf.

彼は激怒していたが、決して怒りを抑えることはなかった。

Seine Leidenschaft war scharf, aber immer durch einen harten Instinkt gemildert.

彼の情熱は鋭かったが、常に強固な本能によって和らげられていた。

Er griff nie an, bis seine eigene Verteidigung stand.

彼は自分の防御が整うまで決して攻撃しなかった。

Buck versuchte immer wieder, Spitz' verwundbaren Hals zu erreichen.

バックはスピッツの無防備な首に届くよう何度も試みた。

Doch jeder Schlag wurde von Spitz' scharfen Zähnen mit einem Hieb beantwortet.

しかし、あらゆる攻撃はスピッツの鋭い歯による斬撃に遭った。

Ihre Reißzähne prallten aufeinander und beide Hunde
bluteten aus den aufgerissenen Lippen.

彼らの牙がぶつかり合い、両方の犬の唇が裂けて血が流
れた。

Egal, wie sehr Buck sich auch wehrte, er konnte die
Verteidigung nicht durchbrechen.

バックがどれだけ突進しても、防御を破ることはできな
かった。

Er wurde immer wütender und stürmte mit wilden
Kraftausbrüchen hinein.

彼はさらに激怒し、勢いよく突進した。

Immer wieder schlug Buck nach der weißen Kehle von
Spitz.

バックは何度も何度もスピッツの白い喉を襲った。

Jedes Mal wich Spitz aus und schlug mit einem
schneidenden Biss zurück.

そのたびにスピッツは回避し、切り裂くような噛みつき
で反撃した。

Dann änderte Buck seine Taktik und stürzte sich erneut
darauf, als wolle er ihm die Kehle zu Leibe rücken.

それからバックは戦術を変え、再び喉を狙うかのように
突進した。

Doch er zog sich mitten im Angriff zurück und drehte sich
um, um von der Seite zuzuschlagen.

しかし彼は攻撃の途中で後退し、横から攻撃する方向に
転じた。

Er warf Spitz seine Schulter entgegen, um ihn
niederzuschlagen.

彼はスピッツを倒すために肩をスピッツにぶつけた。

Bei jedem Versuch wich Spitz aus und konterte mit einem
Hieb.

そのたびにスピッツはかわし、斬撃で反撃した。

Bucks Schulter wurde wund, als Spitz nach jedem Schlag
davonsprang.

スピッツが攻撃するたびに飛び退くたびに、バックの肩
は擦りむけてきた。

Spitz war nicht berührt worden, während Buck aus vielen Wunden blutete.

スピッツは傷ついていなかったが、バックは多くの傷から出血していた。

Bucks Atem ging schnell und schwer, sein Körper war blutverschmiert.

バックの呼吸は速くて激しくなり、彼の体は血でぬるぬるになった。

Mit jedem Biss und Angriff wurde der Kampf brutaler.

噛みつきや突撃のたびに、戦いはより残酷なものになっていった。

Um sie herum warteten sechzig stille Hunde darauf, dass der erste fiel.

彼らの周りでは、60匹の静かにした犬たちが、最初の犬が倒れるのを待っていました。

Wenn ein Hund zu Boden ging, würde das Rudel den Kampf beenden.

一匹でも倒れたら、群れは戦いを終わらせるつもりだった。

Spitz sah, dass Buck schwächer wurde, und begann, den Angriff voranzutreiben.

スピッツはバックが弱っているのを見て、攻撃を強め始めた。

Er brachte Buck aus dem Gleichgewicht und zwang ihn, um Halt zu kämpfen.

彼はバックのバランスを崩し、足場を確保するために戦わせた。

Einmal stolperte Buck und fiel, und alle Hunde standen auf.

ある時、バックがつまずいて転んだのですが、犬たちはみんな立ち上がりました。

Doch Buck richtete sich mitten im Fall auf und alle sanken wieder zu Boden.

しかし、バックは落下途中で体を起こし、全員が再び地面に倒れ込んだ。

Buck hatte etwas Seltenes – eine Vorstellungskraft, die aus tiefem Instinkt geboren war.

バックには稀有な何かがあった。それは深い本能から生まれた想像力だ。

Er kämpfte mit natürlichem Antrieb, aber auch mit List.

彼は生来の衝動で戦ったが、同時に狡猾さでも戦った。

Er griff erneut an, als würde er seinen Schulterangriffstrick wiederholen.

彼はまるで肩攻撃の技を繰り返すかのように再び突進した。

Doch in der letzten Sekunde ließ er sich fallen und flog unter Spitz hindurch.

しかし最後の瞬間、彼は低く身をかがめてスピッツの下をすり抜けた。

Seine Zähne schnappten um Spitz' linkes Vorderbein.

彼の歯がスピッツの左前脚に噛みつき、パチンと音がした。

Spitz stand nun unsicher da, sein Gewicht ruhte nur noch auf drei Beinen.

スピッツは今や、体重を三本の足にかけただけで、不安定に立っていた。

Buck schlug erneut zu und versuchte dreimal, ihn zu Fall zu bringen.

バックは再び攻撃し、3回も倒そうとした。

Beim vierten Versuch nutzte er denselben Zug mit Erfolg

4回目の試みで彼は同じ動きを成功させた。

Diesmal gelang es Buck, Spitz in das rechte Bein zu beißen.

今度はバックがスピッツの右足を噛むことに成功した。

Obwohl Spitz verkrüppelt war und große Schmerzen litt, kämpfte er weiter ums Überleben.

スピッツは、身体が不自由で苦しみながらも、生き残るために努力し続けました。

Er sah, wie der Kreis der Huskys enger wurde, die Zungen herausstreckten und deren Augen leuchteten.

彼は、ハスキー犬の輪が狭まり、舌を出し、目を輝かせているのを見た。

Sie warteten darauf, ihn zu verschlingen, so wie sie es mit anderen getan hatten.

彼らは、他の者たちと同じように、彼を食い尽くすのを待ちました。

Dieses Mal stand er im Mittelpunkt: besiegt und verdammt.

今回、彼は敗北し、絶望の中で中心に立った。

Für den weißen Hund gab es jetzt keine Möglichkeit mehr zu entkommen.

白い犬にはもう逃げる選択肢はなかった。

Buck kannte keine Gnade, denn Gnade hatte in der Wildnis nichts zu suchen.

バックは慈悲を示さなかった。なぜなら、慈悲は野生にはふさわしくないからだ。

Buck bewegte sich vorsichtig und bereitete sich auf den letzten Angriff vor.

バックは慎重に動き、最後の突撃に備えた。

Der Kreis der Huskys schloss sich, er spürte ihren warmen Atem.

ハスキー犬の輪が近づいてきて、彼は彼らの暖かい息遣いを感じた。

Sie duckten sich und waren bereit, im richtigen Moment zu springen.

彼らは身をかがめ、その時が来たら飛び出せるように準備した。

Spitz zitterte im Schnee, knurrte und veränderte seine Haltung.

スピッツは雪の中で震え、唸り声をあげ、姿勢を変えた。

Seine Augen funkelten, seine Lippen waren gekräuselt und seine Zähne blitzten in verzweifelter Drohung.

彼は必死に脅すように目がギラギラと輝き、唇は歪められ、歯が光っていた。

Er taumelte und versuchte immer noch, dem kalten Biss des Todes standzuhalten.

彼はよろめきながら、まだ死の冷たい痛みに耐えようとしていた。

Er hatte das schon früher erlebt, aber immer von der Gewinnerseite.

彼は以前にもこれを見たことがあったが、それは常に勝利する側からの視点だった。

Jetzt war er auf der Verliererseite, der Besiegte, die Beute, der Tod.

今、彼は負ける側、敗北者、獲物、そして死に瀕していた。

Buck umkreiste ihn für den letzten Schlag, der Hundekreis rückte näher.

バックは最後の一撃を放とうと回り、犬の輪はさらに接近した。

Er konnte ihren heißen Atem spüren; bereit zum Töten.

彼は彼らの熱い息を感じた。彼らは殺す覚悟ができていた。

Stille breitete sich aus; alles war an seinem Platz; die Zeit war stehen geblieben.

静寂が訪れ、すべてが整い、時間が止まった。

Sogar die kalte Luft zwischen ihnen gefror für einen letzten Moment.

二人の間に漂う冷たい空気も、最後の瞬間に凍りついた

Nur Spitz bewegte sich und versuchte, sein bitteres Ende abzuwenden.

スピッツだけが動いて、苦しみを耐え抜こうとした。

Der Kreis der Hunde schloss sich um ihn, und das war sein Schicksal.

犬の輪が彼を取り囲み、彼の運命も迫ってきた。

Er war jetzt verzweifelt, da er wusste, was passieren würde.

彼はこれから何が起こるかを知って、絶望していた。

Buck sprang hinein, Schulter an Schulter traf ein letztes Mal.

バックが飛び込んできて、最後にもう一度肩がぶつかった。

Die Hunde drängten vorwärts und deckten Spitz in der verschneiten Dunkelheit.

犬たちはスピッツを雪の暗闇の中に包み込みながら突進した。

Buck sah zu, aufrecht stehend; der Sieger in einer wilden Welt.

バックは、野蛮な世界の勝利者として、堂々と立って見守っていた。

Das dominante Urtier hatte seine Beute gemacht, und es war gut.

支配的な原始の獣が獲物を仕留め、それは良かった。

Wer die Meisterschaft erlangt hat
マスターの地位を獲得した者

„Wie? Was habe ich gesagt? Ich sage die Wahrheit, wenn ich sage, dass Buck ein Teufel ist."

「え？何だって？バックは悪魔だって言ったのは本当だ」

François sagte dies am nächsten Morgen, nachdem er festgestellt hatte, dass Spitz verschwunden war.

フランソワはスピッツが行方不明になっているのを発見した翌朝、こう語った。

Buck stand da, übersät mit Wunden aus dem erbitterten Kampf.

バックは激しい戦いで負った傷に覆われてそこに立っていた。

François zog Buck zum Feuer und zeigte auf die Verletzungen.

フランソワはバックを火のそばに引き寄せ、怪我を指さした。

„Dieser Spitz hat gekämpft wie der Devik", sagte Perrault und beäugte die tiefen Schnittwunden.

「あのスピッツはデヴィクのように戦ったよ」とペローは深い切り傷を見つめながら言った。

„Und dieser Buck hat wie zwei Teufel gekämpft", antwortete François sofort.

「そして、バックはまるで悪魔のように戦った」フランソワはすぐに答えた。

„Jetzt kommen wir gut voran; kein Spitz mehr, kein Ärger mehr."

「これで順調に進むでしょう。スピッツもいなくなり、トラブルもなくなります。」

Perrault packte die Ausrüstung und belud den Schlitten sorgfältig.

ペローは用具を梱包し、そりに慎重に積み込んでいた。

François spannte die Hunde für den Lauf des Tages an.

フランソワは、その日のランニングに備えて犬たちに馬具をつけた。

Buck trabte direkt an die Führungsposition, die einst Spitz innehatte.

バックは、スピッツがかつて保持していた先頭の地位までまっすぐ駆け抜けた。

Doch François bemerkte es nicht und führte Solleks nach vorne.

しかしフランソワはそれに気づかず、ソレックスを前へ導いた。

Nach François' Einschätzung war Solleks nun der beste Leithund.

フランソワの判断では、ソレックスが今や最高の先導犬だった。

Buck stürzte sich wütend auf Solleks und trieb ihn aus Protest zurück.

バックは激怒してソレックスに飛びかかり、抗議して彼を追い返した。

Er stand dort, wo einst Spitz gestanden hatte, und beanspruchte die Führungsposition.

彼はかつてスピッツが立っていた場所に立ち、トップの座を主張した。

„Wie? Wie?", rief François und schlug sich amüsiert auf die Schenkel.

「え？え？」フランソワは楽しそうに太ももを叩きながら叫んだ。

„Sehen Sie sich Buck an – er hat Spitz umgebracht und jetzt will er ihm den Job wegnehmen!"

「バックを見てみろ、スピッツを殺したのに、今度はその仕事を奪おうとしている！」

„Geh weg, Chook!", schrie er und versuchte, Buck zu vertreiben.

「あっちへ行け、チャック！」彼はバックを追い払おうと叫んだ。

Aber Buck weigerte sich, sich zu bewegen und blieb fest im Schnee stehen.

しかしバックは動くことを拒み、雪の中にしっかりと立ち続けた。

François packte Buck am Genick und zog ihn beiseite.

フランソワはバックの首筋を掴んで、横に引きずり出した。

Buck knurrte leise und drohend, griff aber nicht an.

雄鹿は低く威嚇するように唸ったが、攻撃はしなかった。

François brachte Solleks wieder in Führung und versuchte, den Streit zu schlichten

フランソワはソレックスを再びリードに戻し、争いを解決しようとした。

Der alte Hund zeigte Angst vor Buck und wollte nicht bleiben.

老犬はバックを恐れ、留まりたがりませんでした。

Als François ihm den Rücken zuwandte, verjagte Buck Solleks wieder.

フランソワが背を向けると、バックは再びソレックスを追い出した。

Solleks leistete keinen Widerstand und trat erneut leise zur Seite.

ソレックスは抵抗せず、もう一度静かに退いた。

François wurde wütend und schrie: „Bei Gott, ich werde dich heilen!"

フランソワは激怒し、「神にかけて、お前を直すぞ！」と叫びました。

Er kam mit einer schweren Keule in der Hand auf Buck zu.

彼は重い棍棒を手に持ち、バックの方へ近づいてきた。

Buck erinnerte sich gut an den Mann im roten Pullover.

バックは赤いセーターを着た男のことをよく覚えていた。

Er zog sich langsam zurück, beobachtete François, knurrte jedoch tief.

彼はフランソワを見ながら、深くうなり声を上げながらゆっくりと後退した。

Er eilte nicht zurück, auch nicht, als Solleks an seiner Stelle stand.

ソレックスが彼の代わりに立っても、彼は急いで戻りませんでした。

Buck kreiste knapp außerhalb seiner Reichweite und knurrte wütend und protestierend.

バックは怒りと抗議の唸り声を上げながら、手の届かないところを旋回した。

Er behielt den Schläger im Auge und war bereit auszuweichen, falls François warf.

彼はフランソワがクラブを投げたら避けられるように、クラブから目を離さなかった。

Er war weise und vorsichtig geworden im Umgang mit bewaffneten Männern.

彼は武器を持った男たちのやり方について賢くなり、用心深くなった。

François gab auf und rief Buck erneut an seinen alten Platz.

フランソワは諦めて、バックをまた元の場所へ呼びました。

Aber Buck trat vorsichtig zurück und weigerte sich, dem Befehl Folge zu leisten.

しかしバックは慎重に後ずさりし、命令に従うことを拒否した。

François folgte ihm, aber Buck wich nur ein paar Schritte zurück.

フランソワも後を追ったが、バックはほんの数歩後退しただけだった。

Nach einiger Zeit warf François frustriert die Waffe hin.

しばらくして、フランソワは苛立ちから武器を投げ捨てた。

Er dachte, Buck hätte Angst vor einer Tracht Prügel und würde ruhig kommen.

バックは殴られるのを恐れて、静かに来るつもりだと彼は思った。

Aber Buck wollte sich nicht vor einer Strafe drücken – er kämpfte um seinen Rang.

しかし、バックは処罰を逃れていたのではなく、地位を得るために戦っていたのです。

Er hatte sich den Platz als Leithund durch einen Kampf auf Leben und Tod verdient

彼は死闘を繰り広げてリーダーの座を獲得した

er würde sich mit nichts Geringerem zufrieden geben, als der Anführer zu sein.

彼はリーダーであること以外には満足するつもりはなかった。

Perrault beteiligte sich an der Verfolgung, um den rebellischen Buck zu fangen.

ペローは反抗的な雄鹿を捕まえるのを手伝うために追跡に加わった。

Gemeinsam ließen sie ihn fast eine Stunde lang durch das Lager laufen.

二人は一緒に、彼をキャンプ場の周りで1時間近く走らせた。

Sie warfen Knüppel nach ihm, aber Buck wich jedem Schlag geschickt aus.

彼らは彼に棍棒を投げつけたが、バックはそれを巧みにかわした。

Sie verfluchten ihn, seine Vorfahren, seine Nachkommen und jedes Haar an ihm.

彼らは彼と彼の先祖、彼の子孫、そして彼の髪の毛一本一本を呪った。

Aber Buck knurrte nur zurück und blieb gerade außerhalb ihrer Reichweite.

しかしバックは唸り声をあげるだけで、彼らの手の届かないところに留まりました。

Er versuchte nie wegzulaufen, sondern umkreiste das Lager absichtlich.

彼は決して逃げようとはせず、故意にキャンプの周りを回り続けた。

Er machte klar, dass er gehorchen würde, sobald sie ihm gäben, was er wollte.

彼は、彼らが自分の望むものをくれたら従うつもりであることを明らかにした。

Schließlich setzte sich François hin und kratzte sich frustriert am Kopf.

フランソワはついに座り込み、イライラしながら頭を掻いた。

Perrault sah auf seine Uhr, fluchte und murmelte etwas über die verlorene Zeit.

ペローは時計を確認し、悪態をつき、失われた時間についてぶつぶつ言った。

Obwohl sie eigentlich auf der Spur sein sollten, war bereits eine Stunde vergangen.

彼らが出発するはずだった時間には、すでに1時間が経過していた。

François zuckte verlegen mit den Achseln, als der Kurier resigniert seufzte.

フランソワは、敗北感にため息をついた配達人に向かって、恥ずかしそうに肩をすくめた。

Dann ging François zu Solleks und rief Buck noch einmal.

それからフランソワはソレックスのところまで歩いて行き、もう一度バックに呼びかけました。

Buck lachte wie ein Hund, wahrte jedoch vorsichtig seine Distanz.

バックは犬が笑うように笑ったが、慎重な距離を保っていた。

François nahm Solleks das Geschirr ab und brachte ihn an seinen Platz zurück.

フランソワはソレックスのハーネスを外し、彼を元の場所に戻した。

Das Schlittenteam stand voll angespannt da, nur ein Platz war unbesetzt.

そりチームはハーネスを完全に装着して立っており、空いている場所は 1 つだけでした。

Die Führungsposition blieb leer und war eindeutig nur für Buck bestimmt.

首位の座は空席のままで、明らかにバック一人の座になるはずだった。

François rief erneut, und wieder lachte Buck und blieb standhaft.

フランソワは再び呼びかけたが、バックはまた笑って自分の立場を守った。

„Wirf die Keule weg", befahl Perrault ohne zu zögern.

「棍棒を投げろ」ペローはためらうことなく命令した。

François gehorchte und Buck trabte sofort stolz vorwärts.

フランソワは従い、バックはすぐに誇らしげに前へ進み出た。

Er lachte triumphierend und übernahm die Führungsposition.

彼は勝ち誇ったように笑い、先頭に立った。

François befestigte seine Leinen und der Schlitten wurde losgerissen.

フランソワは足場を固め、そりは外れた。

Beide Männer liefen neben dem Team her, als es auf den Flusspfad rannte.

チームが川沿いの道を駆け抜ける間、二人は並んで走った。

François hatte Bucks „zwei Teufel" sehr geschätzt,

フランソワはバックの「二人の悪魔」を高く評価していた。

aber er merkte bald, dass er den Hund tatsächlich unterschätzt hatte.

しかし、彼はすぐに、実は犬を過小評価していたことに気づいた。

Buck übernahm schnell die Führung und erbrachte hervorragende Leistungen.

バック氏はすぐにリーダーシップを発揮し、優れた成果を上げました。

In puncto Urteilsvermögen, schnelles Denken und schnelles Handeln übertraf Buck Spitz.

判断力、素早い思考、素早い行動力において、バックはスピッツを上回った。

François hatte noch nie einen Hund gesehen, der dem von Buck gleichkam.

フランソワはバックが今見せているような犬を見たことがなかった。

Aber Buck war wirklich herausragend darin, für Ordnung zu sorgen und Respekt zu erlangen.

しかし、バックは秩序を強制し、尊敬を集めることに本当に優れていました。

Dave und Solleks akzeptierten die Änderung ohne Bedenken oder Protest.

デイブとソレックスは、懸念や抗議もなく、その変更を受け入れました。

Sie konzentrierten sich nur auf die Arbeit und zogen kräftig die Zügel an.

彼らは仕事と手綱を強く引くことだけに集中した。

Es war ihnen egal, wer führte, solange der Schlitten in Bewegung blieb.

そりが動き続ける限り、誰が先頭に立つかはあまり気にしなかった。

Billee, der Fröhliche, hätte, soweit es sie interessierte, die Führung übernehmen können.

明るい性格のビリーなら、どんなことでもリーダーとして活躍できただろう。

Was ihnen wichtig war, waren Frieden und Ordnung in den Reihen.

彼らにとって重要なのは、部隊内の平和と秩序だった。

Der Rest des Teams war während Spitz' Niedergang unbändig geworden.

スピッツの衰退とともに、チームの残りのメンバーも手に負えない状態になっていった。

Sie waren schockiert, als Buck sie sofort zur Ordnung rief.

バックがすぐに彼らに秩序を促したので、彼らは衝撃を受けた。

Pike war immer faul gewesen und hatte Buck hinterhergehangen.

パイクはいつも怠け者で、バックの後ろで足を引きずっていた。

Doch nun wurde er von der neuen Führung scharf diszipliniert.

しかし、今では新しい指導部によって厳しく規律されています。

Und er lernte schnell, seinen Teil zum Team beizutragen.

そして彼はすぐにチーム内で自分の役割を果たすことを学んだ。

Am Ende des Tages hatte Pike härter gearbeitet als je zuvor.

その日の終わりまでに、パイクはこれまで以上に一生懸命働きました。

In dieser Nacht im Lager wurde Joe, der mürrische Hund, endlich beruhigt.

その晩のキャンプで、気難しい犬のジョーはようやく落ち着きました。

Spitz hatte es nicht geschafft, ihn zu disziplinieren, aber Buck versagte nicht.

スピッツは彼を懲らしめることに失敗したが、バックは失敗しなかった。

Durch die Nutzung seines größeren Gewichts überwältigte Buck Joe in Sekundenschnelle.

バックは自分の体重を利用して、数秒でジョーを圧倒しました。

Er biss und schlug Joe, bis dieser wimmerte und aufhörte, sich zu wehren.

彼はジョーが泣き声をあげて抵抗をやめるまで、噛みつき、殴り続けた。

Von diesem Moment an verbesserte sich das gesamte Team.

その瞬間からチーム全体が成長しました。

Die Hunde erlangten ihre alte Einheit und Disziplin zurück.

犬たちは昔の団結と規律を取り戻した。

In Rink Rapids kamen zwei neue einheimische Huskies hinzu, Teek und Koona.

リンク・ラピッズには、2匹の新しい在来種のハスキー犬、ティークとクーナが加わりました。

Bucks schnelle Ausbildung erstaunte sogar François.

バックの素早い訓練はフランソワさえも驚かせた。

„So einen Hund wie diesen Buck hat es noch nie gegeben!", rief er erstaunt.

「あのバックみたいな犬は今までいなかったよ！」彼は驚いて叫んだ。

„Nein, niemals! Er ist tausend Dollar wert, bei Gott!"

「いいえ、絶対にありません！彼は1000ドルの価値があるんです！」

„Wie? Was sagst du dazu, Perrault?", fragte er stolz.

「え？どう思う、ペロー？」彼は誇らしげに尋ねた。

Perrault nickte zustimmend und überprüfte seine Notizen.

ペローは同意してうなずき、メモを確認した。

Wir liegen bereits vor dem Zeitplan und kommen täglich weiter voran.

すでに予定より進んでおり、日々成果が上がっています。

Der Weg war festgestampft und glatt, es lag kein Neuschnee.

道は固く締まっていて滑らかで、新雪はありませんでした。

Es war konstant kalt und lag die ganze Zeit bei minus fünfzig Grad.

寒さはずっと続き、ずっと零下50度を保っていました。

Die Männer ritten und rannten abwechselnd, um sich warm zu halten und Zeit zu gewinnen.

男たちは暖をとり、時間を稼ぐために交代で馬に乗ったり走ったりした。

Die Hunde rannten schnell, mit wenigen Pausen, immer vorwärts.

犬たちはほとんど止まることなく、常に前へ前へと速く走り続けました。

Der Thirty Mile River war größtenteils zugefroren und leicht zu überqueren.

サーティマイル川は大部分が凍っていて、渡るのは容易でした。

Was zehn Tage gedauert hatte, wurde an einem Tag
verschickt.
入ってくるのに10日かかったものを、彼らは1日で出か
けました。
Sie legten einen sechsundneunzig Kilometer langen Sprint
vom Lake Le Barge nach White Horse zurück.
彼らはレイク・ル・バージからホワイト・ホースまで60
マイルを疾走した。
Sie bewegten sich unglaublich schnell über die Seen Marsh,
Tagish und Bennett.
彼らはマーシュ湖、タギッシュ湖、ベネット湖を信じら
れないほどの速さで移動しました。
Der laufende Mann wird an einem Seil hinter dem Schlitten
hergezogen.
走っている男はロープでそりの後ろを引っ張られていた
In der letzten Nacht der zweiten Woche erreichten sie ihr
Ziel.
2週目の最後の夜、彼らは目的地に到着しました。
Sie hatten gemeinsam die Spitze des White Pass erreicht.
彼らは一緒にホワイトパスの頂上に到達した。
Sie sanken auf Meereshöhe hinab, mit den Lichtern von
Skaguay unter ihnen.
彼らはスカグアイの灯りを眼下に海面まで降下した。
Es war ein Rekordlauf durch kilometerlange kalte Wildnis.
それは何マイルにも及ぶ寒い荒野を横断する記録的なラ
ンニングだった。
An vierzehn aufeinanderfolgenden Tagen legten sie im
Durchschnitt satte vierundsechzig Kilometer zurück.
彼らは14日間連続で平均40マイルを走りました。
In Skaguay transportierten Perrault und François Fracht
durch die Stadt.
スカグアイでは、ペローとフランソワが町を通って貨物
を運んだ。
Die bewundernde Menge jubelte ihnen zu und bot ihnen
viele Getränke an.

彼らは称賛する群衆から歓声を浴び、たくさんの飲み物を勧められた。

Hundefänger und Arbeiter versammelten sich um das berühmte Hundegespann.

有名な犬ぞりチームの周りには犬退治屋や作業員たちが集まっていた。

Dann kamen Gesetzlose aus dem Westen in die Stadt und erlitten eine brutale Niederlage.

その後、西部の無法者たちが町にやって来て、激しい敗北を喫した。

Die Leute vergaßen bald das Team und konzentrierten sich auf neue Dramen.

人々はすぐにそのチームのことを忘れ、新たなドラマに注目した。

Dann kamen die neuen Befehle, die alles auf einen Schlag veränderten.

その後、すべてを一気に変える新たな命令が下されました。

François rief Buck zu sich und umarmte ihn mit tränenreichem Stolz.

フランソワはバックを呼び寄せ、涙を浮かべながら誇りを持って抱きしめた。

In diesem Moment sah Buck François zum letzten Mal wieder.

その瞬間が、バックがフランソワに再び会った最後の瞬間だった。

Wie viele Männer zuvor waren sowohl François als auch Perrault nicht mehr da.

以前の多くの人々と同じように、フランソワとペローの両者もいなくなっていた。

Ein schottischer Mischling übernahm das Kommando über Buck und seine Schlittenhunde-Kollegen.

スコットランドの混血種がバックと彼のそり犬仲間の指揮を執った。

Mit einem Dutzend anderer Hundegespanne kehrten sie auf dem Weg nach Dawson zurück.

彼らは他の12頭の犬ぞりとともに、小道に沿ってドーソンまで戻った。

Es war kein Schnelllauf mehr, sondern harte Arbeit mit einer schweren Last jeden Tag.

今は速く走ることはできず、毎日重い荷物を背負ってただ重労働を続けているだけだ。

Dies war der Postzug, der den Goldsuchern in der Nähe des Pols Nachrichten brachte.

これは、北極点付近の金採掘者に知らせを届ける郵便列車でした。

Buck mochte die Arbeit nicht, ertrug sie jedoch gut und war stolz auf seine Leistung.

バックはその仕事が嫌いだったが、自分の努力に誇りを持ってよく耐えた。

Wie Dave und Solleks zeigte Buck Hingabe bei jeder täglichen Aufgabe.

デイブやソレックスと同様に、バックも日々のあらゆる仕事に献身的な姿勢を示しました。

Er stellte sicher, dass jeder seiner Teamkollegen seinen Teil beitrug.

彼はチームメイトがそれぞれ自分の役割を果たすようにした。

Das Leben auf dem Trail wurde langweilig und wiederholte sich mit der Präzision einer Maschine.

トレイルでの生活は機械の精度で繰り返される退屈なものとなった。

Jeder Tag fühlte sich gleich an, ein Morgen ging in den nächsten über.

毎日が同じように感じられ、ある朝が次の朝へと溶け合っていくようでした。

Zur gleichen Stunde standen die Köche auf, um Feuer zu machen und Essen zuzubereiten.

同じ時間に、料理人たちは起き上がり、火を起こして食事の準備をしました。

Nach dem Frühstück verließen einige das Lager, während andere die Hunde anspannten.

朝食後、何人かはキャンプを出発し、他の人たちは犬に手綱をつけた。

Sie machten sich auf den Weg, bevor die schwache Morgendämmerung den Himmel berührte.

夜明けの薄暗い光が空に届く前に、彼らは出発した。

Nachts hielten sie an, um ihr Lager aufzuschlagen, wobei jeder Mann eine festgelegte Aufgabe hatte.

夜になると、彼らは立ち止まってキャンプを設営し、各自が定められた任務を遂行した。

Einige stellten die Zelte auf, andere hackten Feuerholz und sammelten Kiefernzweige.

ある者はテントを張り、ある者は薪を切り、松の枝を集める。

Zum Abendessen wurde den Köchen Wasser oder Eis mitgebracht.

水や氷は夕食のために料理人のもとへ運ばれました。

Die Hunde wurden gefüttert und das war für sie der schönste Teil des Tages.

犬たちには餌が与えられ、それが犬たちにとって一日で一番楽しい時間でした。

Nachdem sie Fisch gegessen hatten, entspannten sich die Hunde und machten es sich in der Nähe des Feuers gemütlich.

魚を食べた後、犬たちは火のそばでくつろぎ、くつろいでいました。

Im Konvoi waren noch hundert andere Hunde, unter die man sich mischen konnte.

護送隊の中には、一緒に遊べる他の犬が 100 匹ほどいました。

Viele dieser Hunde waren wild und kämpften ohne Vorwarnung.

それらの犬の多くは獰猛で、警告なしにすぐに戦闘を始めた。

Doch nach drei Siegen war Buck selbst den härtesten Kämpfern überlegen.

しかし、3回の勝利を経て、バックは最も獰猛な戦士たちさえも打ち負かした。

Als Buck nun knurrte und die Zähne fletschte, traten sie zur Seite.

バックがうなり声をあげて歯をむき出すと、彼らは脇に退いた。

Und das Beste war vielleicht, dass Buck es liebte, neben dem flackernden Lagerfeuer zu liegen.

おそらく何よりも、バックは揺らめくキャンプファイヤーのそばに横たわるのが大好きだった。

Er hockte mit angezogenen Hinterbeinen und nach vorne gestreckten Vorderbeinen.

彼は後ろ足を折り曲げ、前足を前に伸ばししてしゃがんでいました。

Er hatte den Kopf erhoben und blinzelte sanft in die glühenden Flammen.

彼は頭を上げて、輝く炎を見つめながらそっと瞬きした

Manchmal musste er an Richter Millers großes Haus in Santa Clara denken.

彼は時々、サンタクララにあるミラー判事の大きな家を思い出す。

Er dachte an den Zementpool, an Ysabel und den Mops namens Toots.

彼はセメントのプール、イザベル、そしてトゥーツという名のパグ犬のことを考えた。

Aber häufiger musste er an die Keule des Mannes mit dem roten Pullover denken.

しかし、彼は赤いセーターを着た男の棍棒のことをより頻繁に思い出した。

Er erinnerte sich an Curlys Tod und seinen erbitterten Kampf mit Spitz.

彼は縮れたの死とスピッツとの激しい戦いを思い出した。

Er erinnerte sich auch an das gute Essen, das er gegessen hatte oder von dem er immer noch träumte.

彼はまた、自分が食べたことのある、あるいはまだ夢に見たおいしい食べ物のことを思い出した。

Buck hatte kein Heimweh – das warme Tal war weit weg und unwirklich.

バックはホームシックにはなっていなかった。暖かい谷は遠く離れていて、非現実的だった。

Die Erinnerungen an Kalifornien hatten keine große Anziehungskraft mehr auf ihn.

カリフォルニアの思い出はもはや彼にとって何ら魅力を持たなくなっていた。

Stärker als die Erinnerung waren die tief in seinem Blut verwurzelten Instinkte.

記憶よりも強かったのは、彼の血統の奥深くに宿る本能だった。

Einst verlorene Gewohnheiten waren zurückgekehrt und durch den Weg und die Wildnis wiederbelebt worden.

かつて失われた習慣が、道と自然によって蘇り、戻ってきた。

Während Buck das Feuerlicht betrachtete, veränderte sich seine Wahrnehmung manchmal.

バックが火の明かりを見つめていると、時々それは別のものに変わっていった。

Er sah im Feuerschein ein anderes Feuer, älter und tiefer als das gegenwärtige.

彼は火の光の中に、今の火よりも古くて深いもう一つの火を見た。

Neben dem anderen Feuer hockte ein Mann, der anders aussah als der Mischlingskoch.

そのもう一つの火のそばには、混血の料理人とは違う男がうずくまっていた。

Diese Figur hatte kurze Beine, lange Arme und harte, verknotete Muskeln.

この人物は短い脚と長い腕、そして硬く結びついた筋肉を持っていました。

Sein Haar war lang und verfilzt und fiel von den Augen nach hinten ab.

彼の髪は長くて絡まり、目から後ろに傾いていた。

Er gab seltsame Geräusche von sich und starrte voller Angst in die Dunkelheit.

彼は奇妙な音を立て、恐怖に怯えながら暗闇を見つめていた。

Er hielt eine Steinkeule tief in seiner langen, rauen Hand fest.

彼は石の棍棒を、長くて荒れた手でしっかりと握りしめ、低く掲げた。

Der Mann trug wenig, nur eine verkohlte Haut, die ihm den Rücken hinunterhing.

その男はほとんど何も身につけておらず、背中に焼けた皮膚が垂れ下がっているだけだった。

Sein Körper war an Armen, Brust und Oberschenkeln mit dichtem Haar bedeckt.

彼の体は腕、胸、太ももにかけて濃い毛で覆われていた

Einige Teile des Haares waren zu rauen Fellbüscheln verfilzt.

毛の一部が絡まってざらざらした毛並みになっていました。

Er stand nicht gerade, sondern war von der Hüfte bis zu den Knien nach vorne gebeugt.

彼はまっすぐに立っていなくて、腰から膝まで前かがみになっていました。

Seine Schritte waren federnd und katzenartig, als wäre er immer zum Sprung bereit.

彼の足取りは弾力があって猫のようで、いつでも飛び上がる準備ができているかのようだった。

Er war in höchster Wachsamkeit, als lebte er in ständiger Angst.

常に恐怖の中で暮らしているかのように、鋭い警戒心がありました。

Dieser alte Mann schien mit Gefahr zu rechnen, ob er die Gefahr nun sah oder nicht.

この古代人は、危険が見えるかどうかに関わらず、危険を予期していたようでした。

Manchmal schlief der haarige Mann am Feuer, den Kopf zwischen die Beine gesteckt.

毛深い男は時々、足の間に頭を挟んで火のそばで眠った

Seine Ellbogen ruhten auf seinen Knien, die Hände waren über seinem Kopf gefaltet.

彼は肘を膝の上に置いて、両手を頭の上で組んでいた。

Wie ein Hund benutzte er seine haarigen Arme, um den fallenden Regen abzuschütteln.

彼は犬のように毛むくじゃらの腕を使って降り注ぐ雨を払いのけた。

Hinter dem Feuerschein sah Buck zwei Kohlen im Dunkeln glühen.

火の明かりの向こうで、バックは暗闇の中で二つの炭が光っているのを見た。

Immer zu zweit, waren sie die Augen der sich anpirschenden Raubtiere.

それらは常に二つずつ並んで、追跡する猛禽類の目でした。

Er hörte, wie Körper durchs Unterholz krachten und Geräusche in der Nacht.

彼は、藪を突き破って人が倒れる音や、夜に立てられた物音を聞いた。

Buck lag blinzelnd am Ufer des Yukon und träumte am Feuer.

バックはユーコン川の岸に横たわり、まばたきをしながら火のそばで夢を見ていた。

Die Anblicke und Geräusche dieser wilden Welt ließen ihm die Haare zu Berge stehen.

その荒々しい世界の光景と音に、彼の髪は逆立った。

Das Fell stand ihm über den Rücken, die Schultern und den Hals hinauf.

毛は背中、肩、そして首まで伸びていました。

Er wimmerte leise oder gab ein tiefes Knurren aus der Brust von sich.

彼は小さくすすり泣いたり、胸の奥で低い唸り声を上げたりした。

Dann rief der Mischlingskoch: „Hey, du Buck, wach auf!"
すると混血のコックが叫んだ。「おい、バック、起きろ
！」

Die Traumwelt verschwand und das wirkliche Leben kehrte
in Bucks Augen zurück.
夢の世界は消え去り、現実の生活がバックの目に戻った
。

Er wollte aufstehen, sich strecken und gähnen, als wäre er
aus einem Nickerchen erwacht.
彼は、まるで昼寝から目覚めたかのように、起き上がっ
て伸びをし、あくびをするつもりだった。

Die Reise war anstrengend, da sie den Postschlitten hinter
sich herziehen mussten.
郵便そりを引きずる旅は大変だった。

Schwere Lasten und harte Arbeit zermürbten die Hunde
jeden langen Tag.
重い荷物と厳しい仕事で、犬たちは長い一日を疲れ果て
て過ごした。

Sie kamen dünn und müde in Dawson an und brauchten
über eine Woche Ruhe.
彼らは痩せて疲れ果て、1週間以上の休息を必要とする
状態でドーソンに到着した。

Doch nur zwei Tage später machten sie sich erneut auf den
Weg den Yukon hinunter.
しかし、わずか2日後、彼らは再びユーコン川を下って
出発した。

Sie waren mit weiteren Briefen beladen, die für die
Außenwelt bestimmt waren.
それらには外の世界へ送られるさらに多くの手紙が積ま
れていた。

Die Hunde waren erschöpft und die Männer beschwerten
sich ständig.
犬たちは疲れ果てており、男たちは絶えず不平を言って
いた。

Jeden Tag fiel Schnee, der den Weg weicher machte und die
Schlitten verlangsamte.

雪は毎日降り、道は柔らかくなり、そりの速度は遅くなった。

Dies führte zu einem stärkeren Ziehen und einem größeren Widerstand der Läufer.

これにより、ランナーを引っ張る力が強くなり、抵抗が大きくなりました。

Trotzdem waren die Fahrer fair und kümmerten sich um ihre Teams.

それにもかかわらず、ドライバーたちは公平で、チームを気遣っていました。

Jeden Abend wurden die Hunde gefüttert, bevor die Männer etwas zu essen bekamen.

毎晩、男たちが食事をする前に犬たちに餌が与えられました。

Kein Mann geht schlafen, ohne vorher die Pfoten seines eigenen Hundes zu kontrollieren.

自分の犬の足をチェックしないで寝る人はいません。

Dennoch wurden die Hunde mit jeder zurückgelegten Strecke schwächer.

それでも、犬たちは長距離を走るにつれて体が弱っていった。

Sie waren den ganzen Winter über zweitausendachthundert Kilometer gereist.

彼らは冬の間、1800マイルを旅した。

Sie zogen Schlitten über jede Meile dieser brutalen Distanz.

彼らはその過酷な距離を１マイルごとにそりを引いて移動した。

Selbst die härtesten Schlittenhunde spüren nach so vielen Kilometern die Belastung.

最も丈夫なそり犬でも、何マイルも走ると疲れを感じます。

Buck hielt durch, sorgte für die Weiterarbeit seines Teams und sorgte für die nötige Disziplin.

バックは粘り強く、チームに仕事を続けさせ、規律を保った。

Aber Buck war müde, genau wie die anderen auf der langen Reise.

しかし、バックは他の長旅の人たちと同じように疲れていました。

Billee wimmerte und weinte jede Nacht ohne Ausnahme im Schlaf.

ビリーは毎晩必ず寝ている間にすすり泣きました。

Joe wurde noch verbitterter und Solleks blieb kalt und distanziert.

ジョーはさらに苦々しくなり、ソレックスは冷たく距離を置いたままでした。

Doch Dave war derjenige des gesamten Teams, der am meisten darunter litt.

しかし、チーム全体の中で最も被害を受けたのはデイブでした。

Irgendetwas in seinem Inneren war schiefgelaufen, doch niemand wusste, was.

彼の中で何かがおかしくなったが、それが何なのか誰も知らなかった。

Er wurde launischer und fuhr andere mit wachsender Wut an.

彼は気分が悪くなり、怒りが増して他人に怒鳴りつけるようになった。

Jede Nacht ging er direkt zu seinem Nest und wartete darauf, gefüttert zu werden.

毎晩、彼はまっすぐ巣へ行き、餌をもらうのを待ちました。

Als Dave einmal unten war, stand er bis zum Morgen nicht mehr auf.

一度倒れると、デイブは朝まで起き上がらなかった。

Plötzliche Rucke oder Anlaufe an den Zügeln ließen ihn vor Schmerzen aufschreien.

手綱を引いていると、突然の衝撃や発進で馬は痛みで叫び声をあげた。

Sein Fahrer suchte nach der Ursache, konnte jedoch keine Verletzungen feststellen.

運転手は原因を調べたが、彼に怪我は見つからなかった。

Alle Fahrer beobachteten Dave und besprachen seinen Fall.
ドライバー全員がデイブに注目し、彼のケースについて話し合いました。

Sie unterhielten sich beim Essen und während ihrer letzten Zigarette des Tages.
彼らは食事中やその日の最後の喫煙中に話をした。

Eines Nachts hielten sie eine Versammlung ab und brachten Dave zum Feuer.
ある夜、彼らは会議を開き、デイブを火のそばに連れて行きました。

Sie drückten und untersuchten seinen Körper und er schrie oft.
彼らは彼の体を圧迫したり調べたりしたので、彼は何度も叫び声をあげた。

Offensichtlich stimmte etwas nicht, auch wenn keine Knochen gebrochen zu sein schienen.
骨は折れていないようだったが、明らかに何かがおかしい。

Als sie Cassiar Bar erreichten, war Dave am Umfallen.
彼らがカシアーバーに着いたとき、デイブは倒れていました。

Der schottische Mischling machte Schluss und nahm Dave aus dem Team.
スコットランドの混血児は試合を中止し、デイブをチームから外した。

Er befestigte Solleks an Daves Stelle, ganz vorne am Schlitten.
彼はソレックスをデイブのところ、そりの前部に一番近いところに固定した。

Er wollte Dave ausruhen und ihm die Freiheit geben, hinter dem fahrenden Schlitten herzulaufen.
彼はデイブを休ませ、動いているそりの後ろで自由に走らせるつもりだった。

Doch selbst als er krank war, hasste Dave es, von seinem Job geholt zu werden.

しかし、病気であっても、デイブは自分が持っていた仕事から外されることを嫌っていました。

Er knurrte und wimmerte, als ihm die Zügel aus dem Körper gerissen wurden.

手綱が体から引き抜かれると、彼はうなり声をあげ、すすり泣いた。

Als er Solleks an seiner Stelle sah, weinte er vor gebrochenem Herzen.

彼は、自分の代わりにソレックスが立っているのを見て、心が痛むあまり泣いた。

Dave war noch immer stolz auf seine Arbeit auf dem Weg, selbst als der Tod nahte.

死が近づいていても、トレイルの仕事に対する誇りはデイブの中に深く残っていた。

Während der Schlitten fuhr, kämpfte sich Dave durch den weichen Schnee in der Nähe des Pfades.

そりが進むにつれて、デイブは道の近くの柔らかい雪の上をよろめきながら進んだ。

Er griff Solleks an, biss ihn und stieß ihn von der Seite des Schlittens.

彼はソレックスを攻撃し、噛みつき、そりの横から押し出した。

Dave versuchte, in das Geschirr zu springen und seinen Arbeitsplatz zurückzuerobern.

デイブはハーネスに飛び乗って自分の作業場所を取り戻そうとしました。

Er schrie, jammerte und weinte, hin- und hergerissen zwischen Schmerz und Stolz auf die Wehen.

彼は出産の痛みと誇りの間で引き裂かれ、わめき声を上げ、泣き言を言い、泣き叫んだ。

Der Mischling versuchte, Dave mit seiner Peitsche vom Team zu vertreiben.

混血児は鞭を使ってデイブをチームから追い出そうとした。

Doch Dave ignorierte den Hieb und der Mann konnte nicht härter zuschlagen.

しかしデイブは鞭打ちを無視し、男はそれ以上強く打つことはできなかった。

Dave lehnte den einfacheren Weg hinter dem Schlitten ab, wo der Schnee festgefahren war.

デイブは、雪が積もったそりの後ろのより楽な道を拒否した。

Stattdessen kämpfte er sich elend durch den tiefen Schnee neben dem Weg.

その代わりに、彼は道の脇の深い雪の中で、悲惨な思いをしながらもがき続けました。

Schließlich brach Dave zusammen, blieb im Schnee liegen und schrie vor Schmerzen.

結局、デイブは倒れ、雪の上に横たわり、痛みに泣き叫びました。

Er schrie auf, als die lange Schlittenkette einer nach dem anderen an ihm vorbeifuhr.

長い列のそりが次々と彼の前を通り過ぎるたびに、彼は叫びました。

Dennoch stand er mit der ihm verbleibenden Kraft auf und stolperte ihnen hinterher.

それでも、残った力を振り絞って、彼は立ち上がり、よろめきながら彼らの後を追った。

Als der Zug wieder anhielt, holte er ihn ein und fand seinen alten Schlitten.

列車が再び止まったとき、彼は追いつき、古いそりを見つけました。

Er kämpfte sich an den anderen Teams vorbei und stand wieder neben Solleks.

彼は他のチームを追い越して、再びソレックスの隣に立った。

Als der Fahrer anhielt, um seine Pfeife anzuzünden, nutzte Dave seine letzte Chance.

運転手がパイプに火をつけるために立ち止まったとき、デイブは最後のチャンスをつかんだ。

Als der Fahrer zurückkam und schrie, bewegte sich das Team nicht weiter.

運転手が戻ってきて叫んだが、チームは前進しなかった。

Die Hunde hatten ihre Köpfe gedreht, verwirrt durch den plötzlichen Stopp.

犬たちは突然の停止に戸惑い、頭を振り返った。

Auch der Fahrer war schockiert – der Schlitten hatte sich keinen Zentimeter vorwärts bewegt.

運転手もショックを受けた。そりは1インチも前に進んでいなかったのだ。

Er rief den anderen zu, sie sollten kommen und nachsehen, was passiert sei.

彼は他の人たちに何が起こったのか見に来るように呼びかけた。

Dave hatte Solleks' Zügel durchgekaut und beide auseinandergerissen.

デイブはソレックスの手綱を噛み切って、両方とも壊してしまった。

Nun stand er vor dem Schlitten, wieder an seinem rechtmäßigen Platz.

今、彼は本来の位置に戻り、そりの前に立っていました

Dave blickte zum Fahrer auf und flehte ihn stumm an, in der Spur zu bleiben.

デイブは運転手を見上げて、車線から外れないよう静かに懇願した。

Der Fahrer war verwirrt und wusste nicht, was er für den zappelnden Hund tun sollte.

運転手は、もがいている犬をどうしたらいいのかわからず困惑した。

Die anderen Männer sprachen von Hunden, die beim Rausbringen gestorben waren.

他の男たちは、外に連れ出されて死んだ犬について話した。

Sie erzählten von alten oder verletzten Hunden, denen es das Herz brach, als sie zurückgelassen wurden.

彼らは、置き去りにされて心が張り裂けそうな老犬や怪我をした犬の話をした。

Sie waren sich einig, dass es Gnade wäre, Dave sterben zu lassen, während er noch im Geschirr steckte.

彼らは、デイブがハーネスをつけたまま死なせるのが慈悲であると同意した。

Er wurde wieder auf dem Schlitten festgeschnallt und Dave zog voller Stolz.

彼はそりに再び固定され、デイブは誇らしげにそりを引っ張りました。

Obwohl er manchmal schrie, arbeitete er, als könne man den Schmerz ignorieren.

彼は時々叫び声をあげながらも、痛みを無視するかのように働き続けた。

Mehr als einmal fiel er und wurde mitgeschleift, bevor er wieder aufstand.

彼は一度ならず転倒し、引きずられてから再び立ち上がった。

Einmal wurde er vom Schlitten überrollt und von diesem Moment an humpelte er.

ある時、そりが彼の上を転がり落ち、彼はその時から足を引きずるようになった。

Trotzdem arbeitete er, bis das Lager erreicht war, und legte sich dann ans Feuer.

それでも彼はキャンプ地に着くまで働き、その後火のそばに横たわった。

Am Morgen war Dave zu schwach, um zu reisen oder auch nur aufrecht zu stehen.

朝になると、デイブは歩くことも、まっすぐ立つこともできないほど衰弱していました。

Als es Zeit war, das Geschirr anzulegen, versuchte er mit zitternder Anstrengung, seinen Fahrer zu erreichen.

馬具を装着する時間になると、彼は震える力で御者に近づこうとした。

Er rappelte sich auf, taumelte und brach auf dem schneebedeckten Boden zusammen.

彼は無理やり起き上がり、よろめいて雪の地面に倒れ込んだ。

Mithilfe seiner Vorderbeine zog er seinen Körper in Richtung des Angeschirrs.

彼は前足を使って、ハーネスエリアに向かって体を引きずっていった。

Zentimeter für Zentimeter schob er sich auf die Arbeitshunde zu.

彼は働く犬たちに向かって、一歩ずつ前進した。

Er verließ die Kraft, aber er machte mit seinem letzten verzweifelten Vorstoß weiter.

彼は力が尽きたが、最後の必死の努力で動き続けた。

Seine Teamkollegen sahen ihn im Schnee nach Luft schnappen und sich immer noch danach sehnen, zu ihnen zu kommen.

チームメイトたちは、彼が雪の中で息を切らしながらも、まだ彼らに加わることを切望しているのを見た。

Sie hörten ihn vor Kummer schreien, als sie das Lager hinter sich ließen.

彼らがキャンプを後にしたとき、彼が悲しみに暮れて叫んでいるのが聞こえた。

Als das Team zwischen den Bäumen verschwand, hallte Daves Schrei hinter ihnen wider.

チームが木々の中に消えていくと、デイブの叫び声が背後で響き渡った。

Der Schlittenzug hielt kurz an, nachdem er einen Abschnitt des Flusswalds überquert hatte.

そり列車は川沿いの林道を横切った後、しばらく停止した。

Der schottische Mischling ging langsam zurück zum Lager dahinter.

スコットランドの混血児は、後ろのキャンプに向かってゆっくりと歩いていった。

Die Männer verstummten, als sie ihn den Schlittenzug verlassen sahen.

男たちは彼がそり隊から去るのを見て、話すのをやめた。

Dann ertönte ein einzelner Schuss klar und scharf über den Weg.

そのとき、一発の銃声が道の向こうにはっきりと響き渡った。

Der Mann kam schnell zurück und nahm wortlos seinen Platz ein.

男は何も言わずすぐに戻ってきて、自分の席に着いた。

Peitschen knallten, Glöckchen bimmelten und die Schlitten rollten durch den Schnee.

鞭が鳴り、鈴が鳴り、そりは雪の中を進んでいった。

Aber Buck wusste, was passiert war – und alle anderen Hunde auch.

しかし、バックは何が起こったのかを知っていました。他の犬たちも同様でした。

Die Mühen der Zügel und des Trails
手綱と道の苦労

Dreißig Tage nach dem Verlassen von Dawson erreichte die Salt Water Mail Skaguay.

ドーソンを出発してから30日後、ソルト・ウォーター・メール号はスカグアイに到着した。

Buck und seine Teamkollegen gingen in Führung, kamen aber in einem erbärmlichen Zustand an.

バックと彼のチームメイトは先頭を走り、悲惨な状態で到着した。

Buck hatte von hundertvierzig auf hundertfünfzehn Pfund abgenommen.

バックの体重は140ポンドから115ポンドに減っていました。

Die anderen Hunde hatten, obwohl kleiner, noch mehr Körpergewicht verloren.

他の犬たちは、小さかったにもかかわらず、さらに体重が減っていました。

Pike, einst ein vorgetäuschter Hinker, schleppte nun ein wirklich verletztes Bein hinter sich her.

かつては偽の足を引きずっていたパイクは、今は本当に怪我をした足を引きずっている。

Solleks humpelte stark und Dub hatte ein verrenktes Schulterblatt.

ソレックスはひどく足を引きずっており、ダブは肩甲骨を捻挫していた。

Die Füße aller Hunde im Team waren von den Wochen auf dem gefrorenen Pfad wund.

チームの犬たちは全員、凍った道を数週間歩き続けたため足が痛かった。

Ihre Schritte waren völlig federnd und bewegten sich nur langsam und schleppend.

彼らの足取りにはもう弾力はなく、ただゆっくりと、引きずるように動いているだけだった。

Ihre Füße treffen den Weg hart und jeder Schritt belastet ihren Körper stärker.

彼らの足は道を強く踏みしめ、一歩ごとに彼らの体にかかる負担は増していった。

Sie waren nicht krank, sondern nur so erschöpft, dass sie sich auf natürliche Weise nicht mehr erholen konnten.

彼らは病気だったわけではなく、ただ自然治癒できないほど衰弱していただけだった。

Dies war nicht die Müdigkeit eines harten Tages, die durch eine Nachtruhe geheilt werden konnte.

これは、一晩休めば治る、一日のハードな疲れではありませんでした。

Es war eine Erschöpfung, die sich durch monatelange, zermürbende Anstrengungen langsam aufgebaut hatte.

それは何ヶ月にもわたる厳しい努力によって徐々に蓄積された疲労でした。

Es waren keine Kraftreserven mehr vorhanden, sie hatten alles aufgebraucht, was sie hatten.

予備兵力は残っていなかった――彼らは持てる力をすべて使い果たしてしまったのだ。

Jeder Muskel, jede Faser und jede Zelle ihres Körpers war erschöpft und abgenutzt.

彼らの体のあらゆる筋肉、繊維、細胞は消耗し、すり減っていました。

Und das hatte seinen Grund: Sie hatten zweitausendfünfhundert Meilen zurückgelegt.

そして、それには理由があった。彼らは2500マイルもの距離を移動していたのだ。

Auf den letzten zweitausendachthundert Kilometern hatten sie sich nur fünf Tage ausgeruht.

彼らは最後の1800マイルの間にたった5日間しか休んでいなかった。

Als sie Skaguay erreichten, sahen sie aus, als könnten sie kaum aufrecht stehen.

スカグアイに到着したとき、彼らはほとんど直立できない状態だった。

Sie hatten Mühe, die Zügel straff zu halten und vor dem Schlitten zu bleiben.

彼らは手綱をしっかり握ってそりより前に出ようと奮闘した。

Auf abschüssigen Hängen konnten sie nur noch vermeiden, überfahren zu werden.

下り坂では、彼らは轢かれるのをなんとか避けることができた。

„Weiter, ihr armen, wunden Füße", sagte der Fahrer, während sie weiterhumpelten.

「痛む足よ、進め、哀れな者たちよ」と、運転手は足を引きずりながら言った。

„Das ist die letzte Strecke, danach bekommen wir alle auf jeden Fall noch eine lange Pause."

「これが最後の区間です。その後は必ず全員長い休息が取れます。」

„Eine richtig lange Pause", versprach er und sah ihnen nach, wie sie weiter taumelten.

「本当に長い休息だ」と彼は彼らがよろめきながら前進するのを見ながら約束した。

Die Fahrer rechneten damit, dass sie nun eine lange, notwendige Pause bekommen würden.

ドライバーたちは、これから長く必要な休憩が取れるだろうと期待していた。

Sie hatten zweitausend Meilen zurückgelegt und nur zwei Tage Pause gemacht.

彼らはたった二日間の休息で1200マイルも旅した。

Sie waren der Meinung, dass sie sich die Zeit zum Entspannen verdient hätten, und das aus fairen und vernünftigen Gründen.

公平さと理性から判断して、彼らはリラックスする時間を得たと感じました。

Aber zu viele waren zum Klondike gekommen und zu wenige waren zu Hause geblieben.

しかし、クロンダイクに来た人は多すぎ、家に残った人は少なすぎた。

Es gingen unzählige Briefe von Familien ein, die zu Bergen verspäteter Post führten.

家族からの手紙が殺到し、遅延した郵便物が山積みになった。

Offizielle Anweisungen trafen ein – neue Hudson Bay-Hunde würden die Nachfolge antreten.

正式な命令が届き、新しいハドソン湾犬が引き継ぐことになった。

Die erschöpften Hunde, die nun als wertlos galten, sollten entsorgt werden.

疲れ果てた犬たちは、今では価値がないとみなされ、処分されることになりました。

Da Geld wichtiger war als Hunde, sollten sie billig verkauft werden.

犬よりもお金の方が大切だったので、犬は安く売られることになった。

Drei weitere Tage vergingen, bevor die Hunde spürten, wie schwach sie waren.

犬たちが自分たちがどれほど弱っているかを実感するまで、さらに3日が経過しました。

Am vierten Morgen kauften zwei Männer aus den Staaten das gesamte Team.

4 日目の朝、アメリカ人の男性 2 人がチーム全員を購入しました。

Der Verkauf umfasste alle Hunde sowie ihre abgenutzte Geschirrausrüstung.

販売対象には犬全員と、使い古したハーネスも含まれていた。

Die Männer nannten sich gegenseitig „Hal" und „Charles", als sie den Deal abschlossen.

取引を終えると、二人は互いを「ハル」と「チャールズ」と呼び合った。

Charles war mittleren Alters, blass, hatte schlaffe Lippen und wilde Schnurrbartspitzen.

チャールズは中年で、青白く、唇は弱々しく、口ひげの先端は鋭かった。

Hal war ein junger Mann, vielleicht neunzehn, der einen Patronengürtel trug.

ハルは、弾薬を詰めたベルトを締めている、おそらく19歳くらいの若者だった。

Am Gürtel befanden sich ein großer Revolver und ein Jagdmesser, beide unbenutzt.

ベルトには大きなリボルバーと狩猟用ナイフが入っていたが、どちらも使われていなかった。

Es zeigte, wie unerfahren und ungeeignet er für das Leben im Norden war.

それは彼が北部の生活にいかに経験不足で不向きであるかを示していた。

Keiner der beiden Männer gehörte in die Wildnis; ihre Anwesenheit widersprach jeder Vernunft.

どちらの男も荒野には属していなかった。彼らの存在はあらゆる理性を無視していた。

Buck beobachtete, wie das Geld zwischen Käufer und Makler den Besitzer wechselte.

バックは買い手とエージェントの間でお金がやり取りされるのを見ていた。

Er wusste, dass die Postzugführer sein Leben wie alle anderen verlassen würden.

彼は、郵便列車の運転手たちが他の人々と同じように彼の人生から去っていくことを知っていた。

Sie folgten Perrault und François, die nun unwiederbringlich verschwunden waren.

彼らは、今ではもう呼び戻すことのできないペローとフランソワの後を追った。

Buck und das Team wurden in das schlampige Lager ihrer neuen Besitzer geführt.

バックとチームは新しいオーナーの雑然としたキャンプに連れて行かれた。

Das Zelt hing durch, das Geschirr war schmutzig und alles lag in Unordnung.

テントはたわみ、食器は汚れ、すべてが乱雑に放置されていました。

Buck bemerkte dort auch eine Frau – Mercedes, Charles'
Frau und Hals Schwester.

バックはそこにいる女性にも気づいた。メルセデス、チ
ャールズの妻でありハルの妹だった。

Sie bildeten eine vollständige Familie, obwohl sie alles
andere als für den Wanderpfad geeignet waren.

彼らはトレイルにはまったく適していなかったが、完璧
な家族だった。

Buck beobachtete nervös, wie das Trio begann, die Vorräte
einzupacken.

バックは、3人が荷物を詰め始めるのを不安そうに見守
っていた。

Sie arbeiteten hart, aber ohne Ordnung – nur Aufhebens
und vergeudete Mühe.

彼らは一生懸命働きましたが、秩序がなく、ただ騒ぎ立
てて無駄な努力をしました。

Das Zelt war zu einer sperrigen Form zusammengerollt und
viel zu groß für den Schlitten.

テントはかさばる形に丸められており、そりには大きす
ぎました。

Schmutziges Geschirr wurde eingepackt, ohne dass es
gespült oder getrocknet worden wäre.

汚れた食器は全く洗浄も乾燥もされずに梱包されていま
した。

Mercedes flatterte herum, redete, korrigierte und mischte
sich ständig ein.

メルセデスは、あちこち飛び回りながら、絶えず話しか
けたり、訂正したり、干渉したりしていた。

Als ein Sack vorne platziert wurde, bestand sie darauf, dass
er hinten drankam.

袋が前に置かれると、彼女はそれを後ろに置くよう主張
しました。

Sie packte den Sack ganz unten rein und im nächsten
Moment brauchte sie ihn.

彼女は袋の底に荷物を詰め込み、次の瞬間にはそれが必
要になった。

Also wurde der Schlitten erneut ausgepackt, um an die eine bestimmte Tasche zu gelangen.

そこで、特定のバッグに到達するために、そりを再度開梱しました。

In der Nähe standen drei Männer vor einem Zelt und beobachteten die Szene.

近くでは、3人の男がテントの外に立って、その光景を見守っていた。

Sie lächelten, zwinkerten und grinsten über die offensichtliche Verwirrung der Neuankömmlinge.

彼らは新参者の明らかな困惑に微笑み、ウインクし、ニヤリと笑った。

„Sie haben schon eine ziemlich schwere Last", sagte einer der Männer.

「もうかなり重い荷物を背負っているね」と男の一人が言った。

„Ich glaube nicht, dass Sie das Zelt tragen sollten, aber es ist Ihre Entscheidung."

「そのテントを運ぶべきではないと思うが、それはあなたの選択だ。」

„Unvorstellbar!", rief Mercedes und warf verzweifelt die Hände in die Luft.

「夢にも思わなかった！」メルセデスは絶望して両手を上げて叫んだ。

„Wie könnte ich ohne Zelt reisen, unter dem ich übernachten kann?"

「寝るためのテントなしでどうやって旅行できるの？」

„Es ist Frühling – Sie werden kein kaltes Wetter mehr erleben", antwortete der Mann.

「春だよ。もう寒い天気は来ないよ」と男は答えた。

Aber sie schüttelte den Kopf und sie stapelten weiterhin Gegenstände auf den Schlitten.

しかし彼女は首を横に振り、彼らはそりに荷物を積み続けました。

Als sie die letzten Dinge hinzufügten, türmte sich die Ladung gefährlich hoch auf.

最後の荷物を追加すると、荷物は危険なほど高くなりました。

„Glauben Sie, der Schlitten fährt?", fragte einer der Männer mit skeptischem Blick.

「そりは滑ると思いますか？」と男性の一人が疑わしげな表情で尋ねた。

„Warum sollte es nicht?", blaffte Charles mit scharfer Verärgerung zurück.

「なぜダメなんだ？」チャールズは激しく苛立ちながら言い返した。

„Oh, das ist schon in Ordnung", sagte der Mann schnell und wich seiner Beleidigung aus.

「ああ、大丈夫ですよ」男は攻撃的な態度を避けながら、すぐに言った。

„Ich habe mich nur gewundert – es sah für mich einfach ein bisschen zu kopflastig aus."

「ただ気になっただけです。ちょっとトップヘビーすぎるように見えたんです。」

Charles drehte sich um und band die Ladung so gut fest, wie er konnte.

チャールズは向きを変えて、できる限り荷物を縛り付けた。

Allerdings waren die Zurrgurte locker und die Verpackung insgesamt schlecht ausgeführt.

しかし、縛りが緩んでおり、梱包も全体的に不十分でした。

„Klar, die Hunde machen das den ganzen Tag", sagte ein anderer Mann sarkastisch.

「確かに、犬たちは一日中それを引っ張るだろうね」と別の男性が皮肉っぽく言った。

„Natürlich", antwortete Hal kalt und packte die lange Lenkstange des Schlittens.

「もちろんだ」ハルはそりの長いジーポールを掴みながら冷たく答えた。

Mit einer Hand an der Stange schwang er mit der anderen die Peitsche.

彼は片手で棒を持ち、もう一方の手で鞭を振り回した。

„Los geht's!", rief er. „Bewegt euch!", und trieb die Hunde zum Aufbruch an.

「行くぞ！」と彼は叫んだ。「進め！」犬たちに出発を促した。

Die Hunde lehnten sich in das Geschirr und spannten sich einige Augenblicke lang an.

犬たちはハーネスに寄りかかり、しばらく力を入れていました。

Dann blieben sie stehen, da sie den überladenen Schlitten keinen Zentimeter bewegen konnten.

そして彼らは立ち止まり、荷物を積みすぎたそりを1インチも動かすことができなかった。

„Diese faulen Bestien!", schrie Hal und hob die Peitsche, um sie zu schlagen.

「怠け者の獣どもめ！」ハルは鞭を振り上げて奴らを殴りつけながら叫んだ。

Doch Mercedes stürzte herein und riss Hal die Peitsche aus der Hand.

しかしメルセデスが駆け寄ってきてハルの手から鞭を奪い取った。

„Oh, Hal, wage es ja nicht, ihnen wehzutun", rief sie alarmiert.

「ああ、ハル、彼らを傷つけないで」彼女は驚いて叫んだ。

„Versprich mir, dass du nett zu ihnen bist, sonst gehe ich keinen Schritt weiter."

「彼らに優しくすると約束してください。そうしないと私はもう一歩も進めません。」

„Du weißt nichts über Hunde", fuhr Hal seine Schwester an.

「君は犬のことを何も知らないね」ハルは妹に言い放った。

„Sie sind faul, und die einzige Möglichkeit, sie zu bewegen, besteht darin, sie zu peitschen."

「彼らは怠け者なので、彼らを動かすには鞭打つしかないのです。」

„Fragen Sie irgendjemanden – fragen Sie einen dieser Männer dort drüben, wenn Sie mir nicht glauben."

「誰に聞いても構いません。私を疑うなら、あそこにいる男の人に聞いてみてください。」

Mercedes sah die Zuschauer mit flehenden, tränennassen Augen an.

メルセデスは涙に濡れた目で懇願するような目で見物人たちを見つめた。

Ihr Gesicht zeigte, wie sehr sie den Anblick jeglichen Schmerzes hasste.

彼女の顔を見れば、どんな痛みを見るのもどれほど嫌っているかがわかった。

„Sie sind schwach, das ist alles", sagte ein Mann. „Sie sind erschöpft."

「ただ弱っているだけだ」とある男性は言った。「疲れ切っているんだ」

„Sie brauchen Ruhe – sie haben zu lange ohne Pause gearbeitet."

「彼らには休息が必要です。休みなく長時間働きすぎているのです。」

„Der Rest sei verflucht", murmelte Hal mit verzogenen Lippen.

「呪われろ」ハルは唇を歪めて呟いた。

Mercedes schnappte nach Luft, sein grobes Wort schmerzte sie sichtlich.

メルセデスは、彼のひどい言葉に明らかに傷つき、息を呑んだ。

Dennoch blieb sie loyal und verteidigte ihren Bruder sofort.

それでも彼女は忠誠を貫き、即座に兄を擁護した。

„Kümmere dich nicht um den Mann", sagte sie zu Hal. „Das sind unsere Hunde."

「あの男のことは気にしないで」と彼女はハルに言った。「あの人たちは私たちの犬よ」

„Fahren Sie sie, wie Sie es für richtig halten – tun Sie, was Sie für richtig halten."

「あなたは自分が適切だと思うように運転します。あなたが正しいと思うことをしてください。」

Hal hob die Peitsche und schlug die Hunde erneut gnadenlos.

ハルは鞭を振り上げ、容赦なく再び犬たちを叩いた。

Sie stürzten sich nach vorne, die Körper tief gebeugt, die Füße in den Schnee gedrückt.

彼らは体を低くし、足を雪の中に押し付けながら前方に突進した。

Sie gaben sich alle Mühe, den Schlitten zu ziehen, aber er bewegte sich nicht.

全員の力を込めてそりを引っ張ったが、そりは動かなかった。

Der Schlitten blieb wie ein im Schnee festgefrorener Anker stecken.

そりは、固まった雪の中に凍りついた錨のように動けなくなった。

Nach einem zweiten Versuch blieben die Hunde wieder stehen und keuchten schwer.

二度目の努力の後、犬たちは激しく息を切らしながら再び立ち止まりました。

Hal hob die Peitsche noch einmal, gerade als Mercedes erneut eingriff.

ハルは再び鞭を振り上げたが、そのときメルセデスがまたもや介入した。

Sie fiel vor Buck auf die Knie und umarmte seinen Hals.

彼女はバックの前でひざまずき、彼の首を抱きしめた。

Tränen traten ihr in die Augen, als sie den erschöpften Hund anflehte.

疲れ果てた犬に懇願する彼女の目には涙が溢れていた。

„Ihr Armen", sagte sie, „warum zieht ihr nicht einfach stärker?"

「かわいそうに」と彼女は言った。「もっと強く引っ張ったらどう?」

„Wenn du ziehst, wirst du nicht so ausgepeitscht."

「引っ張ったら、こんな風に鞭打たれちゃ駄目だよ」

Buck mochte Mercedes nicht, aber er war zu müde, um ihr jetzt zu widerstehen.

バックはメルセデスが嫌いだったが、今は疲れすぎて彼女に抵抗できなかった。

Er akzeptierte ihre Tränen als einen weiteren Teil dieses elenden Tages.

彼は彼女の涙を、その悲惨な一日の出来事として受け止めた。

Einer der zuschauenden Männer ergriff schließlich das Wort, nachdem er seinen Ärger unterdrückt hatte.

見ていた男の一人が、怒りを抑えてようやく口を開いた。

„Es ist mir egal, was mit euch passiert, Leute, aber diese Hunde sind wichtig."

「あなたたちに何が起ころうと構わないが、あの犬たちは大事だ。」

„Wenn du helfen willst, mach den Schlitten los – er ist am Schnee festgefroren."

「助けたいなら、そりを解いてください。雪に凍り付いていますよ。」

„Drücken Sie fest auf die Gee-Stange, rechts und links, und brechen Sie die Eisversiegelung."

「ジーポールを左右に強く押して、氷の封印を破ってください。」

Ein dritter Versuch wurde unternommen, diesmal auf Vorschlag des Mannes.

3度目の試みは、今度は男性の提案に従って行われた。

Hal schaukelte den Schlitten von einer Seite auf die andere und löste so die Kufen.

ハルはそりを左右に揺らして、ランナーを外した。

Obwohl der Schlitten überladen und unhandlich war, machte er schließlich einen Satz nach vorne.

そりは、荷物を積みすぎて不格好だったが、ついによろめきながら前進した。

Buck und die anderen zogen wild, angetrieben von einem Sturm aus Schleudertraumen.

バックと他の者たちは、むち打ちの嵐に駆られて、激しく引っ張った。

Hundert Meter weiter machte der Weg eine Biegung und führte in die Straße hinein.

100ヤードほど進むと、道はカーブして道路へと続いていました。

Um den Schlitten aufrecht zu halten, hätte es eines erfahrenen Fahrers bedurft.

そりをまっすぐに保つには熟練した運転手が必要だっただろう。

Hal war nicht geschickt und der Schlitten kippte, als er um die Kurve schwang.

ハルは熟練していなかったので、そりはカーブを曲がるときに傾いてしまいました。

Lose Zurrgurte gaben nach und die Hälfte der Ladung ergoss sich auf den Schnee.

緩んだ縛りが崩れ、荷物の半分が雪の上にこぼれ落ちた。

Die Hunde hielten nicht an; der leichtere Schlitten flog auf der Seite weiter.

犬たちは止まらず、軽いそりは横向きに進んでいった。

Wütend über die Beschimpfungen und die schwere Last rannten die Hunde noch schneller.

虐待と重い荷物に怒った犬たちは、さらに速く走りました。

Buck rannte wütend los und das Team folgte ihm.

バックは激怒して走り出し、チームはその後を追った。

Hal rief „Whoa! Whoa!", aber das Team beachtete ihn nicht.

ハルは「うわっ！うわっ！」と叫んだが、チームは彼に注意を払わなかった。

Er stolperte, fiel und wurde am Geschirr über den Boden geschleift.

彼はつまずいて転倒し、ハーネスによって地面に引きずられました。

Der umgekippte Schlitten wurde über ihn geworfen, als die Hunde weiterrasten.

犬たちが先を走り去る中、ひっくり返ったそりが彼の上を転がり落ちた。

Die restlichen Vorräte verteilten sich über die belebte Straße von Skaguay.

残りの物資はスカグアイの賑やかな通りに散らばっていた。

Gutherzige Menschen eilten herbei, um die Hunde anzuhalten und die Ausrüstung einzusammeln.

心優しい人々が急いで犬を止め、道具を集めました。

Sie gaben den neuen Reisenden auch direkte und praktische Ratschläge.

彼らはまた、新しい旅行者に率直かつ実践的なアドバイスを与えました。

„Wenn Sie Dawson erreichen wollen, nehmen Sie die halbe Ladung und die doppelte Anzahl an Hunden mit."

「ドーソンに着きたいなら、荷物を半分にして犬を倍にしてください。」

Hal, Charles und Mercedes hörten zu, wenn auch nicht mit Begeisterung.

ハル、チャールズ、メルセデスは熱心ではなかったものの、耳を傾けた。

Sie bauten ihr Zelt auf und begannen, ihre Vorräte zu sortieren.

彼らはテントを張り、物資を整理し始めた。

Heraus kamen Konserven, die die Zuschauer laut lachen ließen.

缶詰が出てきて、見物人は大笑いした。

„Konserven auf dem Weg? Bevor die schmelzen, verhungern Sie", sagte einer.

「道に缶詰があるなんて？溶ける前に餓死しちゃうよ」と、ある人は言った。

„Hoteldecken? Die wirfst du am besten alle weg."

「ホテルの毛布？全部捨てた方がいいですよ」

„Schmeißen Sie auch das Zelt weg, und hier spült niemand mehr Geschirr."

「テントも撤去したら、ここで皿を洗う人は誰もいなくなるよ。」

„Sie glauben, Sie fahren in einem Pullman-Zug mit Bediensteten an Bord?"

「あなたは、乗客が乗っているプルマン列車に乗っていると思っているのですか？」

Der Prozess begann – jeder nutzlose Gegenstand wurde beiseite geworfen.

プロセスが始まりました。役に立たないアイテムはすべて脇に投げ捨てられました。

Mercedes weinte, als ihre Taschen auf den schneebedeckten Boden geleert wurden.

メルセデスは、バッグの中身が雪の地面に空けられたとき、泣きました。

Sie schluchzte ohne Pause über jeden einzelnen hinausgeworfenen Gegenstand.

彼女は、投げ出された品物の一つ一つを見つめながら、休むことなく泣き続けた。

Sie schwor, keinen Schritt weiterzugehen – nicht einmal für zehn Charleses.

彼女はもう一歩も進まないと誓った。たとえ10チャールズでも。

Sie flehte alle Menschen in ihrer Nähe an, ihr ihre wertvollen Sachen zu überlassen.

彼女は近くにいる人一人一人に、大切なものを預けてくれるよう頼みました。

Schließlich wischte sie sich die Augen und begann, auch die wichtigsten Kleidungsstücke wegzuwerfen.

ついに彼女は目を拭いて、大切な服さえも投げ捨て始めた。

Als sie mit ihrem eigenen fertig war, begann sie, die Vorräte der Männer auszuräumen.

自分のものを片付け終わると、彼女は男性用のものを空にし始めた。

Wie ein Wirbelwind verwüstete sie die Habseligkeiten von Charles und Hal.

彼女はまるで旋風のようにチャールズとハルの持ち物を破壊した。

Obwohl die Ladung halbiert wurde, war sie immer noch viel schwerer als nötig.

荷物は半分になったが、それでもまだ必要以上に重かった。

In dieser Nacht gingen Charles und Hal los und kauften sechs neue Hunde.

その夜、チャールズとハルは出かけて6匹の新しい犬を買いました。

Diese neuen Hunde gesellten sich zu den ursprünglichen sechs, plus Teek und Koona.

これらの新しい犬は、元々の 6 匹と、ティークとクーナに加わりました。

Zusammen bildeten sie ein Gespann aus vierzehn Hunden, die vor den Schlitten gespannt wurden.

彼らは一緒に、そりに繋がれた14匹の犬のチームを結成しました。

Doch die neuen Hunde waren für die Schlittenarbeit ungeeignet und schlecht ausgebildet.

しかし、新しい犬たちはそり遊びには不向きで、十分な訓練も受けていませんでした。

Drei der Hunde waren kurzhaarige Vorstehhunde und einer war ein Neufundländer.

犬のうち3匹は短毛ポインターで、1匹はニューファンドランドでした。

Bei den letzten beiden Hunden handelte es sich um Mischlinge ohne eindeutige Rasse oder Zweckbestimmung.

最後の2匹の犬は、品種も用途もまったくわからない雑種犬でした。

Sie haben den Weg nicht verstanden und ihn nicht schnell gelernt.

彼らは道を理解しておらず、すぐに習得することもできませんでした。

Buck und seine Kameraden beobachteten sie mit Verachtung und tiefer Verärgerung.

バックとその仲間たちは軽蔑と強い苛立ちの気持ちで彼らを見ていた。

Obwohl Buck ihnen beibrachte, was sie nicht tun sollten, konnte er ihnen keine Pflicht beibringen.

バックは彼らに何をしてはいけないかを教えたが、義務を教える事はできなかった。

Sie kamen mit dem Leben auf dem Wanderpfad und dem Ziehen von Zügeln und Schlitten nicht gut zurecht.

彼らは、山道を歩く生活や手綱やそりの引くことにあまり慣れていなかった。

Nur die Mischlinge versuchten, sich anzupassen, und selbst ihnen fehlte der Kampfgeist.

適応しようとしたのは雑種犬だけだったが、彼らにさえ闘志が欠けていた。

Die anderen Hunde waren durch ihr neues Leben verwirrt, geschwächt und gebrochen.

他の犬たちは新しい生活に混乱し、弱り果て、打ちのめされました。

Da die neuen Hunde ahnungslos und die alten erschöpft waren, gab es kaum Hoffnung.

新しい犬たちは何も分からず、古い犬たちは疲れ果てていたので、希望は薄かった。

Bucks Team hatte zweitausendfünfhundert Meilen eines rauen Pfades zurückgelegt.

バックのチームは2500マイルの厳しい道を歩いた。

Dennoch waren die beiden Männer fröhlich und stolz auf ihr großes Hundegespann.

それでも、二人の男は明るく、自分たちの大型犬チームを誇りに思っていた。

Sie dachten, sie würden mit Stil reisen, mit vierzehn Hunden an der Leine.

彼らは14匹の犬を連れて優雅に旅をしていると思っていた。

Sie hatten gesehen, wie Schlitten nach Dawson aufbrachen und andere von dort ankamen.

彼らは、ドーソンに向けて出発するそりや、そこから到着するそりを見た。

Aber noch nie hatten sie eins gesehen, das von bis zu vierzehn Hunden gezogen wurde.

しかし、14匹もの犬に引かれる馬は見たことがなかった。

Es gab einen Grund, warum solche Teams in der arktischen Wildnis selten waren.

北極の荒野でそのようなチームが珍しいのには理由がありました。

Kein Schlitten konnte genug Futter transportieren, um vierzehn Hunde für die Reise zu versorgen.

旅の間、14匹の犬に食べさせるのに十分な食料を運ぶことのできるそりはなかった。

Aber Charles und Hal wussten das nicht – sie hatten nachgerechnet.

しかし、チャールズとハルはそれを知らなかった——彼らは計算していたのだ。

Sie haben das Futter berechnet: so viel pro Hund, so viele Tage, fertig.

彼らは餌の量を計算しました。犬1匹につきこれだけの量、何日分、これで完了です。

Mercedes betrachtete ihre Zahlen und nickte, als ob es Sinn machte.

メルセデスは彼らの姿を見て、納得したかのようにうなずいた。

Zumindest auf dem Papier erschien ihr alles sehr einfach.

少なくとも書類の上では、彼女にとってはすべてが非常に単純に思えた。

Am nächsten Morgen führte Buck das Team langsam die verschneite Straße hinauf.

翌朝、バックは一行を率いて雪の積もった道をゆっくりと登っていった。

Weder er noch die Hunde hinter ihm hatten Energie oder Tatendrang.

彼にも、彼の後ろにいる犬たちにも、エネルギーも気力もありませんでした。

Sie waren von Anfang an todmüde, es waren keine Reserven mehr vorhanden.

彼らは最初からひどく疲れていて、余力は残っていませんでした。

Buck hatte bereits vier Fahrten zwischen Salt Water und Dawson unternommen.

バックはすでにソルトウォーターとドーソンの間を4回往復していた。

Als er nun erneut vor derselben Spur stand, empfand er nichts als Bitterkeit.

今、再び同じ道に直面して、彼はただ苦々しい思いしか感じなかった。

Er war nicht mit dem Herzen dabei und die anderen Hunde auch nicht.

彼の心はそこになかったし、他の犬たちの心もそこになかった。

Die neuen Hunde waren schüchtern und den Huskys fehlte jegliches Vertrauen.

新しい犬たちは臆病で、ハスキー犬たちは全く信頼を寄せていなかった。

Buck spürte, dass er sich auf diese beiden Männer oder ihre Schwester nicht verlassen konnte.

バックは、この二人の男やその妹には頼れないと感じた

Sie wussten nichts und zeigten auf dem Weg keine Anzeichen, etwas zu lernen.

彼らは何も知らず、道中で学ぶ気配も見せなかった。

Sie waren unorganisiert und es fehlte ihnen jeglicher Sinn für Disziplin.

彼らは無秩序であり、規律感覚が欠如していました。

Sie brauchten jedes Mal die halbe Nacht, um ein schlampiges Lager aufzubauen.

毎回、雑なキャンプを設営するのに半夜かかりました。

Und den halben nächsten Morgen verbrachten sie wieder damit, am Schlitten herumzufummeln.

そして彼らは翌朝の半分を再びそりをいじくり回しながら過ごした。

Gegen Mittag hielten sie oft nur an, um die ungleichmäßige Beladung zu korrigieren.

正午になると、荷物の不均等を修正するためだけに作業が止まることもよくありました。

An manchen Tagen legten sie insgesamt weniger als sechzehn Kilometer zurück.

ある日には、合計で10マイル未満しか移動しませんでした。

An anderen Tagen schafften sie es überhaupt nicht, das Lager zu verlassen.

他の日には、キャンプからまったく出られなかった。

Sie kamen nie auch nur annähernd an die geplante Nahrungsdistanz heran.

彼らは計画していた食料調達距離をカバーすることに決して近づきませんでした。

Wie erwartet ging das Futter für die Hunde sehr schnell aus.

予想通り、犬の餌はすぐに足りなくなってしまいました。

Sie haben die Sache noch schlimmer gemacht, indem sie in den ersten Tagen zu viel gefüttert haben.

彼らは初期の頃に餌を与えすぎたために事態を悪化させました。

Mit jeder unvorsichtigen Ration rückte der Hungertod näher.

こうすると、不注意な配給のたびに飢餓が近づいていった。

Die neuen Hunde hatten nicht gelernt, mit sehr wenig zu überleben.

新しい犬たちは、ほんのわずかなもので生き延びることを学んでいなかった。

Sie aßen hungrig, ihr Appetit war zu groß für den Weg.

彼らは道中、空腹のまま食べ続けた。

Als Hal sah, wie die Hunde schwächer wurden, glaubte er, dass das Futter nicht ausreichte.

犬たちが弱っていくのを見て、ハルは食べ物が十分では
なかったと考えた。

Er verdoppelte die Rationen und verschlimmerte damit den
Fehler noch.

彼は食料を倍増させたが、その結果、間違いはさらに悪
化した。

Mercedes verschärfte das Problem mit Tränen und leisem
Flehen.

メルセデスは涙と優しい嘆願で問題をさらに悪化させた

Als sie Hal nicht überzeugen konnte, fütterte sie die Hunde
heimlich.

ハルを説得できなかったので、彼女はこっそりと犬たち
に餌を与えた。

Sie stahl den Fisch aus den Säcken und gab ihn ihnen hinter
seinem Rücken.

彼女は魚袋から盗み、彼に内緒で彼らにそれを渡した。

Doch was die Hunde wirklich brauchten, war nicht mehr
Futter, sondern Ruhe.

しかし、犬たちが本当に必要としていたのは、より多く
の食べ物ではなく、休息でした。

Sie kamen nur langsam voran, aber der schwere Schlitten
schleppte sich trotzdem weiter.

彼らの進みは遅かったが、重いそりは依然として引きず
りながら進んでいった。

Allein dieses Gewicht zehrte jeden Tag an ihrer
verbleibenden Kraft.

その重さだけで、彼らの残りの体力は毎日消耗していき
ました。

Dann kam es zur Phase der Unterernährung, da die Vorräte
zur Neige gingen.

その後、食料が不足し、給餌不足の段階になりました。

Eines Morgens stellte Hal fest, dass die Hälfte des
Hundefutters bereits weg war.

ある朝、ハルはドッグフードがすでに半分なくなってい
ることに気づきました。

Sie hatten nur ein Viertel der gesamten Wegstrecke zurückgelegt.

彼らはトレイルの総距離の4分の1しか歩いていなかった

Es konnten keine Lebensmittel mehr gekauft werden, egal zu welchem Preis.

いくら値段をつけても、もう食べ物を買うことはできなかった。

Er reduzierte die Portionen der Hunde unter die normale Tagesration.

彼は犬への餌の量を標準的な1日の配給量よりも減らした。

Gleichzeitig forderte er längere Reisemöglichkeiten, um die Verluste auszugleichen.

同時に、彼は損失を補うためにさらに長い旅程を要求した。

Mercedes und Charles unterstützten diesen Plan, scheiterten jedoch bei der Umsetzung.

メルセデスとチャールズはこの計画を支持したが、実行には失敗した。

Ihr schwerer Schlitten und ihre mangelnden Fähigkeiten machten ein Vorankommen nahezu unmöglich.

彼らのそりは重く、技術も不足していたため、前進することはほとんど不可能でした。

Es war einfach, weniger Futter zu geben, aber unmöglich, mehr Anstrengung zu erzwingen.

食べ物を減らすのは簡単でしたが、さらに努力を強制することは不可能でした。

Sie konnten weder früher anfangen, noch konnten sie Überstunden machen.

早く出発することも、長時間移動することもできませんでした。

Sie wussten nicht, wie sie mit den Hunden und überhaupt mit sich selbst arbeiten sollten.

彼らは犬をどう扱えばいいのか知らなかったし、実際のところ、自分自身のことも知らなかった。

Der erste Hund, der starb, war Dub, der unglückliche, aber fleißige Dieb.

最初に死んだ犬は、不運ではあるが働き者の泥棒、ダブでした。

Obwohl Dub oft bestraft wurde, leistete er ohne zu klagen seinen Beitrag.

ダブは何度も罰せられたが、文句も言わず自分の役割を果たしてきた。

Seine Schulterverletzung verschlimmerte sich ohne Pflege und nötige Ruhe.

適切な治療も休息も受けなかったため、負傷した肩は悪化していった。

Schließlich beendete Hal mit dem Revolver Dubs Leiden.

ついにハルはリボルバーを使いダブの苦しみを終わらせた。

Ein gängiges Sprichwort besagt, dass normale Hunde an der Husky-Ration sterben.

よく言われるように、普通の犬はハスキー犬用の餌を与えると死んでしまうそうです。

Bucks sechs neue Gefährten bekamen nur die Hälfte des Futteranteils des Huskys.

バックの新しい仲間6匹は、ハスキーの半分の量の食べ物しか食べられなかった。

Zuerst starb der Neufundländer, dann die drei kurzhaarigen Vorstehhunde.

最初にニューファンドランドが死亡し、続いて3匹のショートヘアード・ポインターが死亡した。

Die beiden Mischlinge hielten länger durch, kamen aber schließlich wie die anderen um.

二匹の雑種犬は長く持ちこたえましたが、最終的には他の犬たちと同じように死んでしまいました。

Zu diesem Zeitpunkt waren alle Annehmlichkeiten und die Sanftheit des Südens verschwunden.

この時までに、サウスランドの快適さと穏やかさはすべて失われていました。

Die drei Menschen hatten die letzten Spuren ihrer
zivilisierten Erziehung abgelegt.

三人は文明的な育ちの最後の痕跡を捨て去った。

Ohne Glamour und Romantik wurde das Reisen in die
Arktis zur brutalen Realität.

魅力とロマンが削ぎ落とされ、北極旅行は残酷な現実と
なった。

Es war eine Realität, die zu hart für ihr Männlichkeits- und
Weiblichkeitsgefühl war.

それは彼らの男らしさ、女らしさの感覚にとってあまり
に厳しい現実だった。

Mercedes weinte nicht mehr um die Hunde, sondern nur
noch um sich selbst.

メルセデスはもう犬たちのことで泣かず、自分のことだ
けを思って泣いていた。

Sie verbrachte ihre Zeit damit, zu weinen und mit Hal und
Charles zu streiten.

彼女はハルとチャールズと泣きながら喧嘩して時間を過
ごした。

Streiten war das Einzige, wozu sie nie zu müde waren.

喧嘩だけは彼らにとって決して疲れることのない唯一の
ことだった。

Ihre Gereiztheit rührte vom Elend her, wuchs mit ihm und
übertraf es.

彼らの怒りは悲惨さから生まれ、悲惨さとともに大きく
なり、悲惨さを超えました。

Die Geduld des Weges, die diejenigen kennen, die sich
abmühen und freundlich leiden, kam nie.

労苦を惜しまず親切に苦しむ人々に知られる道の忍耐は
、決して訪れなかった。

Diese Geduld, die die Sprache trotz Schmerzen süß hält, war
ihnen unbekannt.

苦痛の中でも言葉を優しく保つその忍耐力は彼らには知
られていなかった。

Sie besaßen nicht die geringste Spur von Geduld und
schöpften keine Kraft aus dem anmutigen Leiden.

彼らには忍耐のかけらもなく、苦しみから恩恵を得て得られる強さもなかった。

Sie waren steif vor Schmerz – ihre Muskeln, Knochen und ihr Herz schmerzten.

彼らは痛みで体が硬直し、筋肉、骨、心臓が痛みました。

Aus diesem Grund bekamen sie eine scharfe Zunge und waren schnell im Umgang mit harten Worten.

このため、彼らは口が悪く、厳しい言葉をすぐに口にするようになった。

Jeder Tag begann und endete mit wütenden Stimmen und bitteren Klagen.

毎日は怒りの声と苦々しい不満で始まり、終わりました。

Charles und Hal stritten sich, wann immer Mercedes ihnen eine Chance gab.

チャールズとハルは、メルセデスが機会を与えるたびに口論した。

Jeder Mann glaubte, dass er mehr als seinen gerechten Anteil an der Arbeit geleistet hatte.

それぞれの男たちは、自分が与えられた仕事以上の成果をあげたと信じていた。

Keiner von beiden ließ es sich je entgehen, dies immer wieder zu sagen.

二人とも、何度も何度もそう言う機会を逃さなかった。

Manchmal stand Mercedes auf der Seite von Charles, manchmal auf der Seite von Hal.

メルセデスは時々チャールズの味方をし、時々ハルの味方をしました。

Dies führte zu einem großen und endlosen Streit zwischen den dreien.

このことが、3人の間で壮大で終わりのない争いを引き起こした。

Ein Streit darüber, wer Brennholz hacken sollte, geriet außer Kontrolle.

誰が薪を割るべきかという争いが制御不能になった。

Bald wurden Väter, Mütter, Cousins und verstorbene Verwandte genannt.

すぐに、父親、母親、いとこ、亡くなった親戚の名前が挙げられました。

Hal's Ansichten über Kunst oder die Theaterstücke seines Onkels wurden Teil des Kampfes.

ハルの芸術や叔父の演劇に対する見解が戦いの一部となった。

Auch Charles' politische Überzeugungen wurden in die Debatte einbezogen.

チャールズの政治的信念も議論に加わった。

Für Mercedes schienen sogar die Gerüchte über die Schwester ihres Mannes relevant zu sein.

メルセデスにとっては、夫の妹の噂話さえも関係があるように思えた。

Sie äußerte ihre Meinung dazu und zu vielen Fehlern in Charles' Familie.

彼女はそのことやチャールズの家族の多くの欠点について意見を述べた。

Während sie stritten, blieb das Feuer aus und das Lager war halb fertig.

彼らが言い争っている間にも火は消えたままで、キャンプの準備は半分整ったままだった。

In der Zwischenzeit waren die Hunde unterkühlt und hatten nichts zu fressen.

その間、犬たちは寒さに震え、食べ物もありませんでした。

Mercedes hegte einen Groll, den sie als zutiefst persönlich betrachtete.

メルセデスは、非常に個人的な恨みを抱いていた。

Sie fühlte sich als Frau misshandelt und fühlte sich ihrer Privilegien beraubt.

彼女は女性として不当な扱いを受け、優しい特権を否定されたと感じました。

Sie war hübsch und sanft und pflegte ihr ganzes Leben lang ritterliche Gesten.

彼女は可愛らしくて優しく、生涯を通じて騎士道精神を貫きました。

Doch ihr Mann und ihr Bruder begegneten ihr nun mit Ungeduld.

しかし、彼女の夫と兄は彼女を苛立たせる態度を取った。

Sie hatte die Angewohnheit, sich hilflos zu verhalten, und sie begannen, sich zu beschweren.

彼女は無力なふりをするのが癖だったので、彼らは文句を言い始めました。

Sie war davon beleidigt und machte ihnen das Leben noch schwerer.

彼女はこれに腹を立て、彼らの生活をさらに困難なものにした。

Sie ignorierte die Hunde und bestand darauf, den Schlitten selbst zu fahren.

彼女は犬を無視して自分でそりに乗ることを主張した。

Obwohl sie von leichter Gestalt war, wog sie fünfundvierzig Kilo.

彼女は見た目は痩せ型だったが、体重は120ポンドあった。

Diese zusätzliche Belastung war zu viel für die hungernden, schwachen Hunde.

その追加の負担は、飢えて弱っている犬たちにとっては大きすぎました。

Trotzdem ritt sie tagelang, bis die Hunde in den Zügeln zusammenbrachen.

それでも彼女は何日も馬に乗り続け、ついには犬たちが手綱を握れなくなってしまった。

Der Schlitten stand still und Charles und Hal baten sie, zu laufen.

そりは止まってしまい、チャールズとハルは彼女に歩いて行くように頼みました。

Sie flehten und flehten, aber sie weinte und nannte sie grausam.

彼らは嘆願し、懇願したが、彼女は泣きながら彼らを残酷だと非難した。

Einmal zogen sie sie mit purer Kraft und Wut vom Schlitten.
ある時、彼らは怒りと力で彼女をそりから引きずり落とした。

Nach dem, was damals passiert ist, haben sie es nie wieder versucht.
彼らは、あの時の出来事以降、二度と試みることはなかった。

Sie wurde schlaff wie ein verwöhntes Kind und setzte sich in den Schnee.
彼女は甘やかされた子供のように力が抜けて雪の中に座った。

Sie gingen weiter, aber sie weigerte sich aufzustehen oder ihnen zu folgen.
彼らは先に進みましたが、彼女は立ち上がることも、後を追うことも拒否しました。

Nach drei Meilen hielten sie an, kehrten um und trugen sie zurück.
3マイル進んだところで彼らは立ち止まり、戻って彼女を抱きかかえて戻った。

Sie luden sie wieder auf den Schlitten, wobei sie erneut rohe Gewalt anwandten.
彼らは再び腕力を使って彼女をそりに乗せた。

In ihrem tiefen Elend zeigten sie gegenüber dem Leid der Hunde keine Skrupel.
彼らは深い悲しみのあまり、犬たちの苦しみに無関心だった。

Hal glaubte, man müsse sich abhärten und zwang anderen diesen Glauben auf.
ハルは、人は心を強くしなければならないと信じ、その信念を他の人に押し付けました。

Er versuchte zunächst, seiner Schwester seine Philosophie zu predigen
彼はまず妹に自分の哲学を説こうとした

und dann predigte er erfolglos seinem Schwager.

そして、彼は義理の兄弟に説教したが、効果はなかった
。
Bei den Hunden hatte er mehr Erfolg, aber nur, weil er ihnen weh tat.
彼は犬に対してはより大きな成功を収めたが、それは彼が犬を傷つけたからに過ぎなかった。
Bei Five Fingers ist das Hundefutter komplett ausgegangen.
ファイブ・フィンガーズでは、ドッグフードが完全になくなってしまいました。
Eine zahnlose alte Squaw verkaufte ein paar Pfund gefrorenes Pferdeleder
歯のない老婆が数ポンドの凍った馬皮を売った
Hal tauschte seinen Revolver gegen das getrocknete Pferdefell.
ハルはリボルバーを乾燥した馬の皮と交換した。
Das Fleisch stammte von den Pferden der Viehzüchter, die Monate zuvor verhungert waren.
その肉は数ヶ月前に牧場主の飢えた馬から採取されたものだった。
Gefroren war die Haut wie verzinktes Eisen: zäh und ungenießbar.
凍った皮は亜鉛メッキされた鉄のようになり、硬くて食べられませんでした。
Die Hunde mussten endlos auf dem Fell herumkauen, um es zu fressen.
犬たちは皮を食べるために果てしなく噛み続けなければなりませんでした。
Doch die ledrigen Fäden und das kurze Haar waren kaum Nahrung.
しかし、革のような紐と短い毛は、ほとんど栄養にはなりませんでした。
Das Fell war größtenteils irritierend und kein echtes Nahrungsmittel.
皮のほとんどは刺激が強く、本当の意味で食べ物ではありませんでした。

Und während all dem taumelte Buck vorne herum, wie in einem Albtraum.

そしてその間中、バックは悪夢の中のように先頭でよろめいていた。

Er zog, wenn er dazu in der Lage war; wenn nicht, blieb er liegen, bis er mit einer Peitsche oder einem Knüppel hochgehoben wurde.

彼はできるときは引っ張り、できないときは鞭か棍棒で起こされるまで横たわっていた。

Sein feines, glänzendes Fell hatte jegliche Steifheit und jeglichen Glanz verloren, den es einst hatte.

彼の上質で光沢のある毛皮は、かつての硬さと輝きをすっかり失っていました。

Sein Haar hing schlaff herunter, war zerzaust und mit getrocknetem Blut von den Schlägen verklebt.

彼の髪はだらりと垂れ下がり、殴打による乾いた血で固まっていた。

Seine Muskeln schrumpften zu Sehnen und seine Fleischpolster waren völlig abgenutzt.

彼の筋肉は縮んで紐のようになり、肉のパッドはすべてすり減っていました。

Jede Rippe, jeder Knochen war deutlich durch die Falten der runzligen Haut zu sehen.

しわくちゃの皮膚のひだを通して、肋骨の一本一本、骨の一本一本がはっきりと見えました。

Es war herzzerreißend, doch Bucks Herz konnte nicht brechen.

それは胸が張り裂けるような出来事だったが、バックの心は折れることはできなかった。

Der Mann im roten Pullover hatte das getestet und vor langer Zeit bewiesen.

赤いセーターを着た男はずっと前にそれをテストして証明していました。

So wie es bei Buck war, war es auch bei allen seinen übrigen Teamkollegen.

バックの場合と同じように、残りのチームメイト全員も同様でした。

Insgesamt waren es sieben, jeder einzelne ein wandelndes Skelett des Elends.

全部で7人がいて、それぞれが悲惨さの歩く骸骨でした。

Sie waren gegenüber den Peitschenhieben taub geworden und spürten nur noch entfernten Schmerz.

彼らは鞭打ちにも麻痺し、遠くの痛みしか感じなくなっていた。

Sogar Bild und Ton erreichten sie nur schwach, wie durch dichten Nebel.

濃い霧を通してのように、視覚や聴覚さえもかすかに彼らに届いた。

Sie waren nicht halb lebendig – es waren Knochen mit schwachen Funken darin.

彼らは半分生きているわけではなく、内部にかすかな火花を散らしている骨だった。

Als sie angehalten wurden, brachen sie wie Leichen zusammen, ihre Funken waren fast erloschen.

止まると、彼らは死体のように崩れ落ち、火花はほとんど消えてしまいました。

Und als die Peitsche oder der Knüppel erneut zuschlug, sprühten schwache Funken.

そして鞭か棍棒が再び打たれると、火花が弱々しく舞い上がった。

Dann erhoben sie sich, taumelten vorwärts und schleiften ihre Gliedmaßen vor sich her.

それから彼らは立ち上がり、よろめきながら前に進み、手足を引きずりながら前に進みました。

Eines Tages stürzte der nette Billee und konnte überhaupt nicht mehr aufstehen.

ある日、優しいビリーは倒れてしまい、もう起き上がることができなくなってしまいました。

Hal hatte seinen Revolver eingetauscht und benutzte stattdessen eine Axt, um Billee zu töten.

ハルはリボルバーを交換していたので、代わりに斧を使ってビリーを殺した。

Er schlug ihm auf den Kopf, schnitt dann seinen Körper los und schleifte ihn weg.

彼は男の頭を殴り、その体を切り離して引きずり出した。

Buck sah dies und die anderen auch; sie wussten, dass der Tod nahe war.

バックはこれを見て、他の者たちもそれを見て、死が近いことを悟った。

Am nächsten Tag ging Koona und ließ nur fünf Hunde im hungernden Team zurück.

翌日、クーナは出発し、飢えたチームには5匹の犬だけが残されました。

Joe war nicht länger gemein, sondern zu weit weg, um überhaupt noch viel mitzubekommen.

ジョーは、もう意地悪ではなかったが、あまりにもひどく気が狂っていて、ほとんど何も分かっていなかった。

Pike täuschte seine Verletzung nicht länger vor und war kaum bei Bewusstsein.

パイクは、もはや怪我を偽ることはなく、ほとんど意識がなかった。

Solleks, der immer noch treu war, beklagte, dass er nicht mehr die Kraft hatte, etwas zu geben.

ソレックスは依然忠実であり、与える力がないことを嘆いた。

Teek wurde am häufigsten geschlagen, weil er frischer war, aber schnell nachließ.

ティークは、より元気だったが急速に衰えていたため、最も打撃を受けた。

Und Buck, der immer noch in Führung lag, sorgte nicht länger für Ordnung und setzte sie auch nicht durch.

そして、依然として先頭に立っていたバックは、もはや秩序を維持したり強制したりしなくなった。

Halb blind vor Schwäche folgte Buck der Spur nur nach Gefühl.

衰弱して半分目が見えなくなったバックは、感覚だけを頼りに道を追った。

Es war schönes Frühlingswetter, aber keiner von ihnen bemerkte es.

美しい春の天気だったが、誰もそれに気づかなかった。

Jeden Tag ging die Sonne früher auf und später unter als zuvor.

毎日、太陽は以前よりも早く昇り、遅く沈むようになりました。

Um drei Uhr morgens dämmerte es, die Dämmerung dauerte bis neun Uhr.

午前3時までに夜明けが訪れ、夕暮れは9時まで続いた。

Die langen Tage waren erfüllt von der vollen Strahlkraft des Frühlingssonnenscheins.

長い日々は、まばゆいばかりの春の太陽の光で満たされていた。

Die gespenstische Stille des Winters hatte sich in ein warmes Murmeln verwandelt.

冬の幽霊のような静寂は、暖かいささやきに変わっていた。

Das ganze Land erwachte und war erfüllt von der Freude am Leben.

全地は目覚め、生き物たちの喜びで活気づいていた。

Das Geräusch kam von etwas, das den Winter über tot und reglos dagelegen hatte.

その音は、冬の間ずっと死んで動かなかったものから聞こえてきた。

Jetzt bewegten sich diese Dinger wieder und schüttelten den langen Frostschlaf ab.

今、それらは長い凍てつく眠りから覚め、再び動き出した。

Saft stieg durch die dunklen Stämme der wartenden Kiefern.

待ち構える松の木々の暗い幹から樹液が上がってきていた。

An jedem Zweig von Weiden und Espen treiben leuchtende junge Knospen aus.

柳やポプラの木々の枝一本一本に、輝くばかりの若芽が芽吹いた。

Sträucher und Weinreben erstrahlten in frischem Grün, als der Wald zum Leben erwachte.

森が生き生きと動き出すにつれ、低木や蔓植物は新緑を帯びてきました。

Nachts zirpten Grillen und in der Sonne krabbelten Käfer.

夜にはコオロギが鳴き、昼間の太陽の下では虫が這っていました。

Rebhühner dröhnten und Spechte klopften tief in den Bäumen.

ヤマウズラが鳴き声をあげ、キツツキが木の奥深くで鳴き声をあげた。

Eichhörnchen schnatterten, Vögel sangen und Gänse schnatterten über den Hunden.

リスがおしゃべりし、鳥が歌い、ガチョウが犬の上で鳴き声を上げていた。

Das Wildgeflügel kam in scharfen Keilen und flog aus dem Süden heran.

野鳥は鋭いくさび形の群れとなって南から飛んできた。

Von jedem Hügel ertönte die Musik verborgener, rauschender Bäche.

どの丘の斜面からも、隠れた急流の音が聞こえてきました。

Alles taute auf, brach, bog sich und geriet wieder in Bewegung.

すべてのものは解けて折れ、曲がり、再び動き出した。

Der Yukon bemühte sich, die Kälteketten des gefrorenen Eises zu durchbrechen.

ユーコンは凍った氷の冷たい鎖を断ち切ろうと努力した

Das Eis schmolz von unten, während die Sonne es von oben zum Schmelzen brachte.

氷は下から溶け、太陽は上から氷を溶かしました。

Luftlöcher öffneten sich, Risse breiteten sich aus und Brocken fielen in den Fluss.

風穴が開き、亀裂が広がり、岩塊が川に落ちた。

Inmitten dieses pulsierenden und lodernden Lebens taumelten die Reisenden.

この活気と輝きに満ちた生命の真っ只中で、旅人たちはよろめきながら歩いていた。

Zwei Männer, eine Frau und ein Rudel Huskys liefen wie die Toten.

2人の男、1人の女、そして一群のハスキー犬が死んだように歩いていた。

Die Hunde fielen, Mercedes weinte, fuhr aber immer noch Schlitten.

犬たちは倒れ、メルセデスは泣きながらも、そりに乗り続けた。

Hal fluchte schwach und Charles blinzelte mit tränenden Augen.

ハルは弱々しく悪態をつき、チャールズは涙目で瞬きした。

Sie stolperten in John Thorntons Lager an der Mündung des White River.

彼らはホワイト川の河口にあるジョン・ソーントンのキャンプに偶然たどり着いた。

Als sie anhielten, fielen die Hunde flach um, als wären sie alle tot.

彼らが立ち止まると、犬たちは全員死んだかのように平らに倒れた。

Mercedes wischte sich die Tränen ab und sah zu John Thornton hinüber.

メルセデスは涙を拭ってジョン・ソーントンに視線を向けた。

Charles saß langsam und steif auf einem Baumstamm, mit Schmerzen vom Weg.

チャールズは、足跡の痛みを感じながら、ゆっくりと硬直した姿勢で丸太の上に座った。

Hal redete, während Thornton das Ende eines Axtstiels schnitzte.

ソーントンが斧の柄の端を彫っている間、ハルが話をしていた。

Er schnitzte Birkenholz und antwortete mit kurzen, bestimmten Antworten.

彼は樺の木を削りながら、短く、毅然とした返事を返した。

Wenn man ihn fragte, gab er Ratschläge, war sich jedoch sicher, dass diese nicht befolgt würden.

尋ねられたとき、彼は、それが従われることはないだろうと確信しながらアドバイスをしました。

Hal erklärte: „Sie sagten uns, dass das Eis auf dem Weg schmelzen würde.“

ハルさんは「登山道の氷が溶けていると聞きました」と説明した。

„Sie sagten, wir sollten bleiben, wo wir waren – aber wir haben es bis nach White River geschafft.“

「彼らは私たちにそこに留まるように言ったが、私たちはホワイトリバーにたどり着いた。」

Er schloss mit höhnischem Ton, als wolle er einen Sieg in der Not für sich beanspruchen.

彼は苦難に打ち勝ったかのように、冷笑的な口調で話を終えた。

„Und sie haben dir die Wahrheit gesagt“, antwortete John Thornton Hal ruhig.

「そして彼らは本当のことを言ったんだ」ジョン・ソーントンは静かにハルに答えた。

„Das Eis kann jeden Moment nachgeben – es ist kurz davor, abzufallen.“

「氷はいつ崩れてもおかしくない、今にも崩れ落ちるかもしれない。」

„Nur durch blindes Glück und ein paar Narren wäre es möglich gewesen, lebend so weit zu kommen.“

ここまで生きて来られたのは、運と愚か者だけだった

„Ich sage es Ihnen ganz offen: Ich würde mein Leben nicht für alles Gold Alaskas riskieren."

「はっきり言いますが、私はアラスカの金のために命を危険にさらしたりはしません。」

„Das liegt wohl daran, dass Sie kein Narr sind", antwortete Hal.

「それはあなたが馬鹿ではないからだと思います」とハルは答えた。

„Trotzdem fahren wir weiter nach Dawson." Er rollte seine Peitsche ab.

「やはり、ドーソンへ行こう」彼は鞭を解いた。

„Komm rauf, Buck! Hallo! Steh auf! Los!", rief er barsch.

「あそこに立て、バック！おい！立て！行け！」彼は荒々しく叫んだ。

Thornton schnitzte weiter, wohl wissend, dass Narren nicht auf Vernunft hören.

ソーントンは、愚か者は理屈を聞かないと分かっていながら、削り続けた。

Einen Narren aufzuhalten war sinnlos – und zwei oder drei Narren änderten nichts.

愚か者を止めるのは無駄だった。二、三人が騙されても何も変わらなかった。

Doch als das Team Hal's Befehl hörte, bewegte es sich nicht.

しかし、チームはハルの命令を聞いても動かなかった。

Jetzt konnten sie nur noch durch Schläge wieder auf die Beine kommen und weiterkommen.

今では、彼らを立ち上がらせ、前進させるには打撃を与えることしかできなかった。

Immer wieder knallte die Peitsche über die geschwächten Hunde.

鞭は弱った犬たちに何度も何度も打ち付けた。

John Thornton presste die Lippen fest zusammen und sah schweigend zu.

ジョン・ソーントンは唇を固く閉じて、黙って見守った。

Solleks war der Erste, der unter der Peitsche auf die Beine kam.

鞭打ちの下で最初に這って立ち上がったのはソレックスだった。

Dann folgte Teek zitternd. Joe schrie auf, als er stolperte.

ティークも震えながら後を追ってきた。ジョーはよろめきながら立ち上がり、悲鳴を上げた。

Pike versuchte aufzustehen, scheiterte zweimal und stand schließlich unsicher da.

パイクは立ち上がろうとしたが、二度失敗し、ついによろめきながら立ち上がった。

Aber Buck blieb liegen, wo er hingefallen war, und bewegte sich dieses Mal überhaupt nicht.

しかし、バックは倒れた場所に横たわり、今度はまったく動かなかった。

Die Peitsche schlug immer wieder auf ihn ein, aber er gab keinen Laut von sich.

鞭が何度も彼を打ったが、彼は音を立てなかった。

Er zuckte nicht zusammen und wehrte sich nicht, sondern blieb einfach still und ruhig.

彼はひるむことも抵抗することもせず、ただじっと静かにしていた。

Thornton rührte sich mehr als einmal, als wolle er etwas sagen, tat es aber nicht.

ソーントンは何かを言おうとするかのように何度も身じろぎしたが、何も言わなかった。

Seine Augen wurden feucht und immer noch knallte die Peitsche gegen Buck.

彼の目は潤んでいたが、鞭はまだバックに打ち付けられていた。

Schließlich begann Thornton langsam auf und ab zu gehen, unsicher, was er tun sollte.

ついに、ソーントンは何をすべきか分からず、ゆっくりと歩き始めた。

Es war das erste Mal, dass Buck versagt hatte, und Hal wurde wütend.

バックが失敗したのは初めてだったので、ハルは激怒した。

Er warf die Peitsche weg und nahm stattdessen die schwere Keule.

彼は鞭を投げ捨て、代わりに重い棍棒を手に取った。

Der Holzknüppel schlug hart auf, aber Buck stand immer noch nicht auf, um sich zu bewegen.

木の棍棒が激しく振り下ろされたが、バックはまだ立ち上がって動かなかった。

Wie seine Teamkollegen war er zu schwach – aber mehr als das.

チームメイトたちと同様、彼も弱すぎた。しかし、それだけではなかった。

Buck hatte beschlossen, sich nicht zu bewegen, egal was als Nächstes passieren würde.

バックは、次に何が起ころうとも動かないと決めていた

Er spürte, wie etwas Dunkles und Bestimmtes direkt vor ihm schwebte.

彼は、何か暗くて確かなものがすぐ前方に漂っているのを感じた。

Diese Angst hatte ihn ergriffen, sobald er das Flussufer erreicht hatte.

その恐怖は彼が川岸に着くとすぐに彼を襲った。

Dieses Gefühl hatte ihn nicht verlassen, seit er das Eis unter seinen Pfoten dünner werden fühlte.

足の下の氷が薄くなっているのを感じて以来、その感覚は消えていなかった。

Etwas Schreckliches wartete – er spürte es gleich weiter unten auf dem Weg.

何か恐ろしいものが待ち受けている ──
彼はそれをすぐ先の道で感じた。

Er würde nicht auf das Schreckliche vor ihm zugehen

彼はその恐ろしいものに向かって歩くつもりはなかった

Er würde keinem Befehl gehorchen, der ihn zu diesem Ding führte.

彼は、自分をその場所に導くいかなる命令にも従うつもりはなかった。

Der Schmerz der Schläge war für ihn kaum noch spürbar, er war zu weit weg.

打撃の痛みは、今では彼にはほとんど感じられなかった。彼はすでに手遅れだったのだ。

Der Funke des Lebens flackerte schwach und erlosch unter jedem grausamen Schlag.

生命の火花は、残酷な打撃を受けるたびに弱まり、消えていった。

Seine Glieder fühlten sich fremd an, sein ganzer Körper schien einem anderen zu gehören.

彼の手足は遠く感じられ、彼の全身は他人のもののように思えた。

Er spürte eine seltsame Taubheit, als der Schmerz vollständig nachließ.

痛みが完全に消え去ると、彼は奇妙なしびれを感じた。

Aus der Ferne spürte er, dass er geschlagen wurde, aber er wusste es kaum.

遠くから、彼は殴られているのを感じたが、ほとんど気づかなかった。

Er konnte die Schläge schwach hören, aber sie taten nicht mehr wirklich weh.

かすかにドスンという音が聞こえたが、もう本当に痛いという感じではなかった。

Die Schläge trafen, aber sein Körper schien nicht mehr sein eigener zu sein.

打撃は当たったが、彼の体はもはや自分の体とは思えなかった。

Dann stieß John Thornton plötzlich und ohne Vorwarnung einen wilden Schrei aus.

すると突然、何の前触れもなく、ジョン・ソーントンは激しい叫び声をあげた。

Es war unartikuliert, eher der Schrei eines Tieres als eines Menschen.

それは不明瞭で、人間の叫びというよりは獣の叫びのようだった。

Er sprang mit der Keule auf den Mann zu und stieß Hal nach hinten.

彼は棍棒を持って男に飛びかかり、ハルを後ろに押し倒した。

Hal flog, als wäre er von einem Baum getroffen worden, und landete hart auf dem Boden.

ハルはまるで木にぶつかったかのように飛び、地面に激しく着地した。

Mercedes schrie laut vor Panik und umklammerte ihr Gesicht.

メルセデスはパニックになって大声で叫び、顔を押さえた。

Charles sah nur zu, wischte sich die Augen und blieb sitzen.

チャールズはただ見守り、目を拭いて、座ったままでした。

Sein Körper war vor Schmerzen zu steif, um aufzustehen oder beim Kampf mitzuhelfen.

彼の体は痛みで硬直しており、立ち上がることも、戦いを手伝うこともできなかった。

Thornton stand über Buck, zitterte vor Wut und konnte nicht sprechen.

ソーントンは怒りに震えながら、何も言えずにバックの上に立っていた。

Er zitterte vor Wut und kämpfte darum, trotz allem seine Stimme wiederzufinden.

彼は怒りに震えながら、それを乗り越えて自分の声を見つけようと奮闘した。

„Wenn du den Hund noch einmal schlägst, bringe ich dich um", sagte er schließlich.

「もう一度あの犬を殴ったら、お前を殺す」と彼はついに言った。

Hal wischte sich das Blut aus dem Mund und kam wieder nach vorne.

ハルは口から血を拭って再び前に出た。

„Es ist mein Hund", murmelte er. „Geh mir aus dem Weg, sonst kriege ich dich wieder in Ordnung."

「俺の犬だ」と彼はぶつぶつ言った。「どけ、さもないとお前を懲らしめるぞ」

„Ich gehe nach Dawson und Sie halten mich nicht auf", fügte er hinzu.

「私はドーソンに行くつもりだ。あなたは私を止めることはできない」と彼は付け加えた。

Thornton stand fest zwischen Buck und dem wütenden jungen Mann.

ソーントンはバックと怒った若者の間にしっかりと立ちはだかった。

Er hatte nicht die Absicht, zur Seite zu treten oder Hal vorbeizulassen.

彼は脇に退いたりハルを通したりするつもりはなかった。

Hal zog sein Jagdmesser heraus, das lang und gefährlich in der Hand lag.

ハルは長くて危険な狩猟用ナイフを取り出した。

Mercedes schrie, dann weinte sie und lachte dann in wilder Hysterie.

メルセデスは叫び、泣き、そして狂ったように笑いました。

Thornton schlug mit dem Axtstiel hart und schnell auf Hals Hand.

ソーントンは斧の柄でハルの手を激しく素早く殴りつけた。

Das Messer wurde aus Hals Griff gerissen und flog zu Boden.

ナイフはハルの手から弾き落とされ、地面に落ちた。

Hal versuchte, das Messer aufzuheben, und Thornton klopfte erneut auf seine Fingerknöchel.

ハルはナイフを拾おうとしたが、ソーントンは再び彼の指の関節を叩いた。

Dann bückte sich Thornton, griff nach dem Messer und hielt es fest.

それからソーントンはかがみ込んでナイフを掴み、それ
を握った。

Mit zwei schnellen Hieben des Axtstiels zerschnitt er Bucks
Zügel.

彼は斧の柄を素早く二度振り下ろし、バックの手綱を切
った。

Hal hatte keine Kraft mehr, sich zu wehren, und trat von
dem Hund zurück.

ハルはもう戦う気力もなく、犬から後ずさりした。

Außerdem brauchte Mercedes jetzt beide Arme, um aufrecht
zu bleiben.

その上、メルセデスは立ち上がるために両腕が必要だっ
た。

Buck war dem Tod zu nahe, um noch einmal einen Schlitten
ziehen zu können.

バックは死に近かったので、再びそりを引くことはでき
なかった。

Ein paar Minuten später legten sie ab und fuhren
flussabwärts.

数分後、彼らは船を出し、川下に向かっていった。

Buck hob schwach den Kopf und sah ihnen nach, wie sie die
Bank verließen.

バックは弱々しく頭を上げて、彼らが岸から去っていく
のを見守った。

Pike führte das Team an, mit Solleks am Ende des Feldes.

パイクがチームをリードし、ソレックスが後方のステア
リングを握った。

Joe und Teek gingen dazwischen, beide humpelten vor
Erschöpfung.

ジョーとティークは二人とも疲れて足を引きずりながら
、その間を歩いていった。

Mercedes saß auf dem Schlitten und Hal hielt die lange
Lenkstange fest.

メルセデスはそりに座り、ハルは長いジーポールを握っ
た。

Charles stolperte hinterher, seine Schritte waren unbeholfen und unsicher.

チャールズはよろめきながら後ろを歩き、ぎこちなく不安な足取りだった。

Thornton kniete neben Buck und tastete vorsichtig nach gebrochenen Knochen.

ソーントンはバックのそばにひざまずき、骨折した骨がないか優しく触診した。

Seine Hände waren rau, bewegten sich aber mit Freundlichkeit und Sorgfalt.

彼の手は荒れていたが、優しく気配りのある動きをしていた。

Bucks Körper wies Blutergüsse auf, wies jedoch keine bleibenden Verletzungen auf.

バックの体は打撲傷を負っていたが、永続的な傷害は見られなかった。

Zurück blieben schrecklicher Hunger und nahezu völlige Schwäche.

残ったのはひどい飢えとほぼ完全な衰弱だけだった。

Als dies klar wurde, war der Schlitten bereits weit flussabwärts gefahren.

それが明らかになったときには、そりは川のずっと下流へ進んでいました。

Mann und Hund sahen zu, wie der Schlitten langsam über das knackende Eis kroch.

男と犬は、ひび割れた氷の上をそりがゆっくりと進んでいくのを見ていた。

Dann sahen sie, wie der Schlitten in eine Mulde sank.

すると、そりが窪みに沈んでいくのが見えました。

Die Gee-Stange flog in die Höhe, und Hal klammerte sich immer noch vergeblich daran fest.

ジーポールは飛び上がり、ハルは無駄にそれにしがみついていた。

Mercedes' Schrei erreichte sie über die kalte Ferne.

メルセデスの叫び声が冷たい距離を越えて彼らに届いた。

Charles drehte sich um und trat zurück – aber er war zu spät.
チャールズは振り返って後ずさりしたが、遅すぎた。

Eine ganze Eisdecke brach nach und sie alle fielen hindurch.
氷床全体が崩れて、彼らは全員落ちてしまいました。

Hunde, Schlitten und Menschen verschwanden im
schwarzen Wasser darunter.
犬、そり、そして人々は下の黒い水の中に消えていった

An der Stelle, an der sie vorbeigekommen waren, war nur
ein breites Loch im Eis zurückgeblieben.
彼らが通った場所には、氷に大きな穴が残るだけだった

Der Boden des Pfades war nach unten abgesunken – genau
wie Thornton gewarnt hatte.
道の底は抜け落ちていた ―
まさにソーントンが警告した通り。

Thornton und Buck sahen sich einen Moment lang
schweigend an.
ソーントンとバックはお互いに顔を見合わせ、しばらく
黙っていた。

„Du armer Teufel", sagte Thornton leise und Buck leckte
ihm die Hand.
「かわいそうに」とソーントンは優しく言い、バックは
彼の手を舐めた。

Aus Liebe zu einem Mann
男の愛のために

John Thornton erfror in der Kälte des vergangenen
Dezembers seine Füße.

ジョン・ソーントンは前年の12月の寒さで足が凍えてし
まった。

Seine Partner machten es ihm bequem und ließen ihn allein
genesen.

パートナーたちは彼を安心させて、一人で回復できるよ
うにしてあげた。

Sie fuhren den Fluss hinauf, um ein Floß mit Sägestämmen
für Dawson zu holen.

彼らはドーソンのために大量の丸太を集めるために川を
上っていった。

Er humpelte noch leicht, als er Buck vor dem Tod rettete.

バックを死から救ったとき、彼はまだ少し足を引きずっ
ていた。

Aber bei anhaltend warmem Wetter verschwand sogar
dieses Hinken.

しかし、暖かい天気が続くと、足を引きずることもなく
なりました。

Buck ruhte sich an langen Frühlingstagen am Flussufer aus.

長い春の日々の間、バックは川岸に横たわり、休んだ。

Er beobachtete das fließende Wasser und lauschte den
Vögeln und Insekten.

彼は流れる水を眺め、鳥や昆虫の鳴き声に耳を傾けた。

Langsam erlangte Buck unter Sonne und Himmel seine
Kraft zurück.

バックは太陽と空の下でゆっくりと体力を取り戻した。

Nach einer Reise von dreitausend Meilen war eine Pause ein
wunderbares Gefühl.

3000マイルの旅の後、休息は素晴らしい気分でした。

Buck wurde träge, als seine Wunden heilten und sein
Körper an Gewicht zunahm.

傷が治り、体が充実するにつれて、バックは怠惰になりました。

Seine Muskeln wurden fester und das Fleisch bedeckte wieder seine Knochen.

彼の筋肉は引き締まり、肉が戻って骨を覆うようになりました。

Sie ruhten sich alle aus – Buck, Thornton, Skeet und Nig.

バック、ソーントン、スキート、ニグは皆休んでいた。

Sie warteten auf das Floß, das sie nach Dawson bringen sollte.

彼らはドーソンまで運んでくれるいかだを待った。

Skeet war ein kleiner Irish Setter, der sich mit Buck anfreundete.

スキートはバックと友達になった小さなアイリッシュ・セッターでした。

Buck war zu schwach und krank, um ihr bei ihrem ersten Treffen Widerstand zu leisten.

バックは体調が悪すぎて、初めて彼女に会ったときには抵抗できなかった。

Skeet hatte die Heilereigenschaft, die manche Hunde von Natur aus besitzen.

スキートは、一部の犬が生まれつき持っている治癒能力を持っていました。

Wie eine Katzenmutter leckte und reinigte sie Bucks offene Wunden.

彼女は母猫のようにバックの生傷を舐めてきれいにしてあげました。

Jeden Morgen nach dem Frühstück wiederholte sie ihre sorgfältige Arbeit.

彼女は毎朝朝食後に、念入りな仕事を繰り返した。

Buck erwartete ihre Hilfe ebenso sehr wie die von Thornton.

バックはソーントンの助けと同じくらい彼女の助けも期待するようになった。

Nig war auch freundlich, aber weniger offen und weniger liebevoll.

ニグも友好的でしたが、オープンさや愛情が足りません
でした。

Nig war ein großer schwarzer Hund, halb Bluthund, halb
Hirschhund.
ニグは大きな黒い犬で、ブラッドハウンドとディアハウ
ンドの混血種でした。

Er hatte lachende Augen und eine unendlich gute Seele.
彼は笑っている目と、心の底に限りない善良さを持って
いました。

Zu Bucks Überraschung zeigte keiner der Hunde Eifersucht
ihm gegenüber.
バックが驚いたことに、どちらの犬も彼に対して嫉妬を
示さなかった。

Sowohl Skeet als auch Nig erfuhren die Freundlichkeit von
John Thornton.
スキートとニグはともにジョン・ソーントンの親切にあ
ずかりました。

Als Buck stärker wurde, verleiteten sie ihn zu albernen
Hundespielen.
バックが強くなるにつれて、彼らは彼を愚かな犬のゲー
ムに誘い込みました。

Auch Thornton spielte oft mit ihnen und konnte ihrer
Freude nicht widerstehen.
ソーントンも彼らの喜びに抗うことができず、よく彼ら
と遊んでいました。

Auf diese spielerische Weise gelang Buck der Übergang von
der Krankheit in ein neues Leben.
この遊び心のあるやり方で、バックは病気から新しい人
生へと移行しました。

Endlich hatte er Liebe gefunden – wahre, brennende und
leidenschaftliche Liebe.
ついに彼の愛は真実の、燃えるような、情熱的な愛とな
った。

Auf Millers Anwesen hatte er diese Art von Liebe nie erlebt.
彼はミラー邸でこのような愛を一度も知ったことはなか
った。

Mit den Söhnen des Richters hatte er Arbeit und Abenteuer geteilt.

彼は判事の息子たちとともに仕事や冒険を共にした。

Bei den Enkeln sah er steifen und prahlerischen Stolz.

孫たちを見ると、堅苦しくて自慢げなプライドが感じられた。

Mit Richter Miller selbst verband ihn eine respektvolle Freundschaft.

彼はミラー判事自身と尊敬し合う友情を築いていた。

Doch mit Thornton kam eine Liebe, die Feuer, Wahnsinn und Anbetung war.

しかし、ソーントンには、情熱と狂気と崇拝に満ちた愛が宿っていた。

Dieser Mann hatte Bucks Leben gerettet, und das allein bedeutete sehr viel.

この男はバックの命を救った。それだけでも大きな意味があった。

Aber darüber hinaus war John Thornton der ideale Meistertyp.

しかし、それ以上に、ジョン・ソーントンは理想的なマスターでした。

Andere Männer kümmerten sich aus Pflichtgefühl oder geschäftlicher Notwendigkeit um Hunde.

他の男性は義務や業務上の必要性から犬の世話をしました。

John Thornton kümmerte sich um seine Hunde, als wären sie seine Kinder.

ジョン・ソーントンは犬たちをまるで自分の子供のように大切にしていた。

Er kümmerte sich um sie, weil er sie liebte und einfach nicht anders konnte.

彼は彼らを愛していたので、彼らを気遣うしかなかったのです。

John Thornton sah sogar weiter, als die meisten Menschen jemals sehen konnten.

ジョン・ソーントンは、ほとんどの人が見ることができ
なかったほど遠くまで見通すことができました。

Er vergaß nie, sie freundlich zu grüßen oder ein
aufmunterndes Wort zu sagen.

彼は彼らに優しく挨拶したり励ましの言葉をかけたりす
ることを決して忘れなかった。

Er liebte es, mit den Hunden zusammenzusitzen und lange
zu reden, oder, wie er sagte, „gasy".

彼は犬たちと一緒に座って長い話をするのが大好きで、
彼の言葉を借りれば「ガスっぽい」会話をするのが大好
きだった。

Er packte Bucks Kopf gern grob zwischen seinen starken
Händen.

彼は力強い手でバックの頭を乱暴に掴むのが好きだった

Dann lehnte er seinen Kopf an Bucks und schüttelte ihn
sanft.

それから彼は自分の頭をバックの頭に寄りかからせ、優
しく頭を揺すった。

Die ganze Zeit über beschimpfte er Buck mit unhöflichen
Namen, die für ihn Liebe bedeuteten.

その間ずっと、彼はバックに対して、愛を意味する失礼
な言葉を浴びせ続けた。

Buck bereiteten diese grobe Umarmung und diese Worte
große Freude.

バックにとって、その荒々しい抱擁と言葉は深い喜びを
もたらした。

Sein Herz schien bei jeder Bewegung vor Glück zu beben.

彼の心は動くたびに幸せで震え上がるようだった。

Als er anschließend aufsprang, sah sein Mund aus, als
würde er lachen.

その後、彼が飛び上がったとき、彼の口は笑っているよ
うに見えました。

Seine Augen leuchteten hell und seine Kehle zitterte vor
unausgesprochener Freude.

彼の目は明るく輝き、喉は言葉にできない喜びで震えて
いた。

Sein Lächeln blieb in diesem Zustand der Ergriffenheit und glühenden Zuneigung stehen.

彼の笑顔は、その感動と熱烈な愛情の状態で静止していた。

Dann rief Thornton nachdenklich aus: „Gott! Er kann fast sprechen!"

するとソーントンは考え深げに叫んだ。「なんてことだ！彼はほとんど話せるようだ！」

Buck hatte eine seltsame Art, Liebe auszudrücken, die beinahe Schmerzen verursachte.

バックは、ほとんど痛みを引き起こすような奇妙な愛情表現をしていた。

Er umklammerte Thorntons Hand oft sehr fest mit seinen Zähnen.

彼はよくソーントンの手を歯で強く握りしめていた。

Der Biss würde tiefe Spuren hinterlassen, die noch einige Zeit blieben.

その噛み跡は、しばらく残る深い跡を残すことになるだろう。

Buck glaubte, dass diese Eide Liebe waren, und Thornton wusste das auch.

バックはそれらの誓いが愛だと信じていたし、ソーントンも同じことを知っていた。

Meistens zeigte sich Bucks Liebe in stiller, fast stummer Verehrung.

ほとんどの場合、バックの愛は静かでほとんど沈黙した崇拝の形で表れていた。

Obwohl er sich freute, wenn man ihn berührte oder ansprach, suchte er nicht nach Aufmerksamkeit.

触られたり話しかけられたりすると興奮しましたが、注目を求めませんでした。

Skeet schob ihre Nase unter Thorntons Hand, bis er sie streichelte.

スキートはソーントンの手の下で鼻を軽くつつき、ソーントンは彼女を撫でた。

Nig kam leise herbei und legte seinen großen Kopf auf Thorntons Knie.

ニグは静かに歩み寄り、大きな頭をソーントンの膝の上に置いた。

Buck hingegen war zufrieden damit, aus respektvoller Distanz zu lieben.

対照的に、バックは敬意を持った距離から愛することで満足していた。

Er lag stundenlang zu Thorntons Füßen, wachsam und aufmerksam beobachtend.

彼はソーントンの足元に何時間も横たわり、油断せずに注意深く見守っていた。

Buck studierte jedes Detail des Gesichts seines Herrn und jede kleinste Bewegung.

バックは主人の顔の表情やわずかな動きを細部まで観察した。

Oder er blieb weiter weg liegen und betrachtete schweigend die Gestalt des Mannes.

あるいは、さらに離れたところに横たわり、黙って男の姿を観察していた。

Buck beobachtete jede kleine Bewegung, jede Veränderung seiner Haltung oder Geste.

バックは、あらゆる小さな動き、姿勢や身振りの変化を観察した。

Diese Verbindung war so stark, dass sie Thorntons Blick oft auf sich zog.

このつながりは非常に強力で、ソーントンはしばしば視線を惹きつけました。

Er begegnete Bucks Blick ohne Worte, Liebe schimmerte deutlich hindurch.

彼は言葉もなくバックの目を見つめたが、そこには明らかに愛が輝いていた。

Nach seiner Rettung ließ Buck Thornton lange Zeit nicht aus den Augen.

救出された後も長い間、バックはソーントンから目を離さなかった。

Immer wenn Thornton das Zelt verließ, folgte Buck ihm dicht auf den Fersen.

ソーントンがテントから出かけると、バックはいつもすぐ後をついて出て行った。

All die strengen Herren im Nordland hatten Buck Angst gemacht, zu vertrauen.

北国の厳しい主人たちのせいで、バックは信頼することを恐れていた。

Er befürchtete, dass kein Mann länger als kurze Zeit sein Herr bleiben könnte.

彼は、誰も短期間以上は自分の主人であり続けることはできないだろうと恐れていた。

Er befürchtete, dass John Thornton wie Perrault und François verschwinden würde.

彼はジョン・ソーントンがペローやフランソワのように消えてしまうのではないかと恐れていた。

Sogar nachts quälte die Angst, ihn zu verlieren, Buck mit unruhigem Schlaf.

夜になっても、彼を失うかもしれないという恐怖がバックの眠れない眠りを悩ませた。

Als Buck aufwachte, kroch er in die Kälte hinaus und ging zum Zelt.

バックは目を覚ますと、寒い外に忍び出てテントへ向かった。

Er lauschte aufmerksam auf das leise Geräusch des Atmens in seinem Inneren.

彼は内部のかすかな呼吸の音を注意深く聞き取った。

Trotz Bucks tiefer Liebe zu John Thornton blieb die Wildnis am Leben.

バックがジョン・ソーントンを深く愛していたにもかかわらず、野生は生き残った。

Dieser im Norden erwachte primitive Instinkt ist nicht verschwunden.

北で目覚めたその原始的な本能は消えなかった。

Liebe brachte Hingabe, Treue und die warme Verbundenheit des Kaminfeuers.

愛は献身、忠誠、そして暖炉のそばでの温かい絆をもたらしました。

Aber Buck behielt auch seine wilden Instinkte, scharf und stets wachsam.

しかし、バックは野生の本能も持ち続け、鋭敏で常に警戒していました。

Er war nicht nur ein gezähmtes Haustier aus den sanften Ländern der Zivilisation.

彼は、単に文明の穏やかな土地から来た飼い慣らされたペットではありませんでした。

Buck war ein wildes Wesen, das hereingekommen war, um an Thorntons Feuer zu sitzen.

バックはソーントンの火のそばに座りに来た野生の生き物だった。

Er sah aus wie ein Südlandhund, aber in ihm lebte Wildheit.

彼はサウスランドの犬のように見えたが、彼の中には野性が宿っていた。

Seine Liebe zu Thornton war zu groß, um zuzulassen, dass er den Mann bestohlen hätte.

ソーントンに対する彼の愛はあまりにも深かったので、彼から盗むことは許せなかった。

Aber in jedem anderen Lager würde er dreist und ohne Pause stehlen.

しかし、他のキャンプであれば、彼はためらうことなく大胆に盗みを働くだろう。

Er war beim Stehlen so geschickt, dass ihn niemand erwischen oder beschuldigen konnte.

彼は盗みがとても巧妙だったので、誰も彼を捕まえたり告発したりすることはできなかった。

Sein Gesicht und sein Körper waren mit Narben aus vielen vergangenen Kämpfen übersät.

彼の顔と体は過去の数々の戦いによる傷跡で覆われていた。

Buck kämpfte immer noch erbittert, aber jetzt kämpfte er mit mehr List.

バックは相変わらず激しく戦ったが、今度はもっと狡猾
に戦った。

Skeet und Nig waren zu sanft, um zu kämpfen, und sie
gehörten Thornton.

スキートとニグは戦うにはあまりにも穏やかで、彼らは
ソーントンの犬でした。

Aber jeder fremde Hund, egal wie stark oder mutig, wich
zurück.

しかし、どんなに強くて勇敢な犬でも、見知らぬ犬は道
を譲りました。

Ansonsten kämpfte der Hund gegen Buck und um sein
Leben.

そうでなければ、犬はバックと闘い、自分の命をかけて
戦うことになるだろう。

Buck kannte keine Gnade, wenn er sich entschied, gegen
einen anderen Hund zu kämpfen.

バックは、他の犬と戦うことを選んだら容赦しませんで
した。

Er hatte das Gesetz der Keule und des Reißzahns im
Nordland gut gelernt.

彼は北国の棍棒と牙の法則をよく学んでいた。

Er gab nie einen Vorteil auf und wich nie einer Schlacht aus.

彼は決して優位性を放棄せず、戦いから逃げることもな
かった。

Er hatte Spitz und die wildesten Post- und Polizeihunde
studiert.

彼はスピッツと郵便や警察の最も獰猛な犬を研究した。

Er wusste genau, dass es im wilden Kampf keinen
Mittelweg gab.

彼は激しい戦闘には中立の立場など存在しないことを明
らかに知っていた。

Er musste herrschen oder beherrscht werden; Gnade zu
zeigen, hieße, Schwäche zu zeigen.

彼は支配するか、支配されるかのどちらかであり、慈悲
を示すことは弱さを示すことを意味した。

In der rauen und brutalen Welt des Überlebens kannte man keine Gnade.

生き残るための荒々しく残酷な世界では慈悲は知られていなかった。

Gnade zu zeigen wurde als Angst angesehen und Angst führte schnell zum Tod.

慈悲を示すことは恐怖と見なされ、恐怖はすぐに死につながりました。

Das alte Gesetz war einfach: töten oder getötet werden, essen oder gefressen werden.

昔の法律は単純だった。殺すか殺されるか、食べるか食べられるか。

Dieses Gesetz stammte aus längst vergangenen Zeiten und Buck befolgte es vollständig.

その法則は時の深淵から生まれたものであり、バックはそれを完全に従った。

Buck war älter als sein Alter und die Anzahl seiner Atemzüge.

バックは、年齢や呼吸の数よりも老けて見えた。

Er verband die ferne Vergangenheit klar mit der Gegenwart.

彼は古代の過去と現在の瞬間を明確に結びつけた。

Die tiefen Rhythmen der Zeitalter bewegten sich durch ihn wie die Gezeiten.

時代の深いリズムが潮のように彼の中に流れていった。

Die Zeit pulsierte in seinem Blut so sicher, wie die Jahreszeiten die Erde bewegen.

季節が地球を動かすのと同じように、時間は彼の血の中で確実に脈打っていた。

Er saß mit starker Brust und weißen Reißzähnen an Thorntons Feuer.

彼は胸が強く、牙が白く、ソーントンの暖炉のそばに座っていた。

Sein langes Fell wehte, aber hinter ihm beobachteten ihn die Geister wilder Hunde.

長い毛が揺れていたが、その背後では野犬の霊が見守っていた。

Halbwölfe und Vollwölfe regten sich in seinem Herzen und seinen Sinnen.

半狼と全狼が彼の心と感覚の中で動いた。

Sie probierten sein Fleisch und tranken dasselbe Wasser wie er.

彼らは彼の肉を味わい、彼と同じ水を飲みました。

Sie schnupperten neben ihm den Wind und lauschten dem Wald.

彼らは彼と一緒に風を嗅ぎ、森の音に耳を傾けました。

Sie flüsterten die Bedeutung der wilden Geräusche in der Dunkelheit.

彼らは暗闇の中で荒々しい音の意味をささやいた。

Sie prägten seine Stimmungen und leiteten jede seiner stillen Reaktionen.

それらは彼の気分を形作り、彼の静かな反応のそれぞれを導きました。

Sie lagen bei ihm, während er schlief, und wurden Teil seiner tiefen Träume.

彼らは彼が眠っている間、彼と一緒に横たわり、彼の深い夢の一部となった。

Sie träumten mit ihm, über ihn hinaus und bildeten seinen Geist.

彼らは彼とともに、彼を超えて夢を見て、彼の精神そのものを作り上げました。

Die Geister der Wildnis riefen so stark, dass Buck sich hingezogen fühlte.

野生の精霊の呼びかけがあまりにも強かったので、バックは引っ張られるのを感じた。

Mit jedem Tag wurden die Menschheit und ihre Ansprüche in Bucks Herzen schwächer.

人類とその主張は、バックの心の中で日に日に弱まっていった。

Tief im Wald würde ein seltsamer und aufregender Ruf erklingen.

森の奥深くで、奇妙でスリリングな声が響き渡ろうとしていた。

Jedes Mal, wenn er den Ruf hörte, verspürte Buck einen Drang, dem er nicht widerstehen konnte.

その呼び声を聞くたびに、バックは抵抗できない衝動を感じた。

Er wollte sich vom Feuer und den ausgetretenen menschlichen Pfaden abwenden.

彼は火と踏みならされた人間の道から離れようとしていた。

Er wollte in den Wald eintauchen und weitergehen, ohne zu wissen, warum.

彼は理由も分からず、森の中へと突き進んでいくつもりだった。

Er hinterfragte diese Anziehungskraft nicht, denn der Ruf war tief und kraftvoll.

彼はこの引力に疑問を持たなかった。その呼び声は深く、強力だったからだ。

Oft erreichte er den grünen Schatten und die weiche, unberührte Erde

彼はしばしば緑の陰と柔らかい手つかずの土に辿り着いた

Doch dann zog ihn die große Liebe zu John Thornton zurück zum Feuer.

しかし、ジョン・ソーントンへの強い愛情が彼を再び火の中に引き戻したのです。

Nur John Thornton hatte Bucks wildes Herz wirklich in seiner Gewalt.

ジョン・ソーントンだけが、バックの荒々しい心を本当に掴んでいた。

Der Rest der Menschheit hatte für Buck keinen bleibenden Wert oder keine bleibende Bedeutung.

残りの人類にはバックにとって永続的な価値も意味もなかった。

Fremde könnten ihn loben oder ihm mit freundlichen Händen über das Fell streicheln.

見知らぬ人が彼を褒めたり、友好的な手で彼の毛を撫でたりするかもしれません。

Buck blieb ungerührt und ging vor lauter Zuneigung davon.
バックは、あまりの愛情に動じることなく立ち去った。

Hans und Pete kamen mit dem lange erwarteten Floß
ハンスとピートは待ちに待ったいかだを持って到着した

Buck ignorierte sie, bis er erfuhr, dass sie sich in der Nähe von Thornton befanden.
バックは彼らがソーントンの近くにいることを知るまで彼らを無視した。

Danach tolerierte er sie, zeigte ihnen jedoch nie seine volle Zuneigung.
その後、彼は彼らを容認はしたものの、彼らに全面的な温かさを見せることはなかった。

Er nahm Essen oder Freundlichkeiten von ihnen an, als täte er ihnen einen Gefallen.
彼はまるで彼らに親切にするかのように、彼らから食べ物や親切を受け取りました。

Sie waren wie Thornton – einfach, ehrlich und klar im Denken.
彼らはソーントンのように単純で、正直で、考えが明晰でした。

Gemeinsam reisten sie zu Dawsons Sägewerk und dem großen Wirbel
彼らは全員一緒にドーソンの製材所とグレートエディへ旅した。

Auf ihrer Reise lernten sie Bucks Wesen tiefgründig kennen.
旅の途中で彼らはバックの本質を深く理解するようになった。

Sie versuchten nicht, sich näherzukommen, wie es Skeet und Nig getan hatten.
彼らはスキートとニグのように親しくなろうとはしなかった。

Doch Bucks Liebe zu John Thornton wurde mit der Zeit immer stärker.
しかし、バックのジョン・ソーントンに対する愛情は時とともに深まるばかりだった。

Nur Thornton könnte Buck im Sommer eine Last auf die Schultern laden.

夏にバックの背中にパックを載せることができたのはソーントンだけだった。

Was auch immer Thornton befahl, Buck war bereit, es uneingeschränkt zu tun.

ソーントンが命じたことは何でも、バックは喜んで全力で従った。

Eines Tages, nachdem sie Dawson in Richtung der Quellgewässer des Tanana verlassen hatten,

ある日、ドーソンを出発してタナナ川の源流に向かったとき、

die Gruppe saß auf einer Klippe, die dreihundert Fuß bis zum nackten Fels abfiel.

グループは、岩盤がむき出しになるまで3フィート下がった崖の上に座っていた。

John Thornton saß nahe der Kante und Buck ruhte sich neben ihm aus.

ジョン・ソーントンは端の近くに座り、バックはその隣で休んだ。

Thornton hatte plötzlich eine Idee und rief die Männer auf sich aufmerksam.

ソーントンは突然思いついて、男たちの注意を促した。

Er deutete über den Abgrund und gab Buck einen einzigen Befehl.

彼は峡谷の向こうを指差してバックに一つの命令を下した。

„Spring, Buck!", sagte er und schwang seinen Arm über den Abgrund.

「ジャンプ、バック！」彼は腕を振り上げて落下地点を超えた。

Einen Moment später musste er Buck packen, der sofort lossprang, um zu gehorchen.

すぐに、彼は、従うために飛び上がっていたバックをつかまなければなりませんでした。

Hans und Pete eilten nach vorne und zogen beide in Sicherheit.

ハンスとピートは急いで前に進み出て、二人を安全な場所まで引き戻しました。

Nachdem alles vorbei war und sie wieder zu Atem gekommen waren, ergriff Pete das Wort.

すべてが終わり、彼らが息を整えた後、ピートが口を開いた。

„Die Liebe ist unheimlich", sagte er, erschüttert von der wilden Hingabe des Hundes.

「その愛は不思議なものだ」と彼は犬の激しい献身に心を揺さぶられながら言った。

Thornton schüttelte den Kopf und antwortete mit ruhiger Ernsthaftigkeit.

ソーントンは首を横に振り、冷静に真剣な表情で答えた。

„Nein, die Liebe ist großartig", sagte er, „aber auch schrecklich."

「いや、愛は素晴らしい」と彼は言った。「しかしまた恐ろしいものでもある。」

„Manchmal, das muss ich zugeben, macht mir diese Art von Liebe Angst."

「時々、この種の愛は私を怖がらせると認めざるを得ません。」

Pete nickte und sagte: „Ich möchte nicht der Mann sein, der dich berührt."

ピートはうなずいて言った。「君に触れる男にはなりたくないな。」

Er sah Buck beim Sprechen ernst und voller Respekt an.

彼は話しながら、真剣な表情と敬意を込めてバックを見つめた。

„Py Jingo!", sagte Hans schnell. „Ich auch nicht, nein, Sir."

「ピィ・ジンゴ！」ハンスは慌てて言った。「僕もです、旦那様」

Noch vor Jahresende wurden Petes Befürchtungen in Circle City wahr.

その年が終わる前に、ピートの恐れはサークル・シティで現実になった。

Ein grausamer Mann namens Black Burton hat in der Bar eine Schlägerei angezettelt.

ブラック・バートンという名の冷酷な男がバーで喧嘩を売ってきた。

Er war wütend und bösartig und ging auf einen Neuling los.

彼は怒りと悪意に満ち、新しく入社したばかりの者を激しく攻撃した。

John Thornton schritt ein, ruhig und gutmütig wie immer.

ジョン・ソーントンがいつものように落ち着いて温厚な態度で介入した。

Buck lag mit gesenktem Kopf in einer Ecke und beobachtete Thornton aufmerksam.

バックは頭を下げて隅に横たわり、ソーントンをじっと見つめていた。

Burton schlug plötzlich zu und sein Schlag ließ Thornton herumwirbeln.

バートンが突然攻撃を仕掛け、そのパンチでソーントンは回転した。

Nur die Stangenreling verhinderte, dass er hart auf den Boden stürzte.

バーのレールだけが、彼が地面に激しく衝突するのを防いでいた。

Die Beobachter hörten ein Geräusch, das weder Bellen noch Jaulen war

監視員たちは吠え声でも鳴き声でもない音を聞いた

Ein tiefes Brüllen kam von Buck, als er auf den Mann zustürzte.

バックが男に向かって突進すると、低い叫び声が上がった。

Burton riss seinen Arm hoch und rettete nur knapp sein eigenes Leben.

バートンは腕を上げて、かろうじて自分の命を救った。

Buck prallte gegen ihn und warf ihn flach auf den Boden.
バックは彼に激突し、彼を床に叩きつけた。

Buck biss tief in den Arm des Mannes und stürzte sich dann auf die Kehle.
バックは男の腕を深く噛み、それから喉に突進した。

Burton konnte den Angriff nur teilweise blocken und sein Hals wurde aufgerissen.
バートンは部分的にしかブロックできず、首が裂けてしまった。

Männer stürmten mit erhobenen Knüppeln herein und vertrieben Buck von dem blutenden Mann.
男たちが突入し、棍棒を振り上げ、血を流している男のバックを追い払った。

Ein Chirurg arbeitete schnell, um den Blutausfluss zu stoppen.
外科医はすぐに血の流出を止める手術を行った。

Buck ging auf und ab und knurrte, während er immer wieder versuchte anzugreifen.
雄鹿は歩き回り、うなり声をあげ、何度も攻撃しようとした。

Nur schwingende Knüppel hielten ihn davon ab, Burton zu erreichen.
スイングクラブだけが彼をバートンに近づけないようにしていた。

Eine Bergarbeiterversammlung wurde einberufen und noch vor Ort abgehalten.
炭鉱労働者の集会が招集され、その場で開催されました。

Sie waren sich einig, dass Buck provoziert worden war, und stimmten für seine Freilassung.
彼らはバックが挑発されたことに同意し、彼を釈放することに投票した。

Doch Bucks wilder Name hallte nun durch jedes Lager in Alaska.
しかし、バックの勇ましい名前は、今やアラスカのあらゆるキャンプに響き渡っていた。

Später im Herbst rettete Buck Thornton erneut auf eine neue Art und Weise.

その年の秋、バックは新たな方法で再びソーントンを救った。

Die drei Männer steuerten ein langes Boot durch wilde Stromschnellen.

３人の男は長いボートを操縦して、激しい急流を下っていた。

Thornton steuerte das Boot und rief Anweisungen zur Küste.

ソーントンはボートを操縦し、岸までの道順を指示した

Hans und Pete rannten an Land und hielten sich an einem Seil fest, das sie von Baum zu Baum führte.

ハンスとピートは木から木へとロープをつかみながら陸上を走りました。

Buck hielt am Ufer Schritt und behielt seinen Herrn immer im Auge.

バックは主人を常に見守りながら、岸辺を歩き続けた。

An einer ungünstigen Stelle ragten Felsen aus dem schnellen Wasser hervor.

ある厄介な場所では、速い水の下に岩が突き出ていました。

Hans ließ das Seil los und Thornton steuerte das Boot weit.

ハンスはロープを放し、ソーントンはボートを大きく舵取りした。

Hans sprintete, um das Boot an den gefährlichen Felsen vorbei wieder zu erreichen.

ハンスは危険な岩を通り過ぎて再びボートに追いつくために全力疾走した。

Das Boot passierte den Felsvorsprung, geriet jedoch in eine stärkere Strömung.

ボートは岩棚を越えたが、流れのより強い部分にぶつかった。

Hans griff zu schnell nach dem Seil und brachte das Boot aus dem Gleichgewicht.

ハンスはロープを素早く掴みすぎたため、ボートのバランスを崩してしまいました。

Das Boot kenterte und prallte mit dem Hinterteil nach oben gegen das Ufer.

ボートはひっくり返って底を上にして岸に激突した。

Thornton wurde hinausgeworfen und in den wildesten Teil des Wassers geschwemmt.

ソーントンは投げ出され、水の最も荒れた部分へと流された。

Kein Schwimmer hätte in diesen tödlichen, reißenden Gewässern überleben können.

あの危険な流れの激しい水の中では、どんな水泳選手も生き残れなかっただろう。

Buck sprang sofort hinein und jagte seinen Herrn den Fluss hinunter.

バックはすぐに飛び込んで、主人を川下まで追いかけました。

Nach dreihundert Metern erreichte er endlich Thornton.

300ヤードを歩いて、ついに彼はソーントンに到着した

Thornton packte Buck am Schwanz und Buck drehte sich zum Ufer um.

ソーントンはバックの尻尾をつかみ、バックは岸の方へ向きを変えた。

Er schwamm mit voller Kraft und kämpfte gegen den wilden Sog des Wassers an.

彼は水の激しい抵抗と戦いながら全力で泳いだ。

Sie bewegten sich schneller flussabwärts, als sie das Ufer erreichen konnten.

彼らは岸に着くよりも速く下流へ移動した。

Vor ihnen toste der Fluss immer lauter und stürzte in tödliche Stromschnellen.

前方では、川がさらに大きな轟音を立てて、致命的な急流に落ちていった。

Felsen schnitten durch das Wasser wie die Zähne eines riesigen Kamms.

岩が巨大な櫛の歯のように水を切り裂いた。

Die Anziehungskraft des Wassers in der Nähe des Tropfens war wild und unausweichlich.

滝の近くの水の引力は猛烈で逃れられないものでした。

Thornton wusste, dass sie das Ufer nie rechtzeitig erreichen würden.

ソーントンは彼らが時間通りに岸に着くことは絶対に不可能だと知っていた。

Er schrammte über einen Felsen, zerschmetterte einen zweiten,

彼は一つの岩を擦り、もう一つの岩を叩き、

Und dann prallte er gegen einen dritten Felsen, den er mit beiden Händen festhielt.

そして彼は3つ目の岩にぶつかり、両手でそれを掴みました。

Er ließ Buck los und übertönte das Gebrüll: „Los, Buck! Los!"

彼はバックを放し、轟音の中で叫びました。「行け、バック！行け！」

Buck konnte sich nicht über Wasser halten und wurde von der Strömung mitgerissen.

バックは浮かんでいられず、流れに流されてしまった。

Er kämpfte hart und versuchte, sich umzudrehen, kam aber überhaupt nicht voran.

彼は一生懸命抵抗し、方向転換しようとしたが、まったく前進しなかった。

Dann hörte er, wie Thornton den Befehl über das Tosen des Flusses hinweg wiederholte.

すると、ソーントンが川の轟音にかき消されずに命令を繰り返す声が聞こえた。

Buck erhob sich aus dem Wasser und hob den Kopf, als wolle er einen letzten Blick werfen.

バックは水から立ち上がって、最後にもう一度見ようとするかのように頭を上げた。

dann drehte er sich um und gehorchte und schwamm entschlossen auf das Ufer zu.

それから向きを変えて従い、決意を持って岸に向かって泳ぎました。

Pete und Hans zogen ihn im letzten Moment an Land.

ピートとハンスは最後の瞬間に彼を岸に引き上げた。

Sie wussten, dass Thornton sich nur noch wenige Minuten am Felsen festklammern konnte.

彼らは、ソーントンがあと数分しか岩にしがみついていられないことを知っていた。

Sie rannten das Ufer hinauf zu einer Stelle weit oberhalb der Stelle, an der er hing.

彼らは土手を駆け上がり、彼がぶら下がっている場所よりずっと上の地点まで行った。

Sie befestigten die Bootsleine sorgfältig an Bucks Hals und Schultern.

彼らはボートのロープをバックの首と肩に慎重に結び付けた。

Das Seil saß eng, war aber locker genug zum Atmen und für Bewegung.

ロープはぴったりとフィットしていましたが、呼吸や動きに支障のない程度に緩んでいました。

Dann warfen sie ihn erneut in den reißenden, tödlichen Fluss.

それから彼らは彼を再び激流の危険な川に投げ込んだ。

Buck schwamm mutig, verpasste jedoch seinen Winkel in die Kraft des Stroms.

バックは大胆に泳いだが、流れの勢いに逆らって泳ぐ角度を間違えた。

Er sah zu spät, dass er an Thornton vorbeiziehen würde.

彼はソーントンを通り過ぎようとしていることに気づくのが遅すぎた。

Hans riss das Seil fest, als wäre Buck ein kenterndes Boot.

ハンスは、まるでバックが転覆する船であるかのように、ロープを強く引っ張った。

Die Strömung zog ihn nach unten und er verschwand unter der Oberfläche.

彼は流れに引き込まれ、水面下に消えていった。

Sein Körper schlug gegen das Ufer, bevor Hans und Pete ihn herauszogen.

ハンスとピートが彼を引き上げる前に、彼の体は岸に激突した。

Er war halb ertrunken und sie haben das Wasser aus ihm herausgeprügelt.

彼は半分溺れていたが、彼らは彼から水を叩き出した。

Buck stand auf, taumelte und brach erneut auf dem Boden zusammen.

バックは立ち上がり、よろめき、再び地面に倒れた。

Dann hörten sie Thorntons Stimme, die schwach vom Wind getragen wurde.

そのとき、彼らは風に乗ってかすかにソーントンの声が聞こえた。

Obwohl die Worte undeutlich waren, wussten sie, dass er dem Tode nahe war.

言葉は不明瞭だったが、彼らは彼が死期が近いことを知った。

Der Klang von Thorntons Stimme traf Buck wie ein elektrischer Schlag.

ソーントンの声がバックに電撃のように衝撃を与えた。

Er sprang auf, rannte das Ufer hinauf und kehrte zum Startpunkt zurück.

彼は飛び上がって土手を駆け上がり、出発地点に戻った。

Wieder banden sie Buck das Seil fest und wieder betrat er den Bach.

再び彼らはバックにロープを結び、バックは再び川に入った。

Diesmal schwamm er direkt und entschlossen in das rauschende Wasser.

今度は、彼は勢いよく流れ込む水の中へまっすぐに、そしてしっかりと泳ぎ込んだ。

Hans ließ das Seil langsam los, während Pete darauf achtete, dass es sich nicht verhedderte.

ハンスはロープを着実に繰り出し、ピートはロープが絡まらないようにした。

Buck schwamm schnell, bis er direkt über Thornton auf einer Linie lag.

バックはソーントンの真上に並ぶまで懸命に泳ぎ続けた

Dann drehte er sich um und raste wie ein Zug mit voller Geschwindigkeit nach unten.

それから彼は向きを変え、全速力で走る列車のように突進しました。

Thornton sah ihn kommen, machte sich bereit und schlang die Arme um seinen Hals.

ソーントンは彼が近づいてくるのを見て、身構え、彼の首に腕を回した。

Hans band das Seil fest um einen Baum, als beide unter Wasser gezogen wurden.

ハンスは二人が引き込まれると、ロープを木の周りにしっかりと結びました。

Sie stürzten unter Wasser und zerschellten an Felsen und Flusstrümmern.

彼らは水中に転落し、岩や川の残骸に激突した。

In einem Moment war Buck oben, im nächsten erhob sich Thornton keuchend.

一瞬バックが優位に立ったが、次の瞬間ソーントンが息を切らしながら立ち上がった。

Zerschlagen und erstickend steuerten sie auf das Ufer zu und waren in Sicherheit.

打ちのめされ、窒息しそうになりながら、彼らは岸へと転進し安全な場所に避難した。

Thornton erlangte sein Bewusstsein wieder und lag quer über einem Treibholzbaumstamm.

ソーントンは流木の上に横たわり、意識を取り戻した。

Hans und Pete haben hart gearbeitet, um ihm Atem und Leben zurückzugeben.

ハンスとピートは彼に呼吸と命を取り戻すために懸命に働きました。

Sein erster Gedanke galt Buck, der regungslos und schlaff dalag.

彼の最初の考えは、動かずぐったりと横たわっているバックのことだった。

Nig heulte über Bucks Körper und Skeet leckte sanft sein Gesicht.

ニグはバックの体の上で吠え、スキートはバックの顔を優しく舐めた。

Thornton, wund und verletzt, untersuchte Buck mit vorsichtigen Händen.

ソーントンは、痛みと傷を負いながらも、慎重にバックを診察した。

Er stellte fest, dass der Hund drei Rippen gebrochen hatte, jedoch keine tödlichen Wunden aufwies.

犬の肋骨が3本折れているのが見つかったが、致命傷はなかった。

„Damit ist die Sache geklärt", sagte Thornton. „Wir zelten hier." Und das taten sie.

「それで決まりだ」とソーントンは言った。「ここでキャンプする」そして彼らは実際にキャンプした。

Sie blieben, bis Bucks Rippen verheilt waren und er wieder laufen konnte.

彼らはバックの肋骨が治り、彼が再び歩けるようになるまでそこに留まりました。

In diesem Winter vollbrachte Buck eine Leistung, die seinen Ruhm noch weiter steigerte.

その冬、バックは彼の名声をさらに高める偉業を成し遂げた。

Es war weniger heroisch als Thornton zu retten, aber genauso beeindruckend.

それはソーントンを救ったことほど英雄的ではなかったが、同じくらい印象的だった。

In Dawson benötigten die Partner Vorräte für eine weite Reise.

ドーソンでは、パートナーたちは遠出の旅に必要な物資を必要としていました。

Sie wollten nach Osten reisen, in unberührte Wildnisgebiete.

彼らは東の、人の手が入っていない荒野へ旅したいと考えていました。

Bucks Tat im Eldorado Saloon machte diese Reise möglich.

エルドラド・サルーンでのバックの功績により、その旅が可能になった。

Es begann damit, dass Männer bei einem Drink mit ihren Hunden prahlten.

それは、酒を飲みながら自分の犬を自慢する男性たちから始まった。

Bucks Ruhm machte ihn zur Zielscheibe von Herausforderungen und Zweifeln.

バックの名声のせいで、彼は挑戦と疑いの的となった。

Thornton blieb stolz und ruhig und verteidigte Bucks Namen standhaft.

ソーントンは誇り高く冷静に、バックの名誉を守るために毅然とした態度を貫いた。

Ein Mann sagte, sein Hund könne problemlos zweihundertsechsunddreißig kg ziehen.

ある男性は、自分の犬は500ポンドを楽々と引っ張ることができると言いました。

Ein anderer sagte sechshundert und ein dritter prahlte mit siebenhundert.

別の者は600だと言い、3人目は700だと自慢した。

„Pfft!", sagte John Thornton, „Buck kann einen fünfhundert kg schweren Schlitten ziehen."

「ふん！」ジョン・ソーントンは言った。「バックは1000ポンドのそりを引けるんだぞ。」

Matthewson, ein Bonanza-König, beugte sich vor und forderte ihn heraus.

ボナンザ・キングのマシューソンは身を乗り出して彼に挑戦した。

„Glauben Sie, er kann so viel Gewicht in Bewegung setzen?"

「彼はそんなに重いものを動かせると思いますか?」

„Und Sie glauben, er kann das Gewicht volle hundert Meter weit ziehen?"

「それで、彼は100ヤードも重量物を引っ張れると思いますか?」

Thornton antwortete kühl: „Ja. Buck ist Hund genug, um das zu tun."

ソーントンは冷静に答えた。「ああ。バックはそれをやるだけの力がある」

„Er wird tausend Pfund in Bewegung setzen und es hundert Meter weit ziehen."

「彼は1000ポンドを動かして、それを100ヤード引っ張るでしょう。」

Matthewson lächelte langsam und stellte sicher, dass alle Männer seine Worte hörten.

マシューソンはゆっくりと微笑み、全員が自分の言葉を聞いていることを確認した。

„Ich habe tausend Dollar, die sagen, dass er es nicht kann. Da ist es."

「彼には無理だと証明する1000ドルの証拠がある。これだ」

Er knallte einen Sack Goldstaub von der Größe einer Wurst auf die Theke.

彼はソーセージほどの大きさの金粉の袋をバーに叩きつけた。

Niemand sagte ein Wort. Die Stille um sie herum wurde drückend und angespannt.

誰も一言も発しなかった。周囲に重苦しい沈黙と緊張が漂った。

Thorntons Bluff – wenn es denn einer war – war ernst genommen worden.

ソーントンのブラフは、もしそうであったとしても、真剣に受け止められた。

Er spürte, wie ihm die Hitze im Gesicht aufstieg und das Blut in seine Wangen schoss.

彼は頬に血が上って顔が熱くなるのを感じた。

In diesem Moment war seine Zunge seiner Vernunft voraus.

その瞬間、彼の言葉は理性を先取りしていた。

Er wusste wirklich nicht, ob Buck fünfhundert kg bewegen konnte.

バックが1000ポンドを動かせるかどうか、彼には本当にわからなかった。

Eine halbe Tonne! Allein die Größe ließ ihm das Herz schwer werden.

なんと半トン！その大きさだけでも胸が重くなる。

Er hatte Vertrauen in Bucks Stärke und hielt ihn für fähig.

彼はバックの強さを信頼しており、彼が有能だと考えていた。

Doch einer solchen Herausforderung war er noch nie begegnet, nicht auf diese Art und Weise.

しかし、彼はこのような種類の課題に直面したことがなかった。

Ein Dutzend Männer beobachteten ihn still und warteten darauf, was er tun würde.

12人の男たちが静かに彼を見て、彼が何をするかを待っていた。

Er hatte das Geld nicht – Hans und Pete auch nicht.

彼にはお金がなかった。ハンスにもピートにもお金がなかった。

„Ich habe draußen einen Schlitten", sagte Matthewson kalt und direkt.

「外にそりがあるよ」とマシューソンは冷たく直接言った。

„Es ist mit zwanzig Säcken zu je fünfzig Pfund beladen, alles Mehl.

「20袋、それぞれ50ポンドの小麦粉が詰まっています。

Lassen Sie sich also jetzt nicht von einem fehlenden Schlitten als Ausrede ausreden", fügte er hinzu.

だから今は、そりがなくなったことを言い訳にしてはいけない」と彼は付け加えた。

Thornton stand still da. Er wusste nicht, was er sagen sollte.

ソーントンは黙って立っていた。何と言えばいいのか分からなかった。

Er blickte sich die Gesichter an, ohne sie deutlich zu erkennen.

彼ははっきりと顔は見えないまま、周囲を見回した。

Er sah aus wie ein Mann, der in Gedanken erstarrt war und versuchte, neu zu starten.

彼は、考え込んで立ち直ろうとしている男のように見えた。

Dann sah er Jim O'Brien, einen Freund aus der Mastodon-Zeit.

すると彼は、マストドン時代の友人であるジム・オブライエンに会った。

Dieses vertraute Gesicht gab ihm Mut, von dem er nicht wusste, dass er ihn hatte.

その馴染みのある顔は、彼に、自分が持っているとは知らなかった勇気を与えた。

Er drehte sich um und fragte mit leiser Stimme: „Können Sie mir tausend leihen?"

彼は振り返って低い声で尋ねました。「1000ドル貸してもらえますか？」

„Sicher", sagte O'Brien und ließ bereits einen schweren Sack neben dem Gold fallen.

「もちろんだ」オブライエンは、重い袋を金貨のそばに落としながら言った。

„Aber ehrlich gesagt, John, ich glaube nicht, dass das Biest das tun kann."

「でも正直に言うと、ジョン、あの獣がそんなことできるとは思えないよ。」

Alle im Eldorado Saloon strömten nach draußen, um sich die Veranstaltung anzusehen.

エルドラド・サルーンにいた全員が、その出来事を見るために外に駆け出しました。

Sie ließen Tische und Getränke zurück und sogar die Spiele wurden unterbrochen.

彼らはテーブルと飲み物を去り、ゲームさえも中断しました。

Dealer und Spieler kamen, um das Ende der kühnen Wette mitzuerleben.

ディーラーとギャンブラーたちは、大胆な賭けの結末を見届けるためにやって来た。

Hunderte versammelten sich auf der vereisten Straße um den Schlitten.

凍った広い道路に置かれたそりの周りには何百人もの人が集まりました。

Matthewsons Schlitten stand mit einer vollen Ladung Mehlsäcke da.

マシューソンのそりには小麦粉の袋が満載されていた。

Der Schlitten stand stundenlang bei Minustemperaturen.

そりはマイナス気温の中で何時間も放置されていた。

Die Kufen des Schlittens waren fest am festgetretenen Schnee festgefroren.

そりの滑走部は踏み固められた雪にぴったりと凍りついていた。

Die Männer wetteten zwei zu eins, dass Buck den Schlitten nicht bewegen könne.

男たちは、バックがそりを動かせなくなる確率は2対1だと主張。

Es kam zu einem Streit darüber, was „ausbrechen" eigentlich bedeutet.

「ブレイクアウト」が実際に何を意味するかについて論争が勃発した。

O'Brien sagte, Thornton solle die festgefrorene Basis des Schlittens lösen.

オブライエン氏は、ソーントン氏がそりの凍った底を緩めるべきだと述べた。

Buck könnte dann aus einem soliden, bewegungslosen Start „ausbrechen".

すると、バックはしっかりとした静止したスタートから
「抜け出す」ことができるのです。

Matthewson argumentierte, dass der Hund auch die Läufer
befreien müsse.
マシューソンさんは、犬もランナーを解放しなければな
らないと主張した。

Die Männer, die von der Wette gehört hatten, stimmten
Matthewsons Ansicht zu.
その賭けを聞いた男たちはマシューソンの意見に同意し
た。

Mit dieser Entscheidung stiegen die Chancen auf drei zu
eins gegen Buck.
この判決により、バック氏の不利な状況は3対1に跳ね上
がった。

Niemand trat vor, um die wachsende Drei-zu-eins-Chance
auf sich zu nehmen.
3対1の差が拡大する中、誰も前に出ようとしなかった。

Kein einziger Mann glaubte, dass Buck diese große Leistung
vollbringen könnte.
バックがその偉業を成し遂げられると信じた者は一人も
いなかった。

Thornton war zu der Wette gedrängt worden, obwohl er
voller Zweifel war.
ソーントンは強い疑念を抱きながら、賭けに飛び込んだ

Nun blickte er auf den Schlitten und das zehnköpfige
Hundegespann daneben.
今、彼はそりと、その横の十頭の犬ぞりに目をやった。

Als ich die Realität der Aufgabe sah, erschien sie noch
unmöglicher.
課題の現実を見ると、さらに不可能に思えてきました。

Matthewson war in diesem Moment voller Stolz und
Selbstvertrauen.
マシューソンはその瞬間、誇りと自信に満ち溢れていた

„Drei zu eins!“, rief er. „Ich wette noch tausend, Thornton!“
「三対一だ!」と彼は叫んだ。「さらに千ドル賭けてや
るよ、ソーントン!」

Was sagst du dazu?", fügte er laut genug hinzu, dass es alle hören konnten.

「何と言いますか？」と彼は全員に聞こえるくらい大きな声で付け加えた。

Thorntons Gesicht zeigte seine Zweifel, aber sein Geist war aufgeblüht.

ソーントンの顔には疑念が浮かんでいたが、彼の精神は高揚していた。

Dieser Kampfgeist ignorierte alle Widrigkeiten und fürchtete sich überhaupt nicht.

その闘志は逆境をものともせず、何も恐れなかった。

Er forderte Hans und Pete auf, ihr gesamtes Bargeld auf den Tisch zu bringen.

彼はハンスとピートに現金を全部テーブルに持ってくるように呼びかけた。

Ihnen blieb nicht mehr viel übrig – insgesamt nur zweihundert Dollar.

彼らに残ったのはわずか 200 ドルだけだった。

Diese kleine Summe war ihr gesamtes Vermögen in schweren Zeiten.

このわずかな金額が、苦難の時代における彼らの全財産だった。

Dennoch setzten sie ihr gesamtes Vermögen auf Matthewsons Wette.

それでも、彼らはマシューソンの賭けに全財産を賭けた

Das zehnköpfige Hundegespann wurde abgekoppelt und vom Schlitten wegbewegt.

10頭の犬ぞりは繋ぎが解かれ、そりから離れ去った。

Buck wurde in die Zügel genommen und trug sein vertrautes Geschirr.

バックはいつもの馬具を着けて手綱を握った。

Er hatte die Energie der Menge aufgefangen und die Spannung gespürt.

彼は群衆のエネルギーを感知し、緊張を感じ取った。

Irgendwie wusste er, dass er etwas für John Thornton tun musste.

どういうわけか、彼はジョン・ソーントンのために何か
をしなくてはならないことを知っていました。

Die Leute murmelten voller Bewunderung über die stolze
Gestalt des Hundes.

人々は犬の誇らしげな姿に感嘆の声をあげた。

Er war schlank und stark und hatte kein einziges Gramm
Fleisch zu viel.

彼は痩せていて強健で、余分な肉はひとつもなかった。

Sein Gesamtgewicht von hundertfünfzig Pfund bestand nur
aus Kraft und Ausdauer.

彼の総重量150ポンドはすべて力と持久力でした。

Bucks Fell glänzte wie Seide und strotzte vor Gesundheit
und Kraft.

バックの毛皮は健康と強さで厚く、絹のように輝いてい
た。

Das Fell an seinem Hals und seinen Schultern schien sich
aufzurichten und zu sträuben.

首や肩の毛が浮き上がって逆立っているように見えた。

Seine Mähne bewegte sich leicht, jedes Haar war voller
Energie.

彼のたてがみはわずかに動いていて、毛の一本一本が彼
の大きなエネルギーで生き生きとしていた。

Seine breite Brust und seine starken Beine passten zu
seinem schweren, robusten Körperbau.

彼の広い胸と強い脚は、彼の重くて頑丈な体格によく似
合っていた。

Unter seinem Mantel spannten sich Muskeln, straff und fest
wie geschmiedetes Eisen.

彼のコートの下で筋肉が波打っており、鉄のように引き
締まっていた。

Männer berührten ihn und schworen, er sei gebaut wie eine
Stahlmaschine.

男たちは彼に触れて、彼が鋼鉄の機械のような体格だと
断言した。

Die Quoten sanken leicht auf zwei zu eins gegen den großen
Hund.

偉大な犬に対するオッズはわずかに2対1に下がりました

Ein Mann von den Skookum Benches drängte sich stotternd nach vorne.

スクーカムベンチの男がどもりながら前に進み出た。

„Gut, Sir! Ich biete achthundert für ihn – vor der Prüfung, Sir!"

「結構です！テスト前なので800ドル差し上げます！」

„Achthundert, so wie er jetzt dasteht!", beharrte der Mann.

「今の体重だと800キロだ！」男は主張した。

Thornton trat vor, lächelte und schüttelte ruhig den Kopf.

ソーントンは前に進み出て微笑み、静かに首を振った。

Matthewson schritt schnell mit warnender Stimme und einem Stirnrunzeln ein.

マシューソンはすぐに介入し、警告の声を上げて眉をひそめた。

„Sie müssen Abstand von ihm halten", sagte er. „Geben Sie ihm Raum."

「彼から離れなさい」と彼は言った。「彼にスペースを与えなさい」

Die Menge verstummte; nur die Spieler boten noch zwei zu eins.

群衆は静まり返り、ギャンブラーだけがまだ2対1で賭けを申し出ていた。

Alle bewunderten Bucks Körperbau, aber die Last schien zu groß.

誰もがバックの体格を賞賛したが、荷物が大きすぎるように見えた。

Zwanzig Säcke Mehl – jeder fünfzig Pfund schwer – schienen viel zu viel.

小麦粉20袋（各50ポンドの重さ）は多すぎるように思えました。

Niemand war bereit, seinen Geldbeutel zu öffnen und sein Geld zu riskieren.

誰もポーチを開けてお金を危険にさらそうとはしませんでした。

Thornton kniete neben Buck und nahm seinen Kopf in beide Hände.

ソーントンはバックの横にひざまずき、両手で彼の頭を包んだ。

Er drückte seine Wange an Bucks und sprach in sein Ohr.

彼はバックの頬に自分の頬を押し当てて、耳元で話しかけた。

Es gab jetzt kein spielerisches Schütteln oder geflüsterte liebevolle Beleidigungen.

今では、ふざけて体を揺らしたり、愛を込めてささやき合ったりすることはない。

Er murmelte nur leise: „So sehr du mich liebst, Buck."

彼はただ小さく呟いた。「君が僕を愛しているのと同じくらい、バック。」

Buck stieß ein leises Winseln aus, seine Begierde konnte er kaum zurückhalten.

バックは静かに鳴き声をあげたが、熱意をかろうじて抑えていた。

Die Zuschauer beobachteten neugierig, wie Spannung in der Luft lag.

緊張感が漂う中、傍観者たちは好奇心を持って見守った

Der Moment fühlte sich fast unwirklich an, wie etwas jenseits der Vernunft.

その瞬間は、まるで理屈を超えた何かのようで、ほとんど非現実的に感じられました。

Als Thornton aufstand, nahm Buck sanft seine Hand zwischen die Kiefer.

ソーントンが立ち上がると、バックはそっと彼の手を口の中に入れた。

Er drückte mit den Zähnen nach unten und ließ dann langsam und sanft los.

彼は歯で押さえ、それからゆっくりと優しく離した。

Es war eine stille Antwort der Liebe, nicht ausgesprochen, aber verstanden.

それは言葉で表現されたものではなく、理解された愛の静かな答えでした。

Thornton trat weit von dem Hund zurück und gab das Signal.

ソーントンは犬から十分離れて合図を出した。

„Jetzt, Buck", sagte er und Buck antwortete mit konzentrierter Ruhe.

「さて、バック」と彼は言い、バックは冷静に集中して応えた。

Buck spannte die Leinen und lockerte sie dann um einige Zentimeter.

バックは、レールを締め、それから数インチ緩めました

Dies war die Methode, die er gelernt hatte; seine Art, den Schlitten zu zerbrechen.

これは彼が学んだ方法であり、そりを壊す彼のやり方だった。

„Mensch!", rief Thornton mit scharfer Stimme in der schweren Stille.

「おいおい！」ソーントンは重苦しい沈黙の中で鋭い声で叫んだ。

Buck drehte sich nach rechts und stürzte sich mit seinem gesamten Gewicht nach vorn.

バックは右に向きを変え、全身全霊で突進した。

Das Spiel verschwand und Bucks gesamte Masse traf die straffen Leinen.

たるみは消え、バックの全質量がタイトなトレースにぶつかりました。

Der Schlitten zitterte und die Kufen machten ein knackendes, knisterndes Geräusch.

そりは震え、ランナーはパリパリという音を立てた。

„Haw!", befahl Thornton und änderte erneut Bucks Richtung.

「ホー！」ソーントンは再びバックの方向を変えながら命令した。

Buck wiederholte die Bewegung und zog diesmal scharf nach links.

バックは同じ動きを繰り返し、今度は鋭く左に引いた。

Das Knacken des Schlittens wurde lauter, die Kufen knackten und verschoben sich.

そりの音がさらに大きくなり、ランナーがパチンと音を立ててずれた。

Die schwere Last rutschte leicht seitwärts über den gefrorenen Schnee.

重い荷物は凍った雪の上をわずかに横に滑りました。

Der Schlitten hatte sich aus der Umklammerung des eisigen Pfades gelöst!

そりは凍った道のグリップから抜け出しました！

Die Männer hielten den Atem an, ohne zu merken, dass sie nicht einmal atmefen.

男たちは息を止めていたが、自分たちが呼吸をしていないことにも気づいていなかった。

„Jetzt ZIEHEN!", rief Thornton durch die eisige Stille.

「さあ、引け！」凍りついた沈黙の中でソーントンは叫んだ。

Thorntons Befehl klang scharf wie ein Peitschenknall.

ソーントンの命令は鞭の音のように鋭く響き渡った。

Buck stürzte sich mit einem heftigen und heftigen Ausfallschritt nach vorne.

バックは激しく、衝撃を与える突進で前方に突進した。

Sein ganzer Körper war aufgrund der enormen Belastung angespannt und verkrampft.

彼の全身は大きな負担で緊張し、縮こまってしまった。

Unter seinem Fell spannten sich Muskeln wie lebendig werdende Schlangen.

毛皮の下で筋肉が波打っており、蛇が生き返ったようだった。

Seine breite Brust war tief, der Kopf nach vorne zum Schlitten gestreckt.

彼の大きな胸は低く垂れ下がり、頭はそりに向かって前方に伸びていた。

Seine Pfoten bewegten sich blitzschnell und seine Krallen zerschnitten den gefrorenen Boden.

彼の足は稲妻のように動き、爪が凍った地面を切り裂いた。

Er kämpfte um jeden Zentimeter Bodenhaftung und hinterließ tiefe Rillen.

彼が少しでもトラクションを得ようと奮闘するにつれ、溝は深く刻まれていった。

Der Schlitten schaukelte, zitterte und begann eine langsame, unruhige Bewegung.

そりは揺れ、震え、ゆっくりと不安定な動きを始めた。

Ein Fuß rutschte aus und ein Mann in der Menge stöhnte laut auf.

片足が滑って、群衆の中の男が大きな声でうめき声をあげた。

Dann machte der Schlitten mit einer ruckartigen, heftigen Bewegung einen Satz nach vorne.

するとそりはガクガクと激しく動きながら前方に突進した。

Es hörte nicht wieder auf – noch einen halben Zoll ... einen Zoll ... zwei Zoll mehr.

それはまた止まらなかった。半インチ、1インチ、さらに2インチ。

Die Stöße wurden kleiner, als der Schlitten an Geschwindigkeit zunahm.

そりがスピードを上げ始めると、揺れは小さくなっていった。

Bald zog Buck mit sanfter, gleichmäßiger Rollkraft.

すぐにバックはスムーズで均一な回転力で牽引するようになりました。

Die Männer schnappten nach Luft und erinnerten sich schließlich wieder daran zu atmen.

男たちは息を呑み、ようやく再び呼吸することを思い出した。

Sie hatten nicht bemerkt, dass ihnen vor Ehrfurcht der Atem stockte.

彼らは畏怖の念で息が止まっていたことに気づいていなかった。

Thornton rannte hinterher und rief kurze, fröhliche Befehle.
ソーントンは短く明るい命令を叫びながら後ろを走った。

Vor uns lag ein Stapel Brennholz, der die Entfernung markierte.
前方には距離を示す薪の山がありました。

Als Buck sich dem Haufen näherte, wurde der Jubel immer lauter.
バックが山に近づくにつれて、歓声はますます大きくなった。

Der Jubel schwoll zu einem Brüllen an, als Buck den Endpunkt passierte.
バックがゴール地点を通過すると、歓声は大音響にまで高まった。

Männer sprangen auf und schrien, sogar Matthewson grinste.
男たちは飛び上がって叫び、マシューソン氏さえも笑顔を見せた。

Hüte flogen durch die Luft, Fäustlinge wurden gedankenlos und ziellos herumgeworfen.
帽子は空に舞い、手袋は考えも目的もなく投げられた。

Männer packten einander und schüttelten sich die Hände, ohne zu wissen, wer es war.
男たちは、誰とも知らずに、互いに掴み合って握手をした。

Die ganze Menge war in wilder, freudiger Stimmung.
群衆全体が熱狂的な喜びの祝賀でざわめいた。

Thornton fiel mit zitternden Händen neben Buck auf die Knie.
ソーントンは震える手でバックの横にひざまずいた。

Er drückte seinen Kopf an Bucks und schüttelte ihn sanft hin und her.
彼はバックの頭に自分の頭を押し当てて、優しく前後に揺さぶった。

Diejenigen, die näher kamen, hörten, wie er den Hund mit stiller Liebe verfluchte.

近づいた人々は、彼が静かに愛情を込めて犬を呪うのを聞いた。

Er beschimpfte Buck lange – leise, herzlich und emotional.
彼はバックに向かって長い間、優しく、熱く、感情を込めて罵り続けた。

„Gut, Sir! Gut, Sir!", rief der König der Skookum-Bank hastig.
「よかったです！よかったです！」スクーカムベンチの王は慌てて叫んだ。

„Ich gebe Ihnen tausend – nein, zwölfhundert – für diesen Hund, Sir!"
「その犬に1000ドル、いえ、1200ドルお支払いします！」

Thornton stand langsam auf, seine Augen glänzten vor Emotionen.
ソーントンは感情に輝いた目でゆっくりと立ち上がった

Tränen strömten ihm ohne jede Scham über die Wangen.
彼の頬には恥ずかしげもなく涙が流れ落ちた。

„Sir", sagte er zum König der Skookum-Bank, ruhig und bestimmt
「閣下」彼はスクーカムベンチキングに、落ち着いて毅然と言った。

„Nein, Sir. Sie können zur Hölle fahren, Sir. Das ist meine endgültige Antwort."
「いいえ。地獄に落ちてください。これが私の最終的な答えです。」

Buck packte Thorntons Hand sanft mit seinen starken Kiefern.
バックは力強い顎でソーントンの手を優しく掴んだ。

Thornton schüttelte ihn spielerisch, ihre Bindung war so tief wie eh und je.
ソーントンは彼をふざけて揺さぶったが、二人の絆は相変わらず深かった。

Die Menge, bewegt von diesem Moment, trat schweigend zurück.
群衆はその瞬間に感動し、静かに後ずさりした。

Von da an wagte es niemand mehr, diese heilige Zuneigung zu unterbrechen.

それ以来、誰もそのような神聖な愛情を邪魔しようとはしなかった。

Der Klang des Rufs
呼び声の音

Buck hatte in fünf Minuten Sechzehnhundert Dollar verdient.

バックは5分間で1600ドルを稼いだ。

Mit dem Geld konnte John Thornton einen Teil seiner Schulden begleichen.

そのお金でジョン・ソーントンは借金の一部を返済することができた。

Mit dem restlichen Geld machte er sich mit seinen Partnern auf den Weg nach Osten.

残りのお金を持って、彼は仲間とともに東へ向かった。

Sie suchten nach einer sagenumwobenen verlorenen Mine, die so alt ist wie das Land selbst.

彼らは、国自体と同じくらい古い、伝説の失われた鉱山を探していました。

Viele Männer hatten nach der Mine gesucht, aber nur wenige hatten sie je gefunden.

多くの人が鉱山を探したが、発見できた人はほとんどいなかった。

Während der gefährlichen Suche waren nicht wenige Männer verschwunden.

危険な探索中に行方不明になった男も少なくなかった。

Diese verlorene Mine war sowohl in Geheimnisse als auch in eine alte Tragödie gehüllt.

この失われた鉱山は謎と昔の悲劇に包まれていました。

Niemand wusste, wer der erste Mann war, der die Mine entdeckt hatte.

鉱山を最初に発見した人が誰であったかは誰も知らなかった。

In den ältesten Geschichten wird niemand namentlich erwähnt.

最も古い物語には誰の名前も出てきません。

Dort hatte immer eine alte, baufällige Hütte gestanden.

そこには古くて荒れ果てた小屋がずっとあった。

Sterbende Männer hatten geschworen, dass sich neben dieser alten Hütte eine Mine befand.

死にゆく男たちは、その古い小屋の隣に地雷があると断言した。

Sie bewiesen ihre Geschichten mit Gold, wie es nirgendwo sonst zu finden ist.

彼らは、他では見つからないような金で自分たちの話を証明した。

Keine lebende Seele hatte den Schatz von diesem Ort jemals geplündert.

これまで、その場所から宝物を略奪した者は誰もいなかった。

Die Toten waren tot, und Tote erzählen keine Geschichten.

死者は死んだ。そして死者は何も語らない。

Also machten sich Thornton und seine Freunde auf den Weg in den Osten.

そこでソーントンとその友人たちは東へ向かった。

Pete und Hans kamen mit Buck und sechs starken Hunden.

ピートとハンスもバックと6匹の強い犬を連れて参加しました。

Sie begaben sich auf einen unbekannten Weg, an dem andere gescheitert waren.

彼らは、他の人々が失敗した未知の道を歩み始めた。

Sie rodelten siebzig Meilen den zugefrorenen Yukon River hinauf.

彼らは凍ったユーコン川を70マイルそりで遡った。

Sie bogen links ab und folgten dem Pfad bis zum Stewart.

彼らは左に曲がり、道を辿ってスチュワートへと入った。

Sie passierten Mayo und McQuestion und drängten weiter.

彼らはメイヨーとマククエスチョンを通過し、さらに前進した。

Der Stewart schrumpfte zu einem Strom, der sich durch zerklüftete Gipfel schlängelte.

スチュワート川は、ギザギザの峰々を縫うように流れながら、縮小していった。

Diese scharfen Gipfel markierten das Rückgrat des Kontinents.

これらの鋭い峰々はまさに大陸の背骨を形作っています

John Thornton verlangte wenig von den Menschen oder der Wildnis.

ジョン・ソーントンは人間や荒野にほとんど何も要求しなかった。

Er fürchtete nichts in der Natur und begegnete der Wildnis mit Leichtigkeit.

彼は自然の中で何も恐れることなく、野生に気楽に立ち向かった。

Nur mit Salz und einem Gewehr konnte er reisen, wohin er wollte.

塩とライフル銃だけを持って、彼は望むところへ旅することができた。

Wie die Eingeborenen jagte er auf seiner Reise nach Nahrung.

原住民たちと同じように、彼は旅をしながら食べ物を狩りました。

Wenn er nichts fing, machte er weiter und vertraute auf sein Glück.

何も釣れなかったら、彼は幸運を祈って進み続けた。

Auf dieser langen Reise war Fleisch die Hauptnahrungsquelle.

この長い旅の間、彼らが主に食べたのは肉でした。

Der Schlitten enthielt Werkzeuge und Munition, jedoch keinen strengen Zeitplan.

そりには道具や弾薬が積まれていたが、厳密なスケジュールはなかった。

Buck liebte dieses Herumwandern, die endlose Jagd und das Fischen.

バックはこの放浪、終わりのない狩りと釣りを愛していた。

Wochenlang waren sie Tag für Tag unterwegs.

彼らは何週間も毎日休みなく旅を続けた。

Manchmal schlugen sie Lager auf und blieben wochenlang dort.

時にはキャンプを張って何週間もじっと留まることもあった。

Die Hunde ruhten sich aus, während die Männer im gefrorenen Dreck gruben.

男たちが凍った土を掘っている間、犬たちは休んでいた。

Sie erwärmten Pfannen über dem Feuer und suchten nach verborgenem Gold.

彼らは火で鍋を温め、隠された金を探しました。

An manchen Tagen hungerten sie, an anderen feierten sie Feste.

ある日彼らは飢え、ある日はごちそうを食べました。

Ihre Mahlzeiten hingen vom Wild und vom Jagdglück ab.

彼らの食事は獲物と狩りの運次第だった。

Als der Sommer kam, trugen Männer und Hunde schwere Lasten auf ihren Rücken.

夏になると、男たちと犬たちは背中に荷物を詰め込んだ

Sie fuhren mit dem Floß über blaue Seen, die in Bergwäldern versteckt waren.

彼らは山の森に隠れた青い湖をラフティングで渡りました。

Sie segelten in schmalen Booten auf Flüssen, die noch nie von Menschen kartiert worden waren.

彼らは、誰も地図に描いたことのない川を細長い船で航海した。

Diese Boote wurden aus Bäumen gebaut, die sie in der Wildnis gesägt haben.

これらのボートは野生で伐採した木から造られました。

Die Monate vergingen und sie schlängelten sich durch die wilden, unbekannten Länder.

数ヶ月が過ぎ、彼らは未知の荒野を旅した。

Es waren keine Männer dort, doch alte Spuren deuteten darauf hin, dass Männer dort gewesen waren.

そこには男はいなかったが、古い痕跡が男がいたことを暗示していた。

Wenn die verlorene Hütte echt war, dann waren einst andere hier entlang gekommen.

もし「失われた小屋」が実在するのなら、かつて他の人々もこの道を通ってきたことになる。

Sie überquerten hohe Pässe bei Schneestürmen, sogar im Sommer.

彼らは夏でも吹雪の中、高い峠を越えた。

Sie zitterten unter der Mitternachtssonne auf kahlen Berghängen.

彼らは裸の山の斜面で真夜中の太陽の下、震えていた。

Zwischen der Baumgrenze und den Schneefeldern stiegen sie langsam auf.

森林限界と雪原の間を彼らはゆっくりと登っていった。

In warmen Tälern schlugen sie nach Schwärmen aus Mücken und Fliegen.

暖かい谷間では、彼らはブヨやハエの大群を叩き落としました。

Sie pflückten süße Beeren in der Nähe von Gletschern in voller Sommerblüte.

彼らは真夏に花を咲かせた氷河の近くで甘いベリーを摘みました。

Die Blumen, die sie fanden, waren genauso schön wie die im Süden.

彼らが見つけた花は、南部の花と同じくらい美しかった。

Im Herbst erreichten sie eine einsame Region voller stiller Seen.

その秋、彼らは静かな湖が広がる寂しい地域に到着した。

Das Land war traurig und leer, einst voller Vögel und Tiere.

かつては鳥や獣たちが生きていたこの地は、悲しく空虚な場所でした。

Jetzt gab es kein Leben mehr, nur noch den Wind und das Eis, das sich in Pfützen bildete.

今では生命は存在せず、ただ風と水たまりに形成される
氷だけが存在していました。

Mit einem sanften, traurigen Geräusch schlugen die Wellen
gegen die leeren Ufer.

波は柔らかく悲しげな音を立てながら、誰もいない海岸
に打ち寄せた。

Ein weiterer Winter kam und sie folgten erneut schwachen,
alten Spuren.

再び冬が来て、彼らは再びかすかな古い道をたどりまし
た。

Dies waren die Spuren von Männern, die schon lange vor
ihnen gesucht hatten.

これらは、彼らよりずっと前に捜索していた人々の足跡
でした。

Einmal fanden sie einen Pfad, der tief in den dunklen Wald
hineinreichte.

彼らはかつて暗い森の奥深くに切り込まれた道を見つけ
ました。

Es war ein alter Pfad und sie hatten das Gefühl, dass die
verlorene Hütte ganz in der Nähe war.

それは古い道であり、彼らは失われた小屋が近いと感じ
ました。

Doch die Spur führte nirgendwo hin und verlor sich im
dichten Wald.

しかし、道はどこにも通じず、深い森の中に消えていっ
た。

Wer auch immer die Spur angelegt hat und warum, das
wusste niemand.

誰がその道を作ったのか、そしてなぜ作ったのかは誰も
知らなかった。

Später fanden sie das Wrack einer Hütte, versteckt zwischen
den Bäumen.

その後、彼らは木々の間に隠れたロッジの残骸を発見し
た。

Verrottende Decken lagen verstreut dort, wo einst jemand geschlafen hatte.

かつて誰かが寝ていた場所には、腐った毛布が散乱していた。

John Thornton fand darin ein Steinschlossgewehr mit langem Lauf.

ジョン・ソーントンは、中に埋められていた長い銃身のフリントロック式銃を発見した。

Er wusste, dass es sich um eine Waffe von Hudson Bay aus den frühen Handelstagen handelte.

彼は取引の初期の頃からこれがハドソン湾の銃であることを知っていた。

Damals wurden solche Gewehre gegen Stapel von Biberfellen eingetauscht.

当時、そのような銃は大量のビーバーの皮と交換されていました。

Das war alles – von dem Mann, der die Hütte gebaut hatte, gab es keine Spur mehr.

それがすべてだった。ロッジを建てた男についての手がかりは何一つ残っていなかった。

Der Frühling kam wieder und sie fanden keine Spur von der verlorenen Hütte.

再び春が来たが、彼らは失われた小屋の痕跡を見つけられなかった。

Stattdessen fanden sie ein breites Tal mit einem seichten Bach.

代わりに彼らは浅い小川のある広い谷を見つけました。

Gold lag wie glatte, gelbe Butter auf dem Pfannenboden.

金は滑らかな黄色いバターのように鍋の底に広がっていました。

Sie hielten dort an und suchten nicht weiter nach der Hütte.

彼らはそこで立ち止まり、それ以上小屋を捜すことはしなかった。

Jeden Tag arbeiteten sie und fanden Tausende in Goldstaub.

彼らは毎日働いて何千もの金粉を発見しました。

Sie packten das Gold in Säcke aus Elchhaut, jeder Fünfzig Pfund schwer.

彼らは金貨をヘラジカの皮の袋にそれぞれ50ポンドずつ詰めた。

Die Säcke waren wie Brennholz vor ihrer kleinen Hütte gestapelt.

彼らの小さな小屋の外に、袋が薪のように積み上げられていた。

Sie arbeiteten wie Giganten und die Tage vergingen wie im Flug.

彼らは巨人のように働き、日々はあっという間に夢のように過ぎていった。

Sie häuften Schätze an, während die endlosen Tage schnell vorbeizogen.

終わりのない日々があっという間に過ぎていくなか、彼らは宝物を積み上げていった。

Außer ab und zu Fleisch zu schleppen, gab es für die Hunde nicht viel zu tun.

時々肉を運ぶ以外、犬達にやることはほとんどなかった

Thornton jagte und tötete das Wild, und Buck lag am Feuer.

ソーントンは獲物を狩って殺し、バックは火のそばに横たわっていた。

Er verbrachte viele Stunden schweigend, versunken in Gedanken und Erinnerungen.

彼は長い時間を沈黙の中で過ごし、考えや記憶に浸っていた。

Das Bild des haarigen Mannes kam Buck immer häufiger in den Sinn.

毛深い男のイメージがバックの心の中に頻繁に浮かんだ。

Jetzt, wo es kaum noch Arbeit gab, träumte Buck, während er ins Feuer blinzelte.

仕事がほとんどなくなったので、バックは火を見つめながら夢を見ていた。

In diesen Träumen wanderte Buck mit dem Mann in eine andere Welt.

夢の中で、バックはその男とともに別の世界をさまよっていた。

Angst schien das stärkste Gefühl in dieser fernen Welt zu sein.

その遠い世界では恐怖が最も強い感情であるように思えた。

Buck sah, wie der haarige Mann mit gesenktem Kopf schlief.

バックは毛深い男が頭を低く下げて眠っているのを見た。

Seine Hände waren gefaltet und sein Schlaf war unruhig und unterbrochen.

彼は両手を握りしめており、眠りは不安定で中断されていた。

Er wachte immer ruckartig auf und starrte ängstlich in die Dunkelheit.

彼はいつもびっくりして目を覚まし、恐怖に怯えながら暗闇を見つめていた。

Dann warf er mehr Holz ins Feuer, um die Flamme hell zu halten.

それから彼は炎を明るく保つためにさらに木を火に投げ入れました。

Manchmal spazierten sie an einem Strand entlang, der an einem grauen, endlosen Meer entlangführte.

時々彼らは灰色の果てしない海のそばの浜辺を歩いた。

Der haarige Mann sammelte Schalentiere und aß sie im Gehen.

毛深い男は歩きながら貝を摘んで食べた。

Seine Augen suchten immer nach verborgenen Gefahren in den Schatten.

彼の目は常に影に隠れた危険を探し求めていた。

Seine Beine waren immer bereit, beim ersten Anzeichen einer Bedrohung loszusprinten.

彼の足は、脅威を感じた瞬間にすぐに走れる準備ができていた。

Sie schlichen still und vorsichtig Seite an Seite durch den Wald.

彼らは静かに、用心深く、並んで森の中を進んでいった。

Buck folgte ihm auf den Fersen und beide blieben wachsam.

バックは彼の後を追ったが、二人とも警戒を怠らなかった。

Ihre Ohren zuckten und bewegten sich, ihre Nasen schnüffelten in der Luft.

彼らの耳はぴくぴくと動き、鼻は空気を嗅ぎました。

Der Mann konnte den Wald genauso gut hören und riechen wie Buck.

男はバックと同じくらい鋭く森の音を聞き、匂いを嗅ぐことができた。

Der haarige Mann schwang sich mit plötzlicher Geschwindigkeit durch die Bäume.

毛深い男は突然のスピードで木々の間を飛び越えた。

Er sprang von Ast zu Ast, ohne jemals den Halt zu verlieren.

彼はつかんだものを一度も逃さず、枝から枝へと飛び移った。

Er bewegte sich über dem Boden genauso schnell wie auf ihm.

彼は地上で動くのと同じくらい速く地上でも動いた。

Buck erinnerte sich an lange Nächte, in denen er unter den Bäumen Wache hielt.

バックは木々の下で監視をしていた長い夜を思い出した。

Der Mann schlief auf seiner Stange in den Zweigen und klammerte sich fest.

男はしっかりと枝にしがみついて眠った。

Diese Vision des haarigen Mannes war eng mit dem tiefen Ruf verbunden.

この毛深い男の幻影は深い呼び声と密接に結びついていました。

Der Ruf klang noch immer mit eindringlicher Kraft durch den Wald.

その呼び声は今も忘れがたい力で森中に響き渡っていた。

Der Anruf erfüllte Buck mit Sehnsucht und einem rastlosen Gefühl der Freude.

その電話はバックを憧れと落ち着かない喜びで満たした。

Er spürte seltsame Triebe und Regungen, die er nicht benennen konnte.

彼は、名前のつけられない奇妙な衝動と興奮を感じた。

Manchmal folgte er dem Ruf tief in die Stille des Waldes.

時々彼はその呼び声に従って静かな森の奥深くまで行った。

Er suchte nach dem Ruf und bellte dabei leise oder scharf.

彼は呼び声を探しながら、歩きながら小さく、あるいは鋭く吠えた。

Er roch am Moos und der schwarzen Erde, wo die Gräser wuchsen.

彼は草が生えている苔や黒い土を嗅ぎました。

Er schnaubte entzückt über den reichen Geruch der tiefen Erde.

彼は深い土の豊かな香りに大喜びで鼻を鳴らした。

Er hockte stundenlang hinter pilzbefallenen Baumstämmen.

彼は菌類に覆われた幹の後ろに何時間もしゃがんでいた。

Er blieb still und lauschte mit großen Augen jedem noch so kleinen Geräusch.

彼はじっとしたまま、目を大きく開いてあらゆる小さな音に耳を傾けていた。

Vielleicht hoffte er, das Wesen, das den Ruf auslöste, zu überraschen.

彼は電話をかけてきたものを驚かせたいと思ったのかもしれない。

Er wusste nicht, warum er so handelte – er tat es einfach.

彼はなぜこのような行動をとったのか知らなかったが、ただそうしただけだった。

Die Triebe kamen aus der Tiefe, jenseits von Denken und Vernunft.

その衝動は思考や理性を超えて、心の奥底から湧き上がってきたのです。

Unwiderstehliche Triebe überkamen Buck ohne Vorwarnung oder Grund.

警告も理由もなく、抑えられない衝動がバックを襲った。

Manchmal döste er träge im Lager in der Mittagshitze.

彼は時々、真昼の暑さの中、キャンプで怠惰にうとうとしていた。

Plötzlich hob er den Kopf und stellte aufmerksam die Ohren auf.

突然、彼は頭を上げ、耳を警戒した。

Dann sprang er auf und stürmte ohne Pause in die Wildnis.

それから彼は跳び上がり、立ち止まることなく荒野へと駆け出した。

Er rannte stundenlang durch Waldwege und offene Flächen.

彼は森の小道や広場を何時間も走り続けた。

Er liebte es, trockenen Bachläufen zu folgen und Vögel in den Bäumen zu beobachten.

彼は乾いた小川の川床を歩き回ったり、木々にとまる鳥を観察するのが大好きでした。

Er könnte den ganzen Tag versteckt liegen und den Rebhühnern beim Herumstolzieren zusehen.

彼は一日中隠れて、ヤマウズラが歩き回るのを眺めていた。

Sie trommelten und marschierten, ohne Bucks Anwesenheit zu bemerken.

彼らはバックがまだそこにいることに気づかず、太鼓を鳴らしながら行進した。

Doch am meisten liebte er das Laufen in der Sommerdämmerung.

しかし、彼が最も好きだったのは、夏の夕暮れ時に走ることだった。

Das schwache Licht und die schläfrigen Waldgeräusche erfüllten ihn mit Freude.

薄暗い光と眠たげな森の音が彼を喜びで満たした。

Er las die Zeichen des Waldes so deutlich, wie ein Mann ein Buch liest.

彼は人が本を読むのと同じくらいはっきりと森の標識を読み取った。

Und er suchte immer nach dem seltsamen Ding, das ihn rief.

そして彼は、自分を呼ぶ奇妙なものを常に探していた。

Dieser Ruf hörte nie auf – er erreichte ihn im Wachzustand und im Schlaf.

その呼びかけは決して止むことはなく、目覚めているときも眠っているときも彼に届きました。

Eines Nachts erwachte er mit einem Ruck, die Augen waren scharf und die Ohren gespitzt.

ある夜、彼はハッと目を覚まし、目を鋭くし、耳を高く上げました。

Seine Nasenlöcher zuckten, während seine Mähne in Wellen sträubte.

たてがみが波打つように逆立ち、鼻孔がぴくぴく動いた。

Aus der Tiefe des Waldes ertönte erneut der alte Ruf.

森の奥深くから、また古い呼び声が聞こえてきた。

Diesmal war der Ton klar und deutlich zu hören, ein langes, eindringliches, vertrautes Heulen.

今度はその音がはっきりと響いた。長く、忘れられない、聞き慣れた遠吠えだった。

Es klang wie der Schrei eines Huskys, aber mit einem seltsamen und wilden Ton.

それはハスキーの鳴き声のようでしたが、奇妙で野性的な音色でした。

Buck erkannte das Geräusch sofort – er hatte das genaue Geräusch vor langer Zeit gehört.

バックはその音をすぐに理解した。ずっと前にまったく同じ音を聞いたことがあるのだ。

Er sprang durch das Lager und verschwand schnell im Wald.
彼はキャンプを飛び越えて森の中へ素早く姿を消した。

Als er sich dem Geräusch näherte, wurde er langsamer und bewegte sich vorsichtig.
音が聞こえる方向に近づくと、彼は速度を落とし、慎重に動いた。

Bald erreichte er eine Lichtung zwischen dichten Kiefern.
やがて彼は松の木々が生い茂る空き地に到着した。

Dort saß aufrecht auf seinen Hinterbeinen ein großer, schlanker Timberwolf.
そこには、背が高くて痩せたタイリクオオカミが、お尻を上げて座っていました。

Die Nase des Wolfes zeigte zum Himmel und hallte noch immer den Ruf wider.
狼の鼻は空を向いて、まだ呼び声を反響させていた。

Buck hatte keinen Laut von sich gegeben, doch der Wolf blieb stehen und lauschte.
雄鹿は音を立てなかったが、オオカミは立ち止まって耳を澄ませた。

Der Wolf spürte etwas, spannte sich an und suchte die Dunkelheit ab.
何かを感じて、狼は緊張し、暗闇の中を探し始めた。

Buck schlich ins Blickfeld, mit gebeugtem Körper und ruhigen Füßen auf dem Boden.
雄鹿は体を低くし、足を地面に静かにつけたまま、こっそりと視界に入ってきた。

Sein Schwanz war gerade, sein Körper vor Anspannung zusammengerollt.
彼の尻尾はまっすぐで、体は緊張で固く縮こまっていた

Er zeigte sowohl eine bedrohliche als auch eine Art raue Freundschaft.
彼は脅迫と一種の荒っぽい友情の両方を示した。

Es war die vorsichtige Begrüßung, die wilde Tiere einander entgegenbrachten.
それは野生の獣たちが交わす警戒心の強い挨拶だった。

Aber der Wolf drehte sich um und floh, sobald er Buck sah.

しかし、オオカミはバックを見るとすぐに向きを変えて逃げてしまいました。

Buck nahm die Verfolgung auf und sprang wild um sich, begierig darauf, es einzuholen.

雄鹿は追いかけ、激しく跳躍し、追いかけようとした。

Er folgte dem Wolf in einen trockenen Bach, der durch einen Holzstau blockiert war.

彼はオオカミを追って、木材の詰まりで塞がれた乾いた小川へと入った。

In die Enge getrieben, wirbelte der Wolf herum und blieb stehen.

追い詰められた狼はくるりと向きを変え、その場に立ち尽くした。

Der Wolf knurrte und schnappte wie ein gefangener Husky im Kampf.

狼は、戦いで捕らえられたハスキー犬のように唸り声をあげ、噛みついた。

Die Zähne des Wolfes klickten schnell, sein Körper strotzte vor wilder Wut.

狼の歯がカチカチと音を立て、その体は激しい怒りで逆立った。

Buck griff nicht an, sondern umkreiste den Wolf mit vorsichtiger Freundlichkeit.

雄鹿は攻撃はせず、慎重に友好的にオオカミの周りを回った。

Durch langsame, harmlose Bewegungen versuchte er, seine Flucht zu verhindern.

彼はゆっくりとした無害な動きで逃走を阻止しようとした。

Der Wolf war vorsichtig und verängstigt – Buck war dreimal so schwer wie er.

オオカミは警戒して怖がっていました。バックの体重はオオカミの3倍もあったからです。

Der Kopf des Wolfes reichte kaum bis zu Bucks massiver Schulter.

狼の頭はかろうじてバックの大きな肩に届いた。

Der Wolf hielt Ausschau nach einer Lücke, rannte los und die Jagd begann von neuem.

隙を狙ってオオカミは逃げ出し、追跡が再び始まった。

Buck drängte ihn mehrere Male in die Enge und der Tanz wiederholte sich.

バックは何度か彼を追い詰め、ダンスを繰り返した。

Der Wolf war dünn und schwach, sonst hätte Buck ihn nicht fangen können.

オオカミは痩せて弱かったので、バックが捕まえることはできなかったでしょう。

Jedes Mal, wenn Buck näher kam, wirbelte der Wolf herum und sah ihn voller Angst an.

バックが近づくたびに、オオカミは回転して恐怖に怯えながら彼の方を向いた。

Dann rannte er bei der ersten Gelegenheit erneut in den Wald.

そして、最初のチャンスを逃さず、彼は再び森の中へ駆け出した。

Aber Buck gab nicht auf und schließlich fasste der Wolf Vertrauen zu ihm.

しかしバックは諦めず、ついにオオカミは彼を信頼するようになりました。

Er schnüffelte an Bucks Nase und die beiden wurden verspielt und aufmerksam.

彼はバックの鼻を嗅ぎ、二人は遊び心と警戒心を持つようになった。

Sie spielten wie wilde Tiere, wild und doch schüchtern in ihrer Freude.

彼らは喜びの中にも勇ましさ、恥ずかしさを感じながら、野生動物のように遊んでいました。

Nach einer Weile trabte der Wolf zielstrebig und ruhig davon.

しばらくして、オオカミは落ち着いた様子で小走りに去っていきました。

Er machte Buck deutlich, dass er beabsichtigte, verfolgt zu werden.

彼は明らかにバックに、尾行されるつもりである事を示した。

Sie rannten Seite an Seite durch die Dämmerung.
彼らは夕暮れの薄暗い中を並んで走った。

Sie folgten dem Bachbett hinauf in die felsige Schlucht.
彼らは小川の流れに沿って岩だらけの峡谷まで登っていった。

Sie überquerten eine kalte Wasserscheide, wo der Bach entsprungen war.
彼らは川が流れ始めた冷たい分水嶺を越えた。

Am gegenüberliegenden Hang fanden sie ausgedehnte Wälder und viele Bäche.
向こうの斜面には広い森とたくさんの小川がありました。

Durch dieses weite Land rannten sie stundenlang ohne Pause.
彼らはこの広大な土地を何時間も止まることなく走り続けた。

Die Sonne stieg höher, die Luft wurde wärmer, aber sie rannten weiter.
太陽は高く昇り、空気は暖かくなったが、彼らは走り続けた。

Buck war voller Freude – er wusste, dass er seiner Berufung folgte.
バックは喜びに満たされた。彼は自分の使命に応えているのだと悟ったのだ。

Er rannte neben seinem Waldbruder her, näher an die Quelle des Rufs.
彼は森の兄弟の横を走り、その声の源に近づいた。

Alte Gefühle kehrten zurück, stark und schwer zu ignorieren.
昔の感情が戻ってきました。それは強力で無視できないものでした。

Dies waren die Wahrheiten hinter den Erinnerungen aus seinen Träumen.
これらは彼の夢の記憶の背後にある真実だった。

All dies hatte er schon einmal in einer fernen, schattenhaften Welt getan.

彼はこれまでにも、遠く離れた暗い世界でこのすべてをやってきた。

Jetzt tat er es wieder und rannte wild herum, während der Himmel über ihm frei war.

今、彼は再びこれを実行し、頭上の広い空に向かって暴れ回った。

Sie hielten an einem Bach an, um aus dem kalten, fließenden Wasser zu trinken.

彼らは小川のそばに立ち止まり、冷たい流れ水を飲みました。

Während er trank, erinnerte sich Buck plötzlich an John Thornton.

酒を飲みながら、バックは突然ジョン・ソーントンのことを思い出した。

Er saß schweigend da, hin- und hergerissen zwischen der Anziehungskraft der Loyalität und der Berufung.

彼は忠誠心と使命感に引き裂かれながら、黙って座っていた。

Der Wolf trabte weiter, kam aber zurück, um Buck anzutreiben.

オオカミは小走りで進みましたが、戻ってきてバックを促しました。

Er rümpfte die Nase und versuchte, ihn mit sanften Gesten zu beruhigen.

彼は鼻をすすりながら、優しい仕草で彼をなだめようとした。

Aber Buck drehte sich um und machte sich auf den Rückweg.

しかしバックは向きを変えて来た道を戻り始めた。

Der Wolf lief lange Zeit neben ihm her und winselte leise.

狼は静かに鳴きながら、長い間彼のそばを走り続けました。

Dann setzte er sich hin, hob die Nase und stieß ein langes Heulen aus.

それから彼は座り、鼻を上げて、長い遠吠えをしました。

Es war ein trauriger Schrei, der leiser wurde, als Buck wegging.

それは悲しげな叫びだったが、バックが立ち去ると声は小さくなっていった。

Buck lauschte, als der Schrei langsam in der Stille des Waldes verklang.

バックは、叫び声が森の静寂の中にゆっくりと消えていくのを聞いていた。

John Thornton aß gerade zu Abend, als Buck ins Lager stürmte.

ジョン・ソーントンが夕食を食べていると、バックがキャンプに飛び込んできた。

Buck sprang wild auf ihn zu, leckte, biss und warf ihn um.

バックは激しく彼に飛びかかり、舐めたり、噛んだり、転がしたりした。

Er warf ihn um, kletterte darauf und küsste sein Gesicht.

彼は彼を倒し、上に登り、彼の顔にキスをした。

Thornton nannte dies liebevoll „den allgemeinen Narren spielen".

ソーントンはこれを愛情を込めて「大将の愚か者を演じる」と呼んだ。

Die ganze Zeit verfluchte er Buck sanft und schüttelte ihn hin und her.

その間ずっと、彼はバックを優しく罵りながら、彼を前後に揺さぶり続けた。

Zwei ganze Tage und Nächte lang verließ Buck das Lager kein einziges Mal.

丸二日二晩、バックは一度もキャンプを離れなかった。

Er blieb in Thorntons Nähe und ließ ihn nie aus den Augen.

彼はソーントンのすぐそばにいて、決して彼から目を離さなかった。

Er folgte ihm bei der Arbeit und beobachtete ihn beim Essen.

彼は彼が仕事をしている間、後をついて歩き、彼が食事をしている間、見守っていた。

Er begleitete Thornton abends in seine Decken und jeden Morgen wieder heraus.

彼はソーントンが夜になると毛布にくるまり、毎朝毛布から出てくるのを見ていた。

Doch bald kehrte der Ruf des Waldes zurück, lauter als je zuvor.

しかし、すぐに森の呼び声が、以前よりも大きな声で戻ってきました。

Buck wurde wieder unruhig, aufgewühlt von Gedanken an den wilden Wolf.

バックは野生の狼のことを考えて再び落ち着かなくなった。

Er erinnerte sich an das offene Land und daran, wie sie Seite an Seite gelaufen waren.

彼は広い土地と並んで走っていたことを思い出した。

Er begann erneut, allein und wachsam in den Wald zu wandern.

彼は再び、一人で用心深く森の中を歩き始めた。

Aber der wilde Bruder kam nicht zurück und das Heulen war nicht zu hören.

しかし、野生の兄弟は戻ってこなかったし、遠吠えも聞こえなかった。

Buck begann, draußen zu schlafen und blieb tagelang weg.

バックは一度に何日も離れて外で寝るようになりました。

Einmal überquerte er die hohe Wasserscheide, wo der Bach entsprungen war.

かつて彼は小川が始まる高い分水嶺を越えた。

Er betrat das Land des dunklen Waldes und der breiten, fließenden Ströme.

彼は暗い森と広く流れる小川の土地に入った。

Eine Woche lang streifte er umher und suchte nach Spuren seines wilden Bruders.

彼は一週間、野生の兄弟の痕跡を探して歩き回った。

Er tötete sein eigenes Fleisch und reiste mit langen, unermüdlichen Schritten.

彼は自分で肉を殺し、疲れることなく長い歩幅で旅を続けた。

Er fischte in einem breiten Fluss, der bis ins Meer reichte, nach Lachs.

彼は海に通じる広い川で鮭を釣った。

Dort kämpfte er gegen einen von Insekten verrückt gewordenen Schwarzbären und tötete ihn.

そこで彼は虫に狂ったアメリカグマと闘って殺した。

Der Bär war beim Angeln und rannte blind durch die Bäume.

クマは魚釣りをしていて、木々の間を盲目的に走り回っていました。

Der Kampf war erbittert und weckte Bucks tiefen Kampfgeist.

戦いは激しいものとなり、バックの根深い闘志が目覚めた。

Als Buck zwei Tage später zurückkam, fand er Vielfraße an seiner Beute vor.

2日後、バックは獲物を捕らえて戻ってきたが、そこにはクズリがいた。

Ein Dutzend von ihnen stritten sich lautstark und wütend um das Fleisch.

彼らのうちの12人が、肉をめぐって騒々しく口論した。

Buck griff an und zerstreute sie wie Blätter im Wind.

バックは突撃し、彼らを風に舞う木の葉のように散らばらせた。

Zwei Wölfe blieben zurück – still, leblos und für immer regungslos.

2匹のオオカミが後ろに残りました。沈黙し、生気もなく、永遠に動かずにいました。

Der Blutdurst wurde stärker denn je.

血への渇望はこれまで以上に強くなった。

Buck war ein Jäger, ein Killer, der sich von Lebewesen ernährte.

バックはハンターであり、殺人者であり、生き物を食べて生きていました。

Er überlebte allein und verließ sich auf seine Kraft und seine scharfen Sinne.

彼は自分の力と鋭い感覚を頼りに、一人で生き延びた。

Er gedieh in der Wildnis, wo nur die Zähesten überleben konnten.

彼は、最もタフな者だけが生きられる野生の中で繁栄した。

Daraus erwuchs ein großer Stolz, der Bucks ganzes Wesen erfüllte.

このことから、大きな誇りが湧き上がり、バックの全身を満たした。

Sein Stolz war in jedem seiner Schritte und in der Anspannung jedes einzelnen Muskels zu erkennen.

彼の誇りは、一歩一歩、筋肉の動き一つ一つに表れていた。

Sein Stolz war so deutlich wie seine Sprache und spiegelte sich in seiner Haltung wider.

彼の態度を見れば、彼の誇りが言葉ではっきりと伝わってきた。

Sogar sein dickes Fell sah majestätischer aus und glänzte heller.

彼の厚い毛皮もより威厳を増し、より明るく輝いて見えました。

Man hätte Buck mit einem riesigen Timberwolf verwechseln können.

バックは巨大なタイリクオオカミと間違われる可能性もあった。

Außer dem Braun an seiner Schnauze und den Flecken über seinen Augen.

鼻先の茶色と目の上の斑点を除いて。

Und der weiße Fellstreifen, der mitten auf seiner Brust verlief.

そして、胸の真ん中に走る白い毛の筋。

Er war sogar größer als der größte Wolf dieser wilden Rasse.

彼は、その獰猛な種族の最大のオオカミよりもさらに大きかった。

Sein Vater, ein Bernhardiner, verlieh ihm Größe und einen schweren Körperbau.

彼の父親はセント・バーナード犬で、彼は体格が大きく、がっしりとした体格でした。

Seine Mutter, eine Schäferin, formte diesen Körper zu einer wolfsähnlichen Gestalt.

羊飼いであった彼の母親は、その巨体を狼のような形に整えました。

Er hatte die lange Schnauze eines Wolfes, war allerdings schwerer und breiter.

彼はオオカミのような長い鼻先を持っていたが、オオカミよりも重く、幅広だった。

Sein Kopf war der eines Wolfes, aber von massiver, majestätischer Gestalt.

彼の頭は狼の頭だったが、巨大で荘厳なスケールの上に造られていた。

Bucks List war die List des Wolfes und der Wildnis.

バックの狡猾さはオオカミと野生の狡猾さと同じだった。

Seine Intelligenz hat er sowohl vom Deutschen Schäferhund als auch vom Bernhardiner.

彼の知性はジャーマン・シェパードとセント・バーナードの両方から受け継がれました。

All dies und harte Erfahrungen machten ihn zu einer furchterregenden Kreatur.

これらすべてと厳しい経験が彼を恐ろしい生き物にしたのです。

Er war so furchterregend wie jedes andere Tier, das in der Wildnis des Nordens umherstreifte.

彼は北の荒野をさまようどんな獣にも劣らず恐ろしい存在だった。

Buck ernährte sich ausschließlich von Fleisch und erreichte den Höhepunkt seiner Kraft.

肉だけを食べて生きたバックは、その強さの頂点に達した。

Jede Faser seines Körpers strotzte vor Kraft und männlicher Stärke.

彼は全身から力と男性的な力があふれていた。

Als Thornton seinen Rücken streichelte, funkelten seine Haare vor Energie.

ソーントンが背中を撫でると、毛がエネルギーに満ちて火花を散らした。

Jedes Haar knisterte, aufgeladen durch die Berührung lebendigen Magnetismus.

髪の毛の一本一本が、生きた磁力の感触を帯びてパチパチと音を立てた。

Sein Körper und sein Gehirn waren auf die höchstmögliche Tonhöhe eingestellt.

彼の体と脳は可能な限り最高の調子に調整されていました。

Jeder Nerv, jede Faser und jeder Muskel arbeitete in perfekter Harmonie.

すべての神経、繊維、筋肉が完璧な調和で機能しました。

Auf jedes Geräusch oder jeden Anblick, der eine Aktion erforderte, reagierte er sofort.

行動を必要とするあらゆる音や光景に対して、彼は即座に反応しました。

Wenn ein Husky zum Angriff ansetzte, konnte Buck doppelt so schnell springen.

ハスキー犬が攻撃するために飛びかかると、バックは2倍の速さで飛びかかることができます。

Er reagierte schneller, als andere es sehen oder hören konnten.

彼は他の人が見たり聞いたりするよりも早く反応した。

Wahrnehmung, Entscheidung und Handlung erfolgten alle in einem fließenden Moment.

認識、決断、行動のすべてが流れるような瞬間に起こりました。

Tatsächlich geschahen diese Handlungen getrennt voneinander, aber zu schnell, um es zu bemerken.

実際には、これらの行為は別々でしたが、あまりにも速すぎて気づかなかったのです。

Die Abstände zwischen diesen Akten waren so kurz, dass sie wie ein einziger Akt wirkten.

これらの行為の間の間隔は非常に短かったので、それらは一つの行為のように見えました。

Seine Muskeln und sein Körper waren wie straff gespannte Federn.

彼の筋肉と体格は、きつく巻かれたバネのようでした。

Sein Körper strotzte vor Leben, wild und freudig in seiner Kraft.

彼の体は生命力に満ち溢れ、その力は野性的で喜びに満ちていた。

Manchmal hatte er das Gefühl, als würde die Kraft völlig aus ihm herausbrechen.

時々、彼はその力が完全に自分から噴き出してしまうように感じた。

„So einen Hund hat es noch nie gegeben", sagte Thornton eines ruhigen Tages.

「こんな犬は今までいなかったよ」とソーントンは静かなある日に言った。

Die Partner sahen zu, wie Buck stolz aus dem Lager schritt.

パートナーたちはバックがキャンプから誇らしげに歩いてくるのを見守った。

„Als er erschaffen wurde, veränderte er, was ein Hund sein kann", sagte Pete.

「彼が生まれたとき、犬の可能性は大きく変わりました」とピートさんは語った。

„Bei Gott! Das glaube ich auch", stimmte Hans schnell zu.

「イエスに誓って！私もそう思います」ハンスはすぐに同意しました。

Sie sahen ihn abmarschieren, aber nicht die Veränderung, die danach kam.

彼らは彼が行進するのを見たが、その後に起こる変化は見なかった。

Sobald er den Wald betrat, verwandelte sich Buck völlig.

森に入るとすぐに、バックは完全に変身しました。

Er marschierte nicht mehr, sondern bewegte sich wie ein wilder Geist zwischen den Bäumen.

彼はもう行進せず、木々の間を野生の幽霊のように動いた。

Er wurde still, katzenpfotenartig, ein Flackern, das durch die Schatten huschte.

彼は黙り、猫足になり、影の中をちらちらと通り過ぎるようになった。

Er nutzte die Deckung geschickt und kroch wie eine Schlange auf dem Bauch.

彼は蛇のように腹ばいで這い、巧みに身を隠した。

Und wie eine Schlange konnte er lautlos nach vorne springen und zuschlagen.

そして蛇のように、静かに前に飛び出し攻撃することができた。

Er könnte ein Schneehuhn direkt aus seinem versteckten Nest stehlen.

彼はライチョウを隠れた巣から直接盗むこともできる。

Er tötete schlafende Kaninchen, ohne ein einziges Geräusch zu machen.

彼は音も立てずに眠っているウサギを殺した。

Er konnte Streifenhörnchen mitten in der Luft fangen, wenn sie zu langsam flohen.

彼は、逃げるのが遅すぎるシマリスを空中で捕まえることができました。

Selbst Fische in Teichen konnten seinen plötzlichen Angriffen nicht entkommen.

池の中の魚さえも彼の突然の攻撃から逃れることはできなかった。

Nicht einmal schlaue Biber, die Dämme reparierten, waren vor ihm sicher.

ダムを建設する賢いビーバーでさえ彼から逃れることは
できませんでした。

Er tötete, um Nahrung zu bekommen, nicht zum Spaß – aber
seine eigene Beute gefiel ihm am besten.

彼は楽しみのためではなく、食べるために殺したが、自
分が殺すのが一番好きだった。

Dennoch war bei manchen seiner stillen Jagden ein
hintergründiger Humor spürbar.

それでも、彼の静かな狩りの中には、狡猾なユーモアが
流れていた。

Er schlich sich dicht an Eichhörnchen heran, ließ sie aber
dann entkommen.

彼はリスに忍び寄ったが、結局逃げられてしまった。

Sie wollten in die Bäume fliehen und schnatterten voller
Angst und Empörung.

彼らは、恐怖と怒りに震えながら、木々に向かって逃げ
ようとしていました。

Mit dem Herbst kamen immer mehr Elche.

秋になると、ヘラジカの出現数が増え始めました。

Sie zogen langsam in die tiefer gelegenen Täler, um dem
Winter entgegenzukommen.

彼らは冬を迎えるためにゆっくりと低い谷間へと移動し
た。

Buck hatte bereits ein junges, streunendes Kalb erlegt.

バックはすでに、迷い子牛を一頭仕留めていた。

Doch er sehnte sich danach, einer größeren, gefährlicheren
Beute gegenüberzutreten.

しかし彼は、もっと大きくて危険な獲物に立ち向かうこ
とを切望していた。

Eines Tages fand er an der Wasserscheide, an der Quelle des
Baches, seine Chance.

ある日、分水嶺の小川の源流で、彼はチャンスを見つけ
た。

Eine Herde von zwanzig Elchen war aus bewaldeten
Gebieten herübergekommen.

20頭のヘラジカの群れが森林地帯から渡ってきた。

Unter ihnen war ein mächtiger Stier, der Anführer der Gruppe.

彼らの中には、群れのリーダーである力強い雄牛がいました。

Der Bulle war über ein Meter achtzig Meter groß und sah grimmig und wild aus.

その雄牛は身長が6フィート以上あり、獰猛で野性的に見える。

Er warf sein breites Geweih hin und her, dessen vierzehn Enden sich nach außen verzweigten.

彼は14本の先端が外側に枝分かれした幅広い角を投げた

Die Spitzen dieser Geweihe hatten einen Durchmesser von sieben Fuß.

その角の先端は幅7フィートに伸びていました。

Seine kleinen Augen brannten vor Wut, als er Buck in der Nähe entdeckte.

近くにバックがいるのを見つけると、彼の小さな目は怒りで燃え上がった。

Er stieß ein wütendes Brüllen aus und zitterte vor Wut und Schmerz.

彼は怒りと苦痛に震えながら、激しい叫び声を上げた。

Nahe seiner Flanke ragte eine gefiederte und scharfe Pfeilspitze hervor.

彼の脇腹近くには、羽根の生えた鋭い矢尻が突き出ていた。

Diese Wunde trug dazu bei, seine wilde, verbitterte Stimmung zu erklären.

この傷は彼の残忍で苦々しい気分を説明するのに役立った。

Buck, geleitet von seinem uralten Jagdinstinkt, machte seinen Zug.

バックは、古代の狩猟本能に導かれて行動を起こした。

Sein Ziel war es, den Bullen vom Rest der Herde zu trennen.

彼は雄牛を群れの残りから分離することを目指した。

Dies war keine leichte Aufgabe – es erforderte Schnelligkeit und messerscharfe List.

これは決して簡単な仕事ではありませんでした。スピードと鋭い狡猾さが必要でした。

Er bellte und tanzte in der Nähe des Stiers, gerade außerhalb seiner Reichweite.

彼は雄牛の射程範囲外で、雄牛の近くで吠えて踊りました。

Der Elch stürzte sich mit riesigen Hufen und tödlichem Geweih auf ihn.

ヘラジカは巨大なひずめと致命的な角で突進してきました。

Ein Schlag hätte Bucks Leben im Handumdrehen beenden können.

一撃でバックの命は一瞬で終わっていたかもしれない。

Der Stier konnte die Bedrohung nicht hinter sich lassen und wurde wütend.

脅威から逃れられず、雄牛は激怒した。

Er stürmte wütend auf ihn zu, doch Buck entkam ihm jedes Mal.

彼は激怒して突進したが、バックはいつも逃げ去った。

Buck täuschte Schwäche vor und lockte ihn weiter von der Herde weg.

バックは弱さを装い、彼を群れから遠ざけようと誘い出しました。

Doch die jungen Bullen wollten zurückstürmen, um den Anführer zu beschützen.

しかし若い雄牛たちはリーダーを守るために突撃しようとしていた。

Sie zwangen Buck zum Rückzug und den Bullen, sich wieder der Gruppe anzuschließen.

彼らはバックを退却させ、雄牛を群れに復帰させた。

In der Wildnis herrscht eine tiefe und unaufhaltsame Geduld.

野生には、深くて止めることのできない忍耐力がある。

Eine Spinne wartet unzählige Stunden bewegungslos in ihrem Netz.

蜘蛛は巣の中で何時間も動かずに待ちます。

Eine Schlange rollt sich ohne zu zucken zusammen und wartet, bis es Zeit ist.

蛇はぴくぴくせずにとぐろを巻いて、時が来るまで待ちます。

Ein Panther liegt auf der Lauer, bis der Moment gekommen ist.

パンサーは、その時が来るまで待ち伏せしています。

Dies ist die Geduld von Raubtieren, die jagen, um zu überleben.

これは生き残るために狩りをする捕食者の忍耐力です。

Dieselbe Geduld brannte in Buck, als er in seiner Nähe blieb.

バックが近くにいる間、同じ忍耐が彼の心の中で燃え上がった。

Er blieb in der Nähe der Herde, verlangsamte ihren Marsch und schürte Angst.

彼は群れの近くに留まり、群れの行進を遅らせ、恐怖をかき立てた。

Er ärgerte die jungen Bullen und schikanierte die Mutterkühe.

彼は若い雄牛をいじめ、母牛を困らせた。

Er trieb den verwundeten Stier in eine noch tiefere, hilflose Wut.

彼は傷ついた雄牛をさらに深い、無力な怒りに追い込んだ。

Einen halben Tag lang zog sich der Kampf ohne Pause hin.

戦いは半日の間、休むことなく続いた。

Buck griff aus jedem Winkel an, schnell und wild wie der Wind.

バックは風のように速く激しく、あらゆる角度から攻撃しました。

Er hinderte den Stier daran, sich auszuruhen oder sich bei seiner Herde zu verstecken.

彼は雄牛が群れと一緒に休んだり隠れたりしないようにした。

Buck zermürbte den Willen des Elchs schneller als seinen Körper.

雄鹿はヘラジカの体よりも早くその意志を弱らせた。

Der Tag verging und die Sonne sank tief am nordwestlichen Himmel.

日が暮れて、太陽は北西の空に沈んでいった。

Die jungen Bullen kehrten langsamer zurück, um ihrem Anführer zu helfen.

若い雄牛たちはリーダーを助けるためにゆっくりと戻ってきました。

Die Herbstnächte waren zurückgekehrt und die Dunkelheit dauerte nun sechs Stunden.

秋の夜が戻ってきて、暗闇が6時間続きました。

Der Winter drängte sie bergab in sicherere, wärmere Täler.

冬は彼らをより安全で暖かい谷へと追いやっていた。

Aber sie konnten dem Jäger, der sie zurückhielt, immer noch nicht entkommen.

しかし、それでも彼らは彼らを阻止していたハンターから逃げることはできませんでした。

Es stand nur ein Leben auf dem Spiel – nicht das der Herde, sondern nur das ihres Anführers.

危険にさらされているのは、群れの命ではなく、リーダーの命だけだった。

Dadurch wurde die Bedrohung in weite Ferne gerückt und ihre dringende Sorge wurde aufgehoben.

これにより、脅威は遠いものとなり、彼らにとって差し迫った懸念ではなくなった。

Mit der Zeit akzeptierten sie diesen Preis und überließen Buck die Übernahme des alten Bullen.

やがて彼らはこの代償を受け入れ、バックに老雄牛を連れて行くことを許可した。

Als die Dämmerung hereinbrach, stand der alte Bulle mit gesenktem Kopf da.

夕暮れが訪れると、年老いた雄牛は頭を下げて立っていた。

Er sah zu, wie die Herde, die er geführt hatte, im schwindenden Licht verschwand.

彼は自分が率いていた群れが薄れゆく光の中に消えていくのを見守った。

Es gab Kühe, die er gekannt hatte, Kälber, deren Vater er einst gewesen war.

そこには彼が知っていた牛たち、かつて彼が父親にした子牛たちもいた。

Es gab jüngere Bullen, gegen die er in vergangenen Saisons gekämpft und die er beherrscht hatte.

過去のシーズンでは、彼が闘い、勝利した若い雄牛たちもいた。

Er konnte ihnen nicht folgen, denn vor ihm kauerte Buck wieder.

彼は彼らについていくことができなかった。なぜなら彼の前にバックが再びうずくまっていたからだ。

Der gnadenlose Schrecken mit den Reißzähnen versperrte ihm jeden Weg.

容赦ない牙を持った恐怖が、彼が進むべき道をすべて塞いだ。

Der Bulle brachte mehr als drei Zentner geballte Kraft auf die Waage.

その雄牛は三百ポンド以上の重さがあり、濃厚な力を持っていた。

Er hatte ein langes Leben geführt und in einer Welt voller Kämpfe hart gekämpft.

彼は長く生き、闘争の世界で懸命に戦った。

Doch nun, am Ende, kam der Tod von einem Tier, das weit unter ihm stand.

しかし今、最後には、彼のはるか下にいる獣から死がもたらされた。

Bucks Kopf erreichte nicht einmal die riesigen, mit Knöcheln besetzten Knie des Bullen.

バックの頭は雄牛の巨大な関節のある膝まで届きませんでした。

Von diesem Moment an blieb Buck Tag und Nacht bei dem Bullen.

その瞬間から、バックは昼も夜も雄牛と一緒にいた。

Er gönnte ihm keine Ruhe, erlaubte ihm nie zu grasen oder zu trinken.

彼は決して彼に休息を与えず、草を食べたり水を飲むことも許さなかった。

Der Stier versuchte, junge Birkentriebe und Weidenblätter zu fressen.

雄牛は若い白樺の芽と柳の葉を食べようとしました。

Aber Buck verjagte ihn, immer wachsam und immer angreifend.

しかしバックは常に警戒し、攻撃しながら彼を追い払いました。

Sogar an plätschernden Bächen blockte Buck jeden durstigen Versuch ab.

細流であっても、バックは喉が渇いた者のあらゆる試みを阻止した。

Manchmal floh der Stier aus Verzweiflung mit voller Geschwindigkeit.

時には、絶望のあまり、雄牛は全速力で逃げることもあった。

Buck ließ ihn laufen und lief ruhig direkt hinter ihm her, nie weit entfernt.

バックは彼を走らせ、決して遠く離れることなく、すぐ後ろを静かに走り続けた。

Als der Elch innehielt, legte sich Buck hin, blieb aber bereit.

ヘラジカが立ち止まると、バックは横たわりましたが、準備は整っていました。

Wenn der Bulle versuchte zu fressen oder zu trinken, schlug Buck mit voller Wut zu.

雄牛が食べたり飲んだりしようとすると、雄牛は激怒して攻撃した。

Der große Kopf des Stiers sank tiefer unter sein gewaltiges Geweih.

雄牛の大きな頭は、その巨大な角の下に垂れ下がっていた。

Sein Tempo verlangsamte sich, der Trab wurde schwerfällig, ein stolpernder Schritt.

彼の歩調は遅くなり、小走りは重くなり、よろめきながら歩くようになった。

Er stand oft still mit hängenden Ohren und der Nase am Boden.

彼はよく耳を垂らし、鼻を地面につけてじっと立っていました。

In diesen Momenten nahm sich Buck Zeit zum Trinken und Ausruhen.

その間、バックは水を飲んだり休んだりする時間を取った。

Mit heraushängender Zunge und starrem Blick spürte Buck, wie sich das Land veränderte.

舌を出し、目を凝らして、バックは土地が変化していることを感じ取った。

Er spürte, wie sich etwas Neues durch den Wald und den Himmel bewegte.

彼は森と空を何か新しいものが動いているのを感じた。

Mit der Rückkehr der Elche kehrten auch andere Wildtiere zurück.

ヘラジカが戻ってくると、他の野生の生き物たちも戻ってきました。

Das Land fühlte sich lebendig an, mit einer Präsenz, die man nicht sieht, aber deutlich wahrnimmt.

その土地は、目に見えないけれども、強く知られている存在で生き生きしているように感じました。

Buck wusste dies weder am Geräusch, noch am Anblick oder am Geruch.

バックがそれを知ったのは、音でも視覚でも嗅覚でもなかった。

Ein tieferes Gefühl sagte ihm, dass neue Kräfte im Gange waren.

より深い感覚が彼に、新たな勢力が動き出していると告げた。

In den Wäldern und entlang der Bäche herrschte seltsames Leben.

森の中や小川沿いに奇妙な生命が動き回っていました。

Er beschloss, diesen Geist zu erforschen, nachdem die Jagd beendet war.

彼は狩りが終わった後、この精霊を探索しようと決心した。

Am vierten Tag erlegte Buck endlich den Elch.

4日目に、バックはついにヘラジカを倒しました。

Er blieb einen ganzen Tag und eine ganze Nacht bei der Beute, fraß und ruhte sich aus.

彼は獲物のそばに丸一日と一晩留まり、餌を食べたり休んだりした。

Er aß, schlief dann und aß dann wieder, bis er stark und satt war.

彼は食べて、寝て、また食べて、満腹になって元気になるまで続けました。

Als er fertig war, kehrte er zum Lager und nach Thornton zurück.

準備が整うと、彼はキャンプとソーントンの方へ引き返した。

Mit gleichmäßigem Tempo begann er die lange Heimreise.

彼は一定のペースで長い帰路に着いた。

Er rannte in seinem unermüdlichen Galopp Stunde um Stunde, ohne auch nur ein einziges Mal vom Weg abzukommen.

彼は疲れを知らない速歩で何時間も走り続け、一度も道に迷うことはなかった。

Durch unbekannte Länder bewegte er sich schnurgerade wie eine Kompassnadel.

未知の土地を、彼はコンパスの針のようにまっすぐに進んだ。

Sein Orientierungssinn ließ Mensch und Karte im Vergleich schwach erscheinen.

それに比べると、彼の方向感覚は人間や地図よりも弱いように思えた。

Während Buck rannte, spürte er die Bewegung in der Wildnis stärker.

バックが走っていると、荒野のざわめきがさらに強く感じられるようになった。

Es war eine neue Art zu leben, anders als in den ruhigen Sommermonaten.

それは穏やかな夏の数ヶ月の生活とは異なる、新しい種類の生活でした。

Dieses Gefühl kam nicht länger als subtile oder entfernte Botschaft.

この気持ちはもはや微妙な、あるいは遠いメッセージとして伝わってきませんでした。

Nun sprachen die Vögel von diesem Leben und Eichhörnchen plapperten darüber.

今、鳥たちはこの人生について語り、リスたちはそれについておしゃべりしていました。

Sogar die Brise flüsterte Warnungen durch die stillen Bäume.

静かな木々の間からそよ風が警告をささやきさえも伝えた。

Mehrmals blieb er stehen und schnupperte die frische Morgenluft.

彼は何度か立ち止まって、新鮮な朝の空気を吸い込んだ。

Dort las er eine Nachricht, die ihn schneller nach vorne springen ließ.

彼はそこでメッセージを読み、さらに速く前進した。

Ein starkes Gefühl der Gefahr erfüllte ihn, als wäre etwas schiefgelaufen.

まるで何かが間違っていたかのように、彼は強い危険感に襲われた。

Er befürchtete, dass ein Unglück bevorstünde – oder bereits eingetreten war.

彼は災難が来ることを恐れた——あるいはすでに来てしまったのだ。

Er überquerte den letzten Bergrücken und betrat das darunterliegende Tal.

彼は最後の尾根を越えて下の谷に入った。

Er bewegte sich langsamer und war bei jedem Schritt aufmerksamer und vorsichtiger.

彼は一歩ごとに注意深く、慎重にゆっくりと動いた。

Drei Meilen weiter fand er eine frische Spur, die ihn erstarren ließ.

3マイルほど進んだところで、彼は新しい道を見つけ、体が固くなった。

Die Haare in seinem Nacken stellten sich auf und sträubten sich vor Schreck.

彼の首の毛は驚きで波立ち、逆立った。

Die Spur führte direkt zum Lager, wo Thornton wartete.

その道はソーントンが待つキャンプへとまっすぐ続いていた。

Buck bewegte sich jetzt schneller, seine Schritte waren lautlos und schnell zugleich.

バックはより速く動いた。その歩調は静かで素早かった。

Seine Nerven lagen blank, als er Zeichen las, die andere übersehen würden.

他の人が見逃しそうな兆候を読み取り、彼の神経は張り詰めた。

Jedes Detail der Spur erzählte eine Geschichte – außer dem letzten Stück.

道のそれぞれの細部が物語を語っていたが、最後の部分だけはそうではなかった。

Seine Nase erzählte ihm von dem Leben, das hier vorbeigezogen war.

彼の鼻は、この道を通ってきた人生について語っていた

Der Duft vermittelte ihm ein wechselndes Bild, als er dicht hinter ihm folgte.

彼がすぐ後ろをついていくと、匂いによって変化する光景が目に浮かびました。

Doch im Wald selbst war es still geworden, unnatürlich still.
しかし、森そのものは不自然なほど静かになっていました。

Die Vögel waren verschwunden, die Eichhörnchen hatten sich versteckt, waren still und ruhig.
鳥は姿を消し、リスは隠れて、静かに動かなくなっていた。

Er sah nur ein einziges Grauhörnchen, das flach auf einem toten Baum lag.
彼は枯れ木の上に平らに寝ている灰色のリスを一匹だけ見た。

Das Eichhörnchen fügte sich steif und reglos in den Wald ein.
リスは森の一部のように硬直して動かず、溶け込んでいました。

Buck bewegte sich wie ein Schatten, lautlos und sicher durch die Bäume.
バックは木々の間を静かに、そして確実に影のように動いた。

Seine Nase zuckte zur Seite, als würde sie von einer unsichtbaren Hand gezogen.
彼の鼻は、まるで見えない手に引っ張られたかのように横に動いた。

Er drehte sich um und folgte der neuen Spur tief in ein Dickicht hinein.
彼は向きを変え、新たな匂いを追って茂みの奥深くへと入った。

Dort fand er Nig tot daliegend, von einem Pfeil durchbohrt.
そこで彼は、矢に刺されて死んで横たわっているニグを発見した。

Der Schaft durchdrang seinen Körper, die Federn waren noch zu sehen.
矢は彼の体を貫通したが、羽はまだ見えていた。

Nig hatte sich dorthin geschleppt, war jedoch gestorben, bevor er Hilfe erreichen konnte.

ニグさんはそこまで這って来たが、助けが来る前に亡くなった。

Hundert Meter weiter fand Buck einen weiteren Schlittenhund.

さらに100ヤードほど進むと、バックはもう一匹のそり犬を見つけた。

Es war ein Hund, den Thornton in Dawson City gekauft hatte.

それはソーントンがドーソン・シティで買った犬だった

Der Hund befand sich in einem tödlichen Kampf und schlug heftig auf dem Weg um sich.

犬は道の上で激しく暴れながら、必死にもがいていた。

Buck ging um ihn herum, blieb nicht stehen und richtete den Blick nach vorne.

バックは立ち止まることなく、前を見つめながら彼の周りを通り過ぎた。

Aus Richtung des Lagers ertönte in der Ferne ein rhythmischer Gesang.

キャンプの方向から遠くからリズミカルな詠唱が聞こえてきた。

Die Stimmen schwoll in einem seltsamen, unheimlichen Singsangton an und ab.

声は奇妙で不気味な、歌うような調子で上がったり下がったりした。

Buck kroch schweigend zum Rand der Lichtung.

バックは黙って空き地の端まで這っていった。

Dort sah er Hans mit dem Gesicht nach unten liegen, von vielen Pfeilen durchbohrt.

そこで彼は、ハンスが多数の矢に刺されてうつ伏せになっているのを見ました。

Sein Körper sah aus wie der eines Stachelschweins und war mit gefiederten Schäften bestückt.

彼の体は、羽毛のついた毛が密生したヤマアラシのようだった。

Im selben Moment blickte Buck in Richtung der zerstörten Hütte.

同時に、バックは廃墟となったロッジの方へ目を向けた

Bei diesem Anblick stellten sich ihm die Nacken- und Schulterhaare auf.

その光景を見て、彼の首と肩の毛が逆立った。

Ein Sturm wilder Wut durchfuhr Bucks ganzen Körper.

激しい怒りの嵐がバックの全身を襲った。

Er knurrte laut, obwohl er nicht wusste, dass er es getan hatte.

彼は大声でうなったが、自分がそうしていたことには気づいていなかった。

Der Klang war rau, erfüllt von furchterregender, wilder Wut.

その音は生々しく、恐ろしく野蛮な怒りに満ちていた。

Zum letzten Mal in seinem Leben verlor Buck den Verstand und die Gefühle.

バックは生涯で最後に、感情に理性を失った。

Es war die Liebe zu John Thornton, die seine sorgfältige Kontrolle brach.

彼の慎重な制御を破ったのは、ジョン・ソーントンへの愛だった。

Die Yeehats tanzten um die zerstörte Fichtenhütte.

イェーハット族は破壊されたトウヒ材のロッジの周りで踊っていました。

Dann ertönte ein Brüllen – und ein unbekanntes Tier stürmte auf sie zu.

すると、轟音が響き、正体不明の獣が彼らに向かって突進してきた。

Es war Buck, eine aufbrausende Furie, ein lebendiger Sturm der Rache.

それはバックだった。動き出した激怒、生きた復讐の嵐だった。

Wahnsinnig vor Tötungsdrang stürzte er sich mitten unter sie.

彼は殺人への欲求に狂い、彼らの真ん中に飛び込んだ。

Er sprang auf den ersten Mann, den Yeehat-Häuptling, und traf zielsicher.

彼は最初の男、イーハット族の族長に飛びかかり、真正面から攻撃した。

Seine Kehle war aufgerissen und Blut spritzte in einem Strom.

彼の喉は裂け、血が流れ出た。

Buck blieb nicht stehen, sondern riss dem nächsten Mann mit einem Sprung die Kehle durch.

バックは止まらず、一跳びで次の男の喉を引き裂いた。

Er war nicht aufzuhalten – er riss, schlug und machte nie eine Pause, um sich auszuruhen.

彼は止められない存在だった。引き裂き、斬りつけ、決して休む暇もなかった。

Er schoss und sprang so schnell, dass ihre Pfeile ihn nicht treffen konnten.

彼は非常に速く突進し、跳躍したので、矢は彼に届かなかった。

Die Yeehats waren in ihrer eigenen Panik und Verwirrung gefangen.

イェーハット族はパニックと混乱に陥っていた。

Ihre Pfeile verfehlten Buck und trafen stattdessen einander.

彼らの矢はバックを外れ、代わりに互いの矢に当たった

Ein Jugendlicher warf einen Speer nach Buck und traf einen anderen Mann.

一人の若者がバックに槍を投げ、別の男を襲った。

Der Speer durchbohrte seine Brust und die Spitze durchbohrte seinen Rücken.

槍は彼の胸を貫き、槍の先端は彼の背中を突き破った。

Die Yeehats wurden von Panik erfasst und zogen sich umgehend zurück.

恐怖がイーハット族を襲い、彼らは全面撤退を余儀なくされた。

Sie schrien vor dem bösen Geist und flohen in die Schatten des Waldes.

彼らは悪霊に叫びながら森の影の中へ逃げました。

Buck war wirklich wie ein Dämon, als er die Yeehats jagte.

本当に、バックはイーハットを追いかけるとき、まるで悪魔のようでした。

Er raste hinter ihnen durch den Wald her und erlegte sie wie Rehe.

彼は森の中を彼らを追いかけ、鹿のように倒した。

Für die verängstigten Yeehats wurde es ein Tag des Schicksals und des Terrors.

怯えたイーハッツにとって、それは運命と恐怖の日となった。

Sie zerstreuten sich über das Land und flohen in alle Richtungen.

彼らは国中に散らばり、四方八方遠くまで逃げていった

Eine ganze Woche verging, bevor sich die letzten Überlebenden in einem Tal trafen.

最後の生存者が谷間で出会うまでに丸一週間が経過した

Erst dann zählten sie ihre Verluste und sprachen über das Geschehene.

そのとき初めて、彼らは損失を計算し、何が起こったかを語りました。

Nachdem Buck die Jagd satt hatte, kehrte er zum zerstörten Lager zurück.

バックは追跡に疲れて、破壊されたキャンプに戻った。

Er fand Pete, noch in seine Decken gehüllt, getötet beim ersten Angriff.

彼は、最初の攻撃で殺されたピートがまだ毛布にくるまっていたのを発見した。

Spuren von Thorntons letztem Kampf waren im Dreck in der Nähe zu sehen.

近くの土にはソーントンの最後の闘いの跡が残っていた。

Buck folgte jeder Spur und erschnüffelte jede Markierung bis zum letzten Punkt.

バックはあらゆる痕跡をたどり、それぞれの痕跡を嗅ぎながら最終地点に到達した。

Am Rand eines tiefen Teichs fand er den treuen Skeet, der still dalag.

深い池の端で、彼は忠実なスキートがじっと横たわっているのを見つけた。

Skeets Kopf und Vorderpfoten lagen regungslos im Wasser, er lag tot da.

スキートの頭と前足は水中にあり、死んで動かなかった。

Der Teich war schlammig und durch das Abwasser aus den Schleusenkästen verunreinigt.

プールは水門からの流出水で泥だらけになって汚れていた。

Seine trübe Oberfläche verbarg, was darunter lag, aber Buck kannte die Wahrheit.

曇った表面の下に何があるのかは隠されていたが、バックは真実を知っていた。

Er folgte Thorntons Spur bis in den Pool – doch die Spur führte nirgendwo anders hin.

彼はソーントンの匂いをプールまで追跡したが、その匂いはどこにも通じていなかった。

Es gab keinen Geruch, der hinausführte – nur die Stille des tiefen Wassers.

外に通じる匂いはなく、ただ深い水の静寂だけが残っていた。

Den ganzen Tag blieb Buck in der Nähe des Teichs und ging voller Trauer im Lager auf und ab.

バックは一日中池の近くにいて、悲しみに暮れながらキャンプ場を歩き回っていた。

Er wanderte ruhelos umher oder saß regungslos da, in tiefe Gedanken versunken.

彼は落ち着きなく歩き回ったり、じっと座って深い考えにふけったりしていた。

Er kannte den Tod, das Ende des Lebens, das Verschwinden aller Bewegung.

彼は死を知っていた。人生の終わりを知っていた。すべての動きが消え去ることも知っていた。

Er verstand, dass John Thornton weg war und nie wieder zurückkehren würde.

彼はジョン・ソーントンはもう戻ってこないことを理解した。

Der Verlust hinterließ eine Leere in ihm, die wie Hunger pochte.

その喪失は彼の中に飢えのように脈打つ空虚感を残した

Doch dieser Hunger konnte durch Essen nicht gestillt werden, egal, wie viel er aß.

しかし、これは、どれだけ食べても和らぐことのない空腹感でした。

Manchmal, wenn er die toten Yeehats ansah, ließ der Schmerz nach.

時折、死んだイーハットたちを見ていると、痛みは消えていった。

Und dann stieg ein seltsamer Stolz in ihm auf, wild und vollkommen.

そして、彼の中に、激しく、完全な奇妙な誇りが湧き上がった。

Er hatte den Menschen getötet, das höchste und gefährlichste Wild von allen.

彼は人間を殺した。それはあらゆるゲームの中で最も高尚で危険な行為だった。

Er hatte unter Missachtung des alten Gesetzes von Keule und Reißzahn getötet.

彼は棍棒と牙を使った古代の法に反して殺人を犯した。

Buck schnüffelte neugierig und nachdenklich an ihren leblosen Körpern.

バックは好奇心と思慮深さをもって、彼らの死んだ体を嗅ぎました。

Sie waren so leicht gestorben – viel leichter als ein Husky in einem Kampf.

彼らはとても簡単に死んだ。喧嘩中のハスキー犬よりもずっと簡単に。

Ohne ihre Waffen waren sie weder wirklich stark noch stellten sie eine Bedrohung dar.

武器がなければ、彼らには真の力も脅威もなかった。

Buck würde sie nie wieder fürchten, es sei denn, sie wären bewaffnet.

彼らが武装していない限り、バックは彼らを二度と恐れるつもりはなかった。

Nur wenn sie Keulen, Speere oder Pfeile trugen, war er vorsichtig.

彼らが棍棒、槍、または矢を持っているときだけ、彼は警戒した。

Die Nacht brach herein und ein Vollmond stieg hoch über die Baumwipfel.

夜が来て、満月が木々の梢の上に高く昇りました。

Das blasse Licht des Mondes tauchte das Land in einen sanften, geisterhaften Schein wie am Tag.

月の淡い光が、昼間のように柔らかく幽霊のような輝きで大地を照らしていた。

Als die Nacht hereinbrach, trauerte Buck noch immer am stillen Teich.

夜が更けるにつれ、バックは静かな池のそばでまだ悲しみに暮れていた。

Dann bemerkte er eine andere Regung im Wald.

そのとき、彼は森の中で何かが異様に動いていることに気づいた。

Die Aufregung kam nicht von den Yeehats, sondern von etwas Älterem und Tieferem.

その動揺はイーハット族からではなく、もっと古くてもっと深いところから来たものだった。

Er stand auf, spitzte die Ohren und prüfte vorsichtig mit der Nase die Brise.

彼は立ち上がり、耳を上げ、鼻で風を注意深く確かめた。

Aus der Ferne ertönte ein schwacher, scharfer Aufschrei, der die Stille durchbrach.

遠くからかすかに鋭い叫び声が聞こえ、静寂を破った。

Dann folgte dicht auf den ersten ein Chor ähnlicher Schreie.

それから、最初の叫び声のすぐ後に、同じような叫び声が次々と続いた。

Das Geräusch kam näher und wurde mit jedem Augenblick lauter.

その音は刻一刻と大きくなり、近づいてきた。

Buck kannte diesen Schrei – er kam aus dieser anderen Welt in seiner Erinnerung.

バックはこの叫びを知っていた——それは彼の記憶の中の別の世界から来たものだった。

Er ging in die Mitte des offenen Platzes und lauschte aufmerksam.

彼は広場の中央まで歩いていき、耳を澄ませた。

Der Ruf ertönte vielstimmig und kraftvoller denn je.

その呼びかけは多くの人に届き、これまで以上に力強く響き渡りました。

Und jetzt war Buck mehr denn je bereit, seiner Berufung zu folgen.

そして今、これまで以上に、バックは彼の呼びかけに応える準備ができていた。

John Thornton war tot und hatte keine Bindung mehr an die Menschheit.

ジョン・ソーントンは亡くなり、彼の中には人間との絆は残っていなかった。

Der Mensch und alle menschlichen Ansprüche waren verschwunden – er war endlich frei.

人間とすべての人間の権利は消え去り、ついに彼は自由になった。

Das Wolfsrudel jagte Fleisch, wie es einst die Yeehats getan hatten.

オオカミの群れは、かつてイーハット族がやっていたように肉を追い求めていた。

Sie waren Elchen aus den Waldgebieten gefolgt.

彼らは森林地帯からヘラジカを追って降りてきた。

Nun überquerten sie, wild und hungrig nach Beute, sein Tal.

今、彼らは野生化し、獲物に飢え、彼の谷へと侵入した。

Sie kamen auf die mondbeschienene Lichtung und flossen wie silbernes Wasser.

彼らは、銀色の水のように流れながら、月明かりに照らされた空き地に入ってきた。

Buck stand regungslos in der Mitte und wartete auf sie.

バックは中央でじっと立ち、動かずに彼らを待っていた。

Seine ruhige, große Präsenz versetzte das Rudel in Erstaunen und ließ es kurz verstummen.

彼の穏やかで大きな存在感は、群衆を驚かせ、しばしの沈黙をもたらした。

Dann sprang der kühnste Wolf ohne zu zögern direkt auf ihn zu.

すると、最も大胆なオオカミがためらうことなくまっすぐに彼に飛びかかりました。

Buck schlug schnell zu und brach dem Wolf mit einem einzigen Schlag das Genick.

バックは素早く攻撃し、一撃でオオカミの首を折った。

Er stand wieder regungslos da, während der sterbende Wolf sich hinter ihm wand.

死にゆく狼が背後で身をよじる中、彼は再び動かずに立っていた。

Drei weitere Wölfe griffen schnell nacheinander an.

さらに3匹のオオカミが次々に素早く攻撃してきました。

Jeder von ihnen zog sich blutend zurück, die Kehle oder die Schultern waren aufgeschlitzt.

喉や肩を切り裂かれ、血を流しながら退却した。

Das reichte aus, um das ganze Rudel zu einem wilden Angriff zu provozieren.

それは群れ全体を狂暴に突撃させるには十分だった。

Sie stürmten gemeinsam hinein, waren zu eifrig und zu dicht gedrängt, um einen guten Schlag zu erzielen.

彼らは一斉に突進したが、あまりに熱心で密集していたため、うまく攻撃することができなかった。

Dank seiner Schnelligkeit und Geschicklichkeit war Buck in der Lage, dem Angriff immer einen Schritt voraus zu sein.
バックのスピードと技術により、彼は攻撃を先取りすることができた。

Er drehte sich auf seinen Hinterbeinen und schnappte und schlug in alle Richtungen.
彼は後ろ足で回転し、あらゆる方向に音を立てて攻撃した。

Für die Wölfe schien es, als ob seine Verteidigung nie geöffnet oder ins Wanken geraten wäre.
オオカミたちにとって、彼の守備は決して開いたり、弱まったりしなかったように思えた。

Er drehte sich um und schlug so schnell zu, dass sie nicht hinter ihn gelangen konnten.
彼は向きを変えて素早く斬りつけたので、敵は彼の背後に回り込むことができなかった。

Dennoch zwang ihn ihre Übermacht zum Nachgeben und Zurückweichen.
それにもかかわらず、敵の数の多さから、彼は屈服し、後退せざるを得なかった。

Er ging am Teich vorbei und hinunter in das steinige Bachbett.
彼は池を通り過ぎ、岩だらけの川底へと降りていった。

Dort stieß er auf eine steile Böschung aus Kies und Erde.
そこで彼は砂利と土の急な土手にぶつかった。

Er ist bei den alten Grabungen der Bergleute in einen Eckeinschnitt geraten.
彼は、鉱夫たちが昔採掘していたときに切り開かれた角に滑り込んだ。

Jetzt war Buck von drei Seiten geschützt und stand nur noch dem vorderen Wolf gegenüber.
今、バックは三方から守られ、前にいるオオカミとだけ対峙していた。

Dort stand er in der Enge, bereit für die nächste Angriffswelle.

そこで彼は、次の攻撃の波に備えて、立ち止まっていた
。

Buck blieb so hartnäckig standhaft, dass die Wölfe zurückwichen.

バックは猛烈に抵抗したので、オオカミたちは後ずさり
した。

Nach einer halben Stunde waren sie erschöpft und sichtlich besiegt.

30 分後、彼らは疲れ果て、明らかに敗北していた。

Ihre Zungen hingen heraus, ihre weißen Reißzähne glänzten im Mondlicht.

彼らの舌は突き出ており、白い牙は月の光に輝いていた
。

Einige Wölfe legten sich mit erhobenem Kopf hin und spitzten die Ohren in Richtung Buck.

何匹かのオオカミが頭を上げ、耳をバックのほうに向け
て横たわっていた。

Andere standen still, waren wachsam und beobachteten jede seiner Bewegungen.

他の人たちはじっと立って、警戒しながら彼の一挙手一
投足を見守っていた。

Einige gingen zum Pool und schlürften kaltes Wasser.

数人がプールまで歩いて行き、冷たい水を飲みました。

Dann schlich ein großer, schlanker grauer Wolf sanft heran.

すると、一匹の細長い灰色のオオカミが、静かに前に進
み出てきました。

Buck erkannte ihn – es war der wilde Bruder von vorhin.

バックは彼に気づいた——それは先ほどの荒々しい兄弟
だった。

Der graue Wolf winselte leise und Buck antwortete mit einem Winseln.

灰色のオオカミが小さく鳴くと、バックも鳴き返した。

Sie berührten ihre Nasen, leise und ohne Drohung oder Angst.

彼らは静かに、脅したり恐れたりすることなく、鼻を合
わせた。

Als nächstes kam ein älterer Wolf, hager und von vielen Kämpfen gezeichnet.

次にやってきたのは、多くの戦いでやつれ傷を負った年老いた狼だった。

Buck wollte knurren, hielt aber inne und schnüffelte an der Nase des alten Wolfes.

バックはうなり声を上げ始めたが、立ち止まって老いたオオカミの鼻を嗅いだ。

Der Alte setzte sich, hob die Nase und heulte den Mond an.

老人は座り、鼻を上げて、月に向かって吠えました。

Der Rest des Rudels setzte sich und stimmte in das langgezogene Heulen ein.

群れの残りも座り込み、長い遠吠えに加わった。

Und nun ertönte der Ruf an Buck, unmissverständlich und stark.

そして今、その呼びかけは、紛れもなく力強い声でバックに届いた。

Er setzte sich, hob den Kopf und heulte mit den anderen.

彼は座り、頭を上げて、他の者たちと一緒に遠吠えしました。

Als das Heulen aufhörte, trat Buck aus seinem felsigen Unterschlupf.

遠吠えが止むと、バックは岩陰から出てきました。

Das Rudel umringte ihn und beschnüffelte ihn zugleich freundlich und vorsichtig.

群れは優しくも警戒しながらも彼を取り囲んだ。

Dann stießen die Anführer einen lauten Schrei aus und rannten in den Wald.

するとリーダーたちは叫び声をあげて森の中へ駆け出して行きました。

Die anderen Wölfe folgten und jaulten im Chor, wild und schnell in der Nacht.

他のオオカミたちもそれに続き、夜に激しく速く合唱して吠えた。

Buck rannte mit ihnen, neben seinem wilden Bruder her, und heulte dabei.

バックは野生児の兄弟の横で彼らと一緒に走り、走りながら吠えた。

Hier geht die Geschichte von Buck gut zu Ende.
ここで、バックの物語はうまく終わりを迎えます。
In den folgenden Jahren bemerkten die Yeehats seltsame Wölfe.
その後の数年間、イーハット家は奇妙なオオカミの存在に気づいた。
Einige hatten braune Flecken auf Kopf und Schnauze und weiße Flecken auf der Brust.
中には頭と鼻先が茶色で、胸が白いものもいた。
Doch noch mehr fürchteten sie sich vor einer geisterhaften Gestalt unter den Wölfen.
しかし、彼らはさらに、オオカミの中に幽霊のような人物がいることを恐れていた。
Sie sprachen flüsternd vom Geisterhund, dem Anführer des Rudels.
彼らは群れのリーダーであるゴーストドッグについてささやきながら話した。
Dieser Geisterhund war schlauer als der kühnste Yeehat-Jäger.
このゴースト ドッグは、最も大胆な Yeehat ハンターよりも狡猾でした。
Der Geisterhund stahl im tiefsten Winter aus Lagern und riss ihre Fallen auseinander.
幽霊犬は真冬にキャンプから盗みを働き、罠を破壊した。
Der Geisterhund tötete ihre Hunde und entkam ihren Pfeilen spurlos.
幽霊犬は彼らの犬を殺し、跡形もなく彼らの矢から逃れました。
Sogar ihre tapfersten Krieger hatten Angst, diesem wilden Geist gegenüberzutreten.
最も勇敢な戦士たちでさえ、この荒々しい霊に立ち向かうことを恐れた。

Nein, die Geschichte wird im Laufe der Jahre in der Wildnis immer düsterer.

いいえ、荒野で年月が経つにつれ、物語はさらに暗くなっていきます。

Manche Jäger verschwinden und kehren nie in ihre entfernten Lager zurück.

ハンターの中には姿を消し、遠くのキャンプに二度と戻らない者もいる。

Andere werden mit aufgerissener Kehle erschlagen im Schnee gefunden.

喉を引き裂かれ、雪の中で殺害された状態で発見される者もいる。

Um ihren Körper herum sind Spuren – größer als sie ein Wolf hinterlassen könnte.

彼らの体の周りには、どんなオオカミでもつけられないほど大きな足跡があります。

Jeden Herbst folgen die Yeehats der Spur des Elchs.

毎年秋になると、イーハット族はヘラジカの足跡をたどります。

Aber ein Tal meiden sie, weil ihnen die Angst tief im Herzen eingegraben ist.

しかし、彼らは心の奥底に恐怖を刻み込み、ある谷を避けている。

Man sagt, dass der böse Geist dieses Tal als seine Heimat ausgewählt hat.

この谷は悪霊の住処として選ばれたと言われています。

Und wenn die Geschichte erzählt wird, weinen einige Frauen am Feuer.

そして、その物語が語られると、何人かの女性は火のそばで泣きます。

Aber im Sommer kommt ein Besucher in dieses ruhige, heilige Tal.

しかし夏になると、その静かで神聖な谷に一人の訪問者がやって来ます。

Die Yeehats wissen nichts von ihm und können es auch nicht verstehen.

イェハット族は彼のことを知らず、理解することもできなかった。

Der Wolf ist großartig und mit einer Pracht überzogen wie kein anderer seiner Art.

オオカミは、同種の他のどの動物とも違って、栄光に覆われた偉大な存在です。

Er allein überquert den grünen Wald und betritt die Waldlichtung.

彼は一人で緑の木々の間を渡り、森の空き地へと入っていった。

Dort sickert goldener Staub aus Elchhautsäcken in den Boden.

そこでは、ヘラジカの皮の袋から出た金色の粉が土に染み込んでいます。

Gras und alte Blätter haben das Gelb vor der Sonne verborgen.

草や古い葉が太陽からの黄色を隠しています。

Hier steht der Wolf still, denkt nach und erinnert sich.

ここで、オオカミは静かに立ち、考え、思い出しています。

Er heult einmal – lang und traurig – bevor er sich zum Gehen umdreht.

彼は立ち去る前に、一度長く悲しげな遠吠えをしました。

Doch er ist nicht immer allein im Land der Kälte und des Schnees.

しかし、寒さと雪の国では彼はいつも一人ぼっちというわけではない。

Wenn lange Winternächte über die tiefer gelegenen Täler hereinbrechen.

長い冬の夜が谷底に降り注ぐとき。

Wenn die Wölfe dem Wild durch Mondlicht und Frost folgen.

オオカミが月明かりと霜の中、獲物を追うとき。

Dann rennt er mit großen, wilden Sprüngen an der Spitze des Rudels entlang.

それから彼は群れの先頭に立ち、高く激しくジャンプしながら走ります。

Seine Gestalt überragt die anderen, aus seiner Kehle erklingt Gesang.

彼の姿は他の者たちよりも高くそびえ立ち、喉には歌声が響いている。

Es ist das Lied der jüngeren Welt, die Stimme des Rudels.

それは若い世界の歌であり、群れの声です。

Er singt, während er rennt – stark, frei und für immer wild.

彼は走りながら歌う。力強く、自由に、そして永遠に野性的。

www.ingramcontent.com/pod-product-compliance
Lightning Source LLC
Chambersburg PA
CBHW011725020426
42333CB00024B/2737